中国乡村振兴指南丛书

建 路 上

陈金陵 著

中国建筑工业出版社

图书在版编目（CIP）数据

乡建路上／陈金陵著. —北京：中国建筑工业出版社，2019.1
（新时代中国乡村振兴指南丛书）
ISBN 978-7-112-22929-1

Ⅰ．①乡… Ⅱ．①陈… Ⅲ．①农村－社会主义建设－研究－中国 Ⅳ．① F320.3

中国版本图书馆CIP数据核字（2018）第258293号

责任编辑：宋　凯　张瀛天
书籍设计：锋尚设计
责任校对：赵　颖
封面题字：房木生

新时代中国乡村振兴指南丛书
乡建路上
陈金陵　著
＊
中国建筑工业出版社出版、发行（北京海淀三里河路9号）
各地新华书店、建筑书店经销
北京锋尚制版有限公司制版
天津翔远印刷有限公司印刷
＊
开本：787×960毫米　1/16　印张：17½　字数：218千字
2019年9月第一版　　2019年9月第一次印刷
定价：**40.00元**
ISBN 978-7-112-22929-1
（33036）

总序一——

乡建之要义在于『家国天下』

自从2017年乡村振兴成为国家重大战略以来，我被邀请到村子里去参加的全国性会议多了起来。于是，这段文字就写在了因"五大气候带覆盖下的浅表地理资源条件不同"而千差万别的山水乡村的行走之间……

开头这个小自然段的第二句话，言简意赅地表述了为什么我们这个国家在新时代要通过乡村振兴才能实现向生态文明的伟大转变——被钢筋水泥堆砌的城市，具有反生态的内在性质。只有与大自然内生多样性密切结合为一体的千差万别的乡村，才是生态文明的载体。据此可知，所谓中华文明的伟大复兴，乃是万年生态农业为主要内涵的文明在新时代的复兴！由此，中国人才在21世纪生发出从"乡愁"到"乡建"的多彩故事……

在中国治学的传统中主张格物致知，如今人强调的实践出真知。几十年来带着脚踏实地的乡建团队改写了过于偏斜的西方中心主义倾向，对某些照搬过来的一元论派生对立价值取向造成的跟风炒作也有了基本的识别能力。借此书作序，也寄望于本土的乡村研究者，至少

3

要做到"理论联系实际",才能自觉区别于那些浸淫于殖民化知识体系中的发展中国家所谓学术界的数典忘祖。

有鉴于此,这些年我便尽可能地支持那些长期坚持在乡村实际工作中形成理性思考的学者。其中就有对创设了乡建院的李昌平推进的农村实践活动的支持。

乡建院这些年在全国协作建设了212个新农村示范村,还以这些村为案例编写了《新时代中国乡村振兴指南丛书》。李昌平要我为这么丰富的乡村案例集作序,理当领命。

一、审时度势方可处变不惊

首先是想提醒读者,基于我自己20多年在政策界工作的经验,各种基于不同利益集团的不同政策意见本来就无所谓对错,相应带来的对不同利益结构的调整本来也应属正常。至于是非功过,只能留给后人。因此,恳请代表着各种利益结构的大咖们不要把下面的说法对号入座。

接受作序之请,恰逢岁末寒流强劲。一片彻骨肃杀之中提笔,难免想起一句话:"冬天都来了,春天还会远吗?",但那话毕竟是个问号!我们注定要应对巨大挑战!然而,问题不在人家挑战,却在无问东西者与"不知杭汴"者的应对阙如!正所谓"盲人骑瞎马夜半临深池!"近年来之所以连"小员司小业主"们都有临渊之虞,是因为中国一方面正在遭遇国际局势恶化的严峻挑战,另一方面各种被海内外主流利益集团符合规律地生发出来的"灰犀牛"们,正被鞭策着奋蹄破尘……

好在天佑吾华!人们在"渔阳鼙鼓动地来"之际多少地有了些反思和觉醒。与其浑浑噩噩地跟着主流呼喊"40年未有之大变局"——

今人喊破嗓子也不如李鸿章"三千年未有之大变局"那一嗓子喊破了八旗贵胄之天下!

前些年,很多人把"产业结构高度化"和"加快城市化"作为主导思想的时候,我曾经提出过关于"两个50%"的警戒线,试图为决策者增加些思考的材料。一是"如果金融资本为主的所谓服务业占GDP比重超过50%,势必因金融异化于实体而内生性地爆发危机";这个警戒线已经被突破,中国金融高速度扩张带动服务业占比很快超过了50%。二是"如果真实城市化率超过50%,中国就将不会再有城市资本危机代价向乡村转嫁而实现软着陆的基础";这也正在被突破,中国现在的统计城市化率已近60%、户籍城市化接近50%……

这两句警语形成于我自1987年从事国际合作项目以来几十年大量开展的国际比较研究,并不表示对现行政策的任何对错。

中国融入全球化带来的演变,基本上符合西方主导资本全球化的规律。其在新世纪的主要变化过程是2001年美国爆发"9·11事件"为代表的政治危机,由此瞬间验证亨廷顿《文化冲突论》而陡然转向对恐怖主义的极高代价的连年战争;同年,美国还在经济上发生IT泡沫崩溃为标志的"新经济危机"。政治经济危机同时爆发,遂使2002年以来外资逃离美国大举进军中国,当然就造成进出口及外汇流入激增,同时当然导致国内人民币升值;这又反过来使外资追求汇率投机更多流入中国,诱使2003年以来几乎不可逆的"货币对冲"超发之下的"中国资金脱实向虚"——那一年的M2与GDP的比值逼近"2"倍。此后发生的,则是符合金融资本运作规律的国内"金融异化"。其直接表现是2007年与美国"次贷危机"同步爆发的中国股灾蒸发掉7万亿人民币的市值。但这显然没有改变输入型危机的规律——中国不分属性的资本巨婴们完全按照西方经济学教科书出牌——在华尔街金融海啸造成外

需更大幅度下降演变为国内实体经济过剩派生的脱实向虚压力下，更多析出资金进入虚拟部门，随之而来的是2015年股市危机销掉21万亿人民币，接续汇市危机销掉1万多亿美元外储……

在长期加快城市化的国家战略下，促使资本及其风险都过度麇集于大城市的作用之下，新世纪第二个10年资金继续"脱实向虚"。这时，无论左派强调国有资本还是右派强调私人资本，金融资本异化都会规律性地造成资本市场和房地产市场的过度投机。不论理论界如何做微观机制及宏观管理制度的解释，海内外投机资本追求流动性获利的内在动因造成全社会承担的巨大的制度成本，正在内生性地演化成绞杀性危机持续演化的复杂局面。

中国在2003年以后成为世界碳排放第一的国家，照搬西方模式高速现代化发展伴生着愈演愈烈的污染和资源环境灾难……即使美国人没有发起以贸易战为名、"新冷战"为实的对华"战略阻断"，中国自己也到了必须调整发展战略的时候了！

党的十八大确立了整个国家的"生态文明"转型方向；5年之后的十九大则确立符合生态文明大方向的"乡村振兴"战略！相应地，自十九大以来，盲目加快城市化及其代表的"粗放数量型增长"的说法，确实很少再见之于官方文件和各地一把手的正式讲话。

无独有偶，2002年中央农村工作会议掷地有声地宣布"三农问题"是全党工作的重中之重！此后则顺理成章地有了2005年9月党中央正式宣布确立"新农村建设"的国家战略。

自那以来，各级财政不断增加三农开支；而后，到2017年乡村振兴提出之际，国家财政最大项开支已经是三农；到2018年累计投入已经高达十几万亿！

中国这种海内外前所未有的大规模三农投入，确实违反被主流认为具有绝对真理意义的市场经济规律，更没有经济学教科书要求的那种短期市场回报！

新时代乡村振兴战略的最实际的作用，是与激进全球化生发出来的"灰犀牛"们赛跑……

一方面，巨大投资加强了农村基础设施和社会建设，使得多数地区农民户口的含金量已经高于城市。于是，那些沿着加快城市化老路大规模开发房地产的地方政府为了消化三四线以下城镇的房地产泡沫而减少负债过重的压力，刻意地把优质教育医疗资源强制性集中到县以上城镇，以此迫使重视子女教育的农民家庭迁户口进城。事实上，过去被西方作为批评中国制度歧视的"户口问题"实现了逆转！

另一方面，相对于全球危机对中国的打击，这个长期化的三农投资具有明显的两面性。其一，如果看政府通过大型国企下乡投资形成了巨大的沉淀成本和地方政府在国有银行的债务，则海内外的经济学家有关中国债务相对于GDP已经构成债务危机恶化为最大"灰犀牛"的担忧，当然算是"有的放矢"。其二，如果看这个国家对乡村基本建设投资形成的巨额物业资产，则至少基本实现了乡村水电路气+宽带的"五通"，客观地构成了吸纳中小企业创业创新的巨大的机会收益空间。

于是，近年来首先发生的是被地方政府高度认同的城市过剩资本的大举下乡。诚然，这在宏观上也算是缓解了资本过度麇集于城市的"生产过剩危机"！因为，只要过剩资本还能找到投资空间，则新世纪资本高速扩张造成的严重过剩矛盾就会缓解。若据此看，面对全球危机严峻挑战，中国的乡村振兴战略也许会成为又一次危机软着陆的基础。

但乡村振兴虽然有吸纳过剩资本的作用，但其初衷却并非是为了缓解城市资本危机而打造的应对基础。毕竟官方政治生态已经发生积

极变化，各级一把手职责所在还是得配合国家的生态文明转型，有关部门还是得去基层发动群众实现"20字方针"……那些很难跟得上中央转型战略指导思想而懒政怠政的官员或者研究部门中的两面人，肯定不在意本书的案例所代表的群众意愿；而那些积极地试图跟上中央战略意图的干部，则会对本书推出如此之多的村级案例感到受益良多；对于那些愿意开展研究的学者，本书也或多或少地有借鉴意义。

二、唯有心之人方可成有为之事

很多人表面上跟着总书记说乡村振兴，但却难以掩饰20世纪90年代以来那种"眼中有数，心中无人"的痼疾。可称之为"一心资本，二瞀人文，三农不适，四乡难稳，五谷仰外，六畜无存，七方负债，八面为人"。

而委托我作序的乡建院的创建者李昌平，是个有心之人。属于长期投身于乡村建设事业、从实践求真知的中国思想者之一。或许可以说，我算是看着他成长起来的老同志；因此，扶持中青年骨干乃是义不容辞的责任。

李昌平原来是湖北监利县棋盘乡的党委书记。作为基层党组织的一把手，曾经把真实情况归纳成文出版了《我向总理说实话》《我向百姓说实话》等引起社会轰动的三农著作；他2000年离开了政府体制，2001年在中央确立三农问题重中之重的时候从全面市场化+外向型的南方来到北京，找到我主持工作的"中国经济体制改革杂志社"求职，恰逢杂志社创办《中国改革—农村版》，遂安排他担任副主编，也参与接待农村读者的来信来访。两年之后，我建议他增加些国际经验，推荐他去了"香港乐施会"。虽然离开"农村版"，但他一直坚持做与三农发展相关的工作。

2011年，李昌平等人创建乡建院，整合了多种专业背景的人才投身于乡村建设事业，这是把乡村建设的社会公益事业变成一种社会企业。实行公司化运作的社会企业是一种尝试，逐步得到强调市场化意识形态的官方部门的认可。我认为，乡建前辈中清末的张謇和民国的卢作孚都是中国早期社会企业家的杰出代表。我近年来也希望各地乡建工作者把市场作为手段，把资本作为工具，向社会企业转型。乡建院从一开始就承诺不以营利为第一目标，我认为可以定位乡建院为社会企业。

李昌平说，乡建院要为乡村建设提供高质量的产品和服务，以"四两拨千斤"之法破解乡村建设"千金拨不动四两"之困境，在市场上求发展。我觉得，这个探索的目标围绕的还是"提高农民组织化程度"，这目标跟其他乡建单位一致；但模式则与众不同。

在做法上，很多单位是先去发展乡村文化凝聚人心，再发起综合性的合作社提高组织约束机制，然后才可以搞合作社内部的资金互助。而他是直接以村社内部资金合作——内置金融为切入，在实现"三起来"（村民组织起来、资源资产资金集约经营起来、产权实现和交易起来）的基础上，再提供包括规划设计、施工监理、体制机制再造、农民培训及营运支持等在内的"组织乡村、建设乡村、经营乡村"的系统性解决方案，并协作或陪伴农民及其共同体主导实施的"社区营造"模式。

我看，只要是在坚持村社土地财产权益归全体成员的集体所有制和充分结合双层经营体制的前提下，通过协作农民自主形成"新型集体经济"，就可以走出以村庄层面的"三位一体"合作为基础的综合发展与自治之路。

乡建院的理念和方法也大体上与百年乡建历史传承的进步文化有

所呼应。

例如，乡建院要求员工要有延安人的信仰和作风，以"助人互助、互助助人"为基本的协作理念，始终把村民及其共同体的主体性建设放在乡村建设的第一位。再如，他们以"三生共赢"（生产、生活、生态）为乡村建设最高原则，以探索"以较小增量投入在村社组织中置入合作金融体制机制"，这就突破了制约乡村治理的组织低效、金融无效、产权无效的三重瓶颈。总之，乡建院是以激活村庄巨大存量及内生动力的乡村振兴之法为根本服务宗旨。

2009年以来，乡建院在全国22个省市区的协作地方党委政府及村民做了200多个新农村示范村。信阳市的郝堂村、江夏区的小朱湾村、鄂州市的张远村、岢岚县的宋家沟村、微山湖的杨村等就是其中的代表作。这些示范村比较客观地诠释了"产业兴旺、生态宜居、乡风文明、治理有效、生活富裕"这20字方针的丰富内涵，符合中国乡村振兴战略实施的前进方向，也因此成为地方党委政府深化农村改革及振兴乡村的在地化参谋和助手。

然而，乡建院的探索意义不止于此。

从2018年开始，中国改革开放的国际环境已经发生了根本性变化，"中美贸易战"倒逼中国经济必须由外向为主的依附性型经济，转向内需拉动的自主型经济。在中国产业化的经济发展模式向生态化转型时期，乡建院以村社内置金融为切入点的"三起来"——村民再组织起来、资源资产资金集约经营起来、让产权充分实现和交易起来，突破了长期制约农村发展的三重瓶颈——组织低效、金融无效、产权无效。以组织创新和金融创新支撑产权制度创新，既打通了农民由追求农产品数量增长效益转向追求农产品价值和价格增长效益的瓶颈，又打通了农民由追求生产性收入增长转向追求财产性收益增长的瓶颈，更重要的是为激活农村数百万亿的资源、资产找到了"中国特色"之法——在坚持土地集体所有制的前提下，从根本上突破了市场配置农村土地等资源资产的体制机制障碍，为农村数百万亿潜在价值的土地、森林、山地、草原、河湖等资源探索资产货币化、市场化，从农村基层试验中找到了生态资源价值化的实现方式。

从一定意义上讲，乡建院的乡村建设实践，开辟了中国农民收入再上新台阶的新空间，开辟了中国农民"死资产、死资源"变"活钱、活资本"的新途径，为扩大内需激活了动力源泉，为内需拉动中国经济增长找到了实现路径；只要认真地发动和依靠广大群众拓展城乡融合、要素流动的空间，就可能为中国经济再维持稳定增长40年开辟广阔的空间。

从一定意义上讲，对乡建院的村级案例讲述的各地实践作经验归纳和理论提升，也从另一个侧面佐证了"十九大"提出的"乡村振兴"战略的高瞻远瞩。

近代中国的现代化进程中，对内追求工业化、城市化，对外追求全球化确实是主流。但其实质都是资本扩张；随之必然是资本占用资源，通过推进资源资本化占有收益，遂有失去资源的乡村群体从土地革命派生的小有产者演化为"被无产者"。由此，社会上本来属于"人民内部矛盾"的各种利益纠葛，也随这种属性变化而演变为对抗性冲突……

但无论日月星辰如何更替，乡村建设都不乏坚守者。在很多被西方殖民化知识洗过脑的人看来，唯有城市化、全球化才是中国现代化的正道，在他们看来，唯有消灭农村才能有现代化，甚至据此批评乡村建设于中国现代化而言并无积极意义。然而，自2005年新农村建设、2017年乡村振兴作为两届领导集体的国家战略相继提出以来，尤

其在2008年面对全球化挑战、2018年面对"贸易战"为名的"新冷战"等重大教训接踵而至之际，乡村建设于中国向生态文明为内涵的现代化转型而言，意义特别重大。

有鉴于此，我们长期深入乡村基层做乡建工作的同仁们，尤其要刻意秉持"克己复礼"方可"家国天下"之传统，从大局出发把"乡村振兴"作为练好内功应对危机的国家战略！何况，此前全国各地的与三农有关的创业创新方兴未艾，多种多样的经验层出不穷，正好赶上国家出台了"乡村振兴"大战略这个难得的历史机遇，吾辈更应该及时把各地乡建经验的归纳总结提升到符合国家的重大战略调整要求的高度上。

总之，乡建院这两百多个村的案例所表达的不仅仅是如何做好乡村工作，而是为了国家应对危机而练好内功，具有"夯实基础"的重要战略意义。对此，我作为长期从事调查研究的老人也确实有话说。遂为之序。

乡建老人

2018年12月15日起草于四川郫都区战旗村
12月20日修改于陕西礼泉县袁家村
12月22日再改于山西上党区振兴村
2019年4月3日完稿于福建闽侯县归农书院

建设未来村
共创新生活

一

我于2000年离开体制内后，较长时间跟随温铁军先生做乡村建设"志愿者"。于2011年，和孙君等人创建了"中国乡村规划设计院"（后更名为"乡建院"），开创了中国乡村建设专业化、职业化的道路——为乡村建设提供系统性解决方案、并协作落地实施。

由于乡建院人手有限，满足不了市场需求。于2016年年初，在信阳郝堂村设立"郝堂乡村复兴讲坛"，固定每月27—28日以案例讲习的方式为乡村建设培训实操性人才。

党的十九大做出了振兴乡村的重大战略部署，习近平总书记要求五级书记要亲自抓乡村振兴工作。

乡建院生逢其时！

到2019年5月为止，乡建院为全国22个省市区的76个县的281个村庄提供了乡村建设与综合发展服务，习总书记到过的岢岚县宋家沟村，还有信阳郝堂村、江夏小朱湾、鄂州张远村、微山湖杨村等一批著名

的示范村就是其中的代表。"乡村振兴有个乡建院"顺势口口相传，不推自广。

乡建院协作政府、基层组织、企业等打造了两百多个乡村建设与综合发展的案例，有成功的也有不成功的。做的案例越多，越觉得做好一个村庄或一个小镇或一个综合体不容易，敬畏之心也越来越强。在全国各地已经形成乡村振兴高歌猛进之势时，乡建院顾问老师陈小君教授（广东外语外贸大学土地法制研究中心创始人）再三督促乡建院出版《新时代中国乡村振兴指南丛书》，为轰轰烈烈的乡村振兴运动做抛砖引玉之用。《新时代中国乡村振兴指南丛书》的作者主要是乡建院的员工和一直陪伴乡建院成长的顾问老师，内容基本上都是基于乡建院所协作过的案例的总结。不同的作者，视角不一样，侧重点也不一样，以便于不同的读者各取所需，各有所得。

二

党的"十六大"提出新农村建设，"十八大"提出新型城镇化，"十九大"做出乡村振兴战略决策，这是"一脉相承"的！近十年的时间，我与乡建院人一直在乡村建设的第一线摸爬滚打，从志愿者到职业乡建人。有两个现象越来越受到关注：一个是"千金拨不动四两"，另一个是"四两拨千斤"。我们把"乡村规划设计院"更名为"乡建院"，是因为实践教育我们，服务于乡村振兴仅仅有规划设计服务是远远不够的。后来又慢慢明白，即使提供系统性解决方案和陪伴式落地服务，依然做不到"四两拨千斤"、依然可能"千金拨不动四两"——投入巨大的增量，迅速变成了新的存量。大量的实践，让我们越来越清晰地认识到，乡村振兴还有一系列重大问题有待解决，只有在一系列重大问题上获得共识之后，才能解乡村振兴"千金拨不动四两"之困。

第一，为什么要振兴乡村？为谁振兴乡村？在这两个问题上达成共识，是正确实施乡村振兴战略的前提。但显然没有达成共识。

第二，乡村振兴的主要力量是谁？实施乡村振兴战略的主要抓手是谁？明确乡村振兴的主要力量和实施乡村振兴战略的主要抓手，应该是当下实施乡村振兴战略的头等大事。

第三，如何选择乡村振兴的最佳实现路径？是以"产业振兴、人才振兴、文化振兴、生态振兴、组织振兴"实现乡村振兴吗？可能还需要再追问一下，如何实现五个振兴呢？五个振兴之间的关系是什么？回答不清，怎么可能找到乡村振兴的最佳实现路径，乡村振兴走弯路就是必然的。

第四，什么是科学的乡村振兴方式方法？在既有的乡村振兴实践中，本来没有推广价值的领导工程，被专家们总结出很多"经验"，树立为"样板"，如络绎不绝的干部参观学习成为其振兴的唯一证明，这样的"样板"永远学不了，学了也白学。乡村振兴是复杂的系统工程，一定要讲方法——思维方法、决策方法、执行方法、总结和推广方法。乡村振兴必须要有科学的方式方法。方式方法不对，好事会做成坏事。这也是当务之急！

第五，如何保证乡村振兴的可持续性？在乡村振兴的既有实践中，乡村振兴几乎等同于"基础设施建设+乡村旅游+房地产"。如何实现乡村振兴可持续呢？

上述五个重大问题，都还没有真正破题，乡村振兴或许还没有"到达遵义"。

三

我国有数百万个自然村,五十多万个行政村。可以肯定,随着时间的推移,很多村庄会自然消亡。我曾推断,这类的村庄大约占60%左右;真正有未来的村庄,可能只有30%左右;10%的城市郊区村庄,会淹没在城市之中。

乡村振兴,重点是建设和振兴30%有未来的村庄——未来村。然而,大量没有未来的村庄或许正在大规模的建设中;大量有未来的村庄,或许也不是按照未来村的要求在建设。

乡村振兴,必须叫响我们乡建院的一句口号:建设未来村,共创新生活。

10%左右的城郊村庄,会成为城市的一部分,重点要研究的是如何让村民抱团进城;60%左右的村庄,会空心化,会逐步消亡,重点要研究的是如何再造农业生产经营主体,如何建立原有村民或社员或成员权"有偿退出机制";只有30%左右的村庄,人口不减反增,是未来村,是农村和城市居民都喜欢的地方,是新生活的地方,这30%左右的村庄才是乡村振兴的重点。

建设未来村,共创新生活。必须以此作为乡村振兴的着力点和牛鼻子。

什么是未来村?

未来村一定是智慧的、四生共赢的、四权统一的、三位一体的、平等互助的、共享共富的、民主自治的、食物本地化的、食物自主化的、开放的、基本公共服务及基础设施完备的、业态多元共荣的、有文化传承的……可持续发展的、五百年后都存在的理想家园,这个理想家园一定是一个共同体家园。

未来村是谁的?

未来村，既是原住民的、又是新村民的；既是农村居民的、也是城市居民的；既是常住民的、也是暂住者的。

未来村的垃圾是怎么处理的？应该是100%的资源化。

未来村的环境治理模式是怎样的？应该是共同体区域内小闭环治理模式。

······

未来村的产权制度是什么样子的？应该是多个村集体共有产权下的"多权分置、混合共享"产权模式。

未来村的治理结构是什么样的？应该是"四权统一"，即"产权、财权、事权和治权"统一的共同体，一定的产权和财权支撑一定的事权和治权。应该在共同体内实行一元主导下的多元共治制度

······

未来村有多种形式。或许有未来村·原乡、未来村·归园、未来村·邻里街坊、未来村·自然之城······或许有以养老为主的未来村、或许有以教育为主的未来村、或许有以休闲为主的未来村、或许有以一二三产业融合发展为主的未来村、或许有以科研为主的未来村、或许有以企业总部为主的未来村······

未来村生产生活方式是什么样子的？

未来村的房屋是什么样子的？

未来村的厕所是什么样子的？

未来村家家户户还有厨房吗？

······

未来村该如何建设？

应该为未来村建设供给什么样的制度？

　　如何将多个村庄的建设用地整合到一个村庄或几个村庄共同建设未来村？

　　如何让城市居民或国内外自然人、企业等自由进入未来村生活和发展？

　　如何自由退出未来村？

　　……

　　假如地球某一天突然变暖了，中国最理想的未来村在哪里？是什么样子的？

　　……

　　乡村振兴战略规划到了2050年，绝对不是权宜之计。应该立足未来思考乡村振兴。当下建设的每一个乡村，都应该是有未来的；当下建设的每一个有未来的乡村，都应该真正是按照未来美好生活的需要而建设的！

　　"建设未来村、共创新生活"是乡建院的神圣使命，乡建院人的探索永不停止。首批出版的《新时代中国乡村振兴指南丛书》共5本，第二批《新时代中国乡村振兴指南丛书》正在准备之中，《新时代中国乡村振兴指南丛书》会一直出下去。

　　建设未来村，共创新生活。

　　乡建院一直在路上，希望一路有你！

2019年6月25日

于北京平谷同心公社乡村振兴文创营地

目录

乡建路上

——乡村振兴有个乡建院

引子一

郝堂村，一个老人死了。非正常。

2009年夏天的一个清晨，河南信阳市平桥区五里店办事处郝堂村一位老人，吊死在自家大门上。小孙子趴在地上大声哭嚎，渐渐聚拢来的村干部、村民抹着泪。

孤独的老人把自己关在屋子里很久了，他的眼神无时无刻不穿透大门、穿透院墙，向着远在城里打工的儿子一家，那曾是他全部希望，他心中仅存的一丝丝亮光。

光，亮了一下，儿子回来了，离婚了，丢下孙子，又走了。没回头。如果回头，会看到父亲眼中开始露出越来越绝望的目光。

儿子家没了，老伴早年走了，自己一身病，怎么带小孙子？

他只好选择离开。

晨雾迷蒙着山林山村，带着露水味儿的空气里弥漫着死一般的静寂。

村委会主任胡静心里堵得紧紧的，几天几夜，憋闷得喘不过气来。

几天后，平桥区科技局长兼区农村可持续发展试点办公室主任禹明善带着著名三农问题专家李昌平来到郝堂。三个人坐在胡静的办公室里。

禹明善局长问胡静，为啥满脸愁容。

胡静说，看到老人上吊自杀，看村里那么多孤零零守着空屋子的老人，真想为他们做点事。

禹局长，你去做啊。

胡静摊开手，我没钱，村里没钱，想做个养老中心把老人们集中起来照顾，没钱办不成。

禹局长，想办法。

胡静，我拿着林权证去找银行贷款，人家不给贷，说林权证不能做抵押。我问，房子呢？人家说村里的房子也不能抵押。我贷不来钱，没办法。

"钱不是问题"，李昌平说。

胡静疑惑了，钱是大问题啊。

李昌平说，我帮你做。

李昌平敢说这话。

2000年3月，还是湖北监利县棋盘乡党委书记的李昌平，写下那封震惊朝野、直通天庭的《给朱镕基总理》的信，这封信后来冠以《一位乡党委书记的心里话》，在《农民日报》公开发表，信中所提"农民真苦，农村真穷，农业真危险"，在当地、在全国掀起风暴。打破中国三农界格局，也迫使李昌平离开体制，走上一条全新的乡建之路。

几年后《我向总理说实话》一书再版，杜润生亲自作序，以"我们欠农民太多"为标题，呼吁"要给农民完全的国民待遇"。杜润生用了惊叹号。

杜润生，我们党内最资深的农村问题专家之一，中国农村改革重大决策参与者和亲历者，被誉为"中国农村改革之父"。

《我向总理说实话》书中，李昌平告诉我们：

除了在走向繁荣文明的北京、上海、广州、深圳等地方看到的都市中国外，还有另外一个中国，是乡土中国。

乡土中国。

乡土中国里有一个郝堂村。

引子二

2017年2月9日晚7点，中央电视台《新闻联播》以头条、3分53秒时长，播出《郝堂村，建造宜居的村庄》。5天前的2月4日，中央电视台《新闻直播间》播出《村庄里的中国，郝堂村的新生》特别节目，时长近30分钟。

郝堂村，中原大地河南信阳市平桥区五里店办事处一个普普通通的小山村，又一次在中央电视台的镜头下，向关注中国三农问题的人们、向全国观众展现了"一个曾经破败的'空心村'郝堂村的变化"。

2009年春天，就在那位老人上吊自杀几个月后，平桥区委、区政府请来李昌平和他的团队，帮助郝堂村建起属于村民、属于村庄集体的"夕阳红养老互助资金合作社"，开始共同探索一条农村可持续发展的新路。

合作社站稳脚跟逐渐发展起来后的2011年春，受平桥区之邀，李昌平、孙君等民间专家团队，开始在村里做"郝堂茶人家"美丽乡村建设。依靠村两委（村党支部、村委会），组织农民，发展集体经济，走共同富裕之路，保留村庄原始布局，保护生态环境，留住青山绿水，留住乡村，留住乡愁，把一个平凡的山村，建成全国第一批"中国美丽乡村示范村"，全国12个村，河南全省只此一家。2016年又获得"中

国人居环境范例奖"。

郝堂村值得骄傲。

40年来，信阳从来没有在中央电视台《新闻联播》中获得这么长时间的关注，近4分钟的头条！不到一天时间，让当地人"超级骄傲"的中央电视台这段视频，被新浪、腾讯、凤凰资讯、今日头条、时政论坛等60多家网络、贴吧、论坛转发。

这一天，距郝堂村那位老人上吊自杀，过去了8年。

这一天，距李昌平、孙君等人发起成立的乡建院（当时称"中国乡村规划设计院"）已有5年多。这是一个专为农民、专为农村服务的新乡建团队。

乡村振兴有个乡建院。

第一章

郝堂故事

图1-1　郝堂村景

　　郝堂村，位于河南信阳市平桥区五里店办事处东南山区，西边紧邻浉河区，南部与罗山县接壤。这是一个中原大地上极普通的村子，又是豫南典型的山区村。郝堂坐落在大别山脚下的浅山区，全村面积约20平方公里，是平桥区面积最大的一个村，共有18个村民小组，620户，2100来人口。

　　这里是亚热带向暖温带过渡区，常年日照丰足，年平均气温15摄氏度，年均降水量900~1400毫米，雨量充沛，空气湿润，四季分明。

　　农作物以水稻为主，农田1800余亩，人均不到1亩。村庄主要经济作物是茶叶、板栗等。郝堂村有2万亩生态茶山，有原种茶，主要茶种为信阳毛尖。村庄有1万亩板栗园,山林22000亩,杂树林,植被丰富,有国家级野生猕猴桃保护区,农产品丰富。当地产的信阳毛尖,清馨,滋润,享誉国内外。

郝堂村所在的信阳是个好地方,淮河之滨,大别山麓,中原腹地,国土南北分界之处。这里是楚文化发祥地之一,站在信阳平桥区城阳城遗址,依稀可见楚城墙残骸,仿佛置身两千多年前动荡战乱、马蹄声碎、刀光剑影。战国时期平桥区为楚国别都,"郝堂茶人家"项目落地之前,村里的建筑鲜有辉煌楚文化的历史印记。在历史文化和传统保护方面,郝堂渐渐失去了自己的责任。

信阳所在的大别山区曾是红色根据地,新四军五师战斗过的地方,留下许多李先念等老一辈革命家的战斗足迹,20世纪20至30年代,郝堂村也有人参加过大革命运功,出生郝堂的张玉衡烈士1925年参加共产党,后来在东北抗联第三军任政治部主任,1935年抗击日寇牺牲。烈士故居坐落在郝堂进村不久的小坡上,时时有人进去瞻仰凭吊。

历史悠久、地理位置优势、生态环境良好、农产品丰盈的郝堂村,2009年前人均最高年收入约3600元。村庄90%的青壮年外出打工,打工收入占全部收入的70%,其余30%才来自物产丰富的山林田地。郝堂村空心化越来越严重,几年内相继有几位老人家因贫病等喝农药、上吊自杀。村集体经济逐渐"空壳化",账面上的资金越来越少,固定资产更是少得可怜,和全国大多数农村没什么两样。

2009年,郝堂村在政府支持、李昌平等人帮助下,成立合作社,迎来分田单干30年后的第一次变革。2011年政府邀请李昌平、孙君等外来力量协助,开始做"郝堂茶人家"新农村建设,迎来第二次变革、飞跃。

第一节　夕阳红养老资金互助合作社

郝堂村主任胡静心里堵得紧紧的，村里又有一位老人上吊自杀。她和村干部们帮着把老人安葬好，把自己关在屋里生闷气。

几天后的2009年8月20日，中国三农问题专家、河北大学乡村发展研究中心主任、香港乐施会中国顾问李昌平，随着平桥区科技局禹明善局长，第一次踏上郝堂土地。

就在那天，李昌平说要帮胡静为村里老人们做些事。

那年郝堂村所在的信阳市是河南省农村改革发展综合试验区，改革试验区最主要的课题之一，是发给农民承包地70年产权证（城市建设用地也是70年产权）。规定农民的土地产权可以在银行做抵押贷款。试验的顶层设计者认为，只要农民的土地能够抵押贷款了，农村和农业发展以及农民城市化等难题就事半功倍地解决了。但农民领到70年产权证后，银行却不接受农民的土地产权证抵押贷款。这让当地官员们和北京请来的顶层设计者们始料不及，一筹莫展。

平桥区陆庙街道办事处有块"陆庙新型农村社区信用担保中心"牌子，原是为鼓励银行金融机构与农民能"坐在一个板凳上"，先由市相关部门对山林、宅基地等"五证确权"，以期实现银行抵押，再由当地财政出资成立担保中心为农民进行贷款担保。

土地确权完成了，政策文件也发了，但银行金融机构仍然缺乏真正的积极性。银行有自己的苦衷，成本收益不成比例，贷给企业1000万元只需一个信贷员，如果把1000万元贷给500个农民（一般给农民贷款最高2万元），需要多少个信贷员盯着呢？还有信息不对称、风险难管控。面对众多分散的小农户，监管确实有难度。还有土地山林抵押、乡村房产抵押变现问题，对银行来说，不发达、偏远地区农村的田地、山林、宅基地等，不仅过于零碎、价值偏低且短时间内看不到升值预期，这种情况下，城里银行要几十里外山区的几亩田地山林有何用呢？

既然对广大农民来说城里银行机构的"外置金融"先天不足，远水解不了近渴，不能满足农民发展生产、乡村建设、提高生活水平的需求，有没有另外的路？

李昌平说："我帮你们做，钱不是问题。"

胡静不解，农村钱可是大问题。

李昌平说："我帮你们村建一个合作社吧。"

李昌平提了个要求，让胡静在村里找5~7位乡贤，就是外出打工做事挣了点钱的村民，愿意为村里老人做点事，每人拿出2万元入社，三年内不参加合作社分红，利息敬村里的老人。他特别提到，胡静这样的村干部要带头做乡贤。

胡静爽快地答应了，她给村里外出打工的几位乡亲打电话，请求他们支持点儿钱。几位异口同声地说："胡主任要为村里老人做事，我们一定支持，钱给你，不要还了。"

"是借"，胡静说，"三年内不给你们利息，就当是敬村里的老人了，三年后，参加合作社分红分息。假如合作社亏了，我卖房子也要还上你们的钱"。

4天之内，她找到6位愿意做敬老社员的乡贤，连同她自己，每人出2万元，共筹得14万元。钱到了胡静账上，她给李昌平老师打电话。

从北京赶来的李昌平带来5万元课题费，禹明善局长请示平桥区王继军区长后从区政府争取到10万元，这两份15万元作为合作社的"种子资金"，永远沉在合作社金池里，不参加分红分息，不要回报。

按照李昌平老师的要求，胡静找到村里15位老党员、老积极分

子，组织这些60岁以上的老人每人拿出2000元作股入社，加上村集体的2万元，郝堂村"夕阳红养老资金互助合作社"有了第一笔34万元资金。

资金到位，胡静催着赶紧把合作社运作起来。

李昌平不急不忙了，他说："合作社还要制定资金互助章程、召开社员大会、选举理事会监事会、注册登记等，才能开业。"

胡静笑了："李老师你给拿个章程不就行了。"

"那可不行"，李昌平断然拒绝，"章程要你们自己定，大主意得自己拿。我帮你们先制定章程。"

"那要多长时间？"

"要2天多吧"，李昌平说。

胡静吓了一跳，8月底9月初正是采摘板栗最要人的时候，满山的板栗还没人摘，把大家伙儿召集起来花2天多制定章程，太难了。

李昌平慢慢说服胡静，章程是合作社的法律，是要大家共同遵守的，得社员们一条一条讨论出来。章程就是契约，制定过程就是大家互相说服、互相学习、互相教育，把所有的疑问都消除干净了，大家才能自觉执行，磨刀不误砍柴工嘛。

于是，胡静把在外面打工做生意的另外6位乡贤找了回来，把村支书曹纪良、其他村干部、入社的老人都请来，加上李昌平、禹明善，还有市上来的干部，几十个人吵吵嚷嚷30多个小时，饿了，吃个盒饭，累了回家休息。山上的板栗该摘了，不去，其他农活儿该做了，不去。大家关在屋子里吵了个天翻地覆。李昌平明白，胡静、曹支书、禹明善他们都明白，农民自己出钱办自己村里的"银行"，本来就是了不起的大事。

李昌平在黑板上抛出问题或记录农民、村干部提到的问题，引导大家讨论。他的两个学生一个负责在墙上的大白纸上记录讨论的共识，一个负责把共识录入电脑。

讨论中，说到贷款风险管理，在场的人都一致说承包地（包括山林茶园、宅基地、房子）是最好的抵押物。说到合作社如何赚钱时，李昌平引导大家讨论，如果把农民弃耕撂荒的承包地流转到合作社，再由合作社集中连片整治后转包出去，也是一项赚钱的"生意"。富了土地转出去的农民，也增加了集体收入。

注意，这里有两个关键点：一是农民手里的承包地、山林、茶园、房屋等能做贷款抵押了。在新的乡村内置金融体系里，农民的土地、山林、茶园、房屋等变成了真正意义上的资产。这在传统的银行、供销社金融体系中，想都不要想；二是原先农民手里撂荒了的土地、扔下不种了的田、新制度破旧房子等，都可以流转给合作社，由合作社统一派用场。分散的土地再一次集中到集体，合作社集体能让它生出更多的利，田地的主人可以得利，集体也获了益。

关于吸收存款，章程中说，一是入社老人，可追加股金2万元，作为优先股享受银行2倍的利息；二是本村村民也可入股，享受比银行高一个百分点的利息，但入股资金最高不超过10万元；三是吸收社会上不求利润回报的慈善资金。入股资金不超过10万元，是种利益控制，防止少数富裕农民因合作社利息高而无限制地投资入股，以获得高利润分红分息，对大多数入股社员，尤其是老年社员、较贫困社员是极大的不公平。

贷款发放中最重要的风险规避问题，章程规定，一般贷款需要两个入社老人担保，需要农户林权证做抵押等；贷款还需要理事会集体讨论签字授权，监事会负责审批，两者相互制约；贷款利率接近当期农村信用社贷款利率。除了与一般金融体系相类似的相互制约机制严

格的程序外，内置金融最亮一点就是"老人担保"。这种担保源自老人对村里"贷款后生"的了解，源自农村家族血缘关系中的诚信，源自农村中沿袭长久的"熟人社会"。你家小儿子贷了款到期还不上，村里和周围七里八村的人很快都知道了，说你家儿子借了老人的养老钱不还，你和你儿子在村里抬不起头，七里八村的亲戚也跟着遭骂。这种乡村最淳朴的诚信，熟人社会"小闭"环境制约下，打破了是要付出极高诚信代价的。城里讲"杀熟"之时，乡村讲诚信。

利润分配问题，利润的40%用于老人分红，30%作为积累资金，15%作为管理费，15%为风险金。政府及外来慈善性质的种子资金不参加分红分息，乡贤人社的2万元敬老资金头3年不参加分红分息，这叫"资金互助促发展，利息收入敬老人"。后来，这句话传遍乡建院团队做的内置金融合作社所有的村庄，成了村民、村干部的共识。

讨论章程时，禹明善话不多，沉静地看着发言踊跃的村民、村干部们。一个念头闪过，他突然明白李昌平为什么坚持用30来个小时，一条一条一节一节和村里人讨论章程。在乡镇基层干了20多年的禹明善局长悟出个道理，政府和外来人让农民做的事，他们不一定情愿做，不一定能做好；农民们自己认准的事，一定能做下去，一定想法子做好。那自己呢？李昌平呢？政府官员们、外来的专家学者、社会公益组织、企业家们呢？用一个词："外来者们"，那么"外来者们"的定位是什么？谁才是乡村建设的主人？

一个词突然闪出来，"协作者"。

对，协作者。外来人参与乡村建设时，一定以"协作者"的身份出现。村里的事，让村民和村干部自己拿主意，大事小情以他们为主，他们才是掌握自己命运的主人，才是村庄的主人，是乡村建设的主体。

"协作者"，定位准确。

一年多后，在"夕阳红养老资金互助合作社"成功运作的基础上，郝堂村可持续发展试验村试点全面铺开，禹明善指导一些年轻人成立了"信阳乡村建设协作者中心"，以"协作者"的身份，参与到"郝堂茶人家"项目，参与乡村建设大业中去。这是后话。

章程全部讨论完后，所有的与会者都异常兴奋，满面红光，这是农民、村干部和专家、政府官员讨论出的制度，自己的制度，更是每个人必须遵守、自觉自愿遵守的制度。

李昌平让学生把讨论的章程打印出来，人手一份，让大家回家好好琢磨琢磨，有补充修改的，第二天早上再议。

第二天，所有与会者高高兴兴在大白纸记录的章程（原稿）上签字画押盖手印。大家拿着自己的一份打印件去做其他村民的工作。

有个小故事。章程讨论完后，村支两委召开全村大会，宣布成立合作社，号召大家、尤其是老年人入股参加合作社。一个平时爱说怪话的村民四处散风，说胡静、曹支书他们做合作社是骗大家的钱，鼓动老人不要入社。这些"小动作"传到胡静耳朵里，她并没有马上去找这人理论。

我很好奇，问胡静，你怎么对付这号"捣乱分子"？胡静笑了，我的办法就是不理他。

这个村民散布谣言的同时，紧张地关注胡静他们的动向。几天过去，他说的话村民们不信了，胡静也没来找他"算账"。又是几天过去，还是没动静，他毛了。一连十几天，他沉不住气了，慢慢走进胡静办公室。胡静低头看材料，没理他。这人尴尬极了，不得不轻声细语地说："胡主任，嘿……嘿……"

胡静抬起头："想说啥？"

"是我不对，不该说你们的坏话，给你赔不是了，你别不理我啊。"

"想通啦？自己去跟村民说，找我没用"，胡静说。

"我错了，我错了，我去和大伙儿说，都支持合作社。"

胡静告诉我，村里的事好办也难办，碰上不讲理的，你说再多也没用，撂他几天，他自己转过弯来，该做啥做啥去，问题也就解决了。

当时曾有农村问题专家坦言，在新农村建设这场历史大戏中，中国的9亿农民大多还没有"入戏"。因此，要想让农民成为新农村建设的主要力量，就要把乡村激活，找到支撑其可持续发展的内生动力，做农民想做愿意做的事。

郝堂村"夕阳红养老资金互助合作社"这种有别于银行、信用社等"外置金融"的新型农民资金合作体系，李昌平起了个极恰当的名字"内置金融"，即由农民、农村内部资金组织起来用于村庄内部互助发展生产、提高生活质量，由农民自己制定规矩管理、监督运行，使农民的土地承包权、财产权、集体成员权、资金、资源、资产等可以在村内、合作社内部实现最大限度地整合、管理、运作。在此基础上的生产合作、消费合作和治理合作的有效性，以及由熟人构成的农村社会信用度，都可以有效地提升，为建立农民自己的和谐村庄、和谐社会打下金融经济基础。

村支两委在"内置金融"合作社体系制定完善过程中，自身组织建设，对村庄的管理治理，也随之发生了微妙的变化。大包干后的村支两委在"分"的大环境中，无可奈何沦落到尴尬的地步。组织农民做事，大家各忙各的、没人搭理，甚至开个村民大会要发点儿钱才有人来露面。想为村里做点事，苦于囊中羞涩，村集体经济在30年的"分"中，几乎被掏空。2009年合作社成立之前的郝堂村集体账面上不到10万元。

郝堂村内置金融合作社的成立，调整好合作社与村集体利益关系的同时，随着合作社的发展，村集体经济"钱包"逐渐鼓起来，村支两委说话好使了，村民自觉围在村支两委周围。接下来的"郝堂茶人家"项目中，这些都得到充分体现。有了鼓鼓的"钱袋子"，村支两委在"郝堂茶人家"项目中的底气也越来越足。

2000年因给朱镕基总理写信反映"农民真苦，农村真穷，农业真危险"后，李昌平在体制内受到极大压力，不得不离开老家湖北监利县，赴深圳、去北京，做"南漂""北漂"，做编辑，做扶贫公益项目，做新农村建设理论与实践探索，渐渐地，他的思路越来越清晰，理念也越来越坚定。他自信找到农村发展的钥匙，可以"四两拨千斤"的钥匙，就是从做"内置金融"入手，把分散的农民重新组织在村支两委周围，激发农民、村干部的积极性，让乡村中、农民和村干部中间产生"内生动力"，激活他们拥有的资源、资金、资产，在相对约束的区域范围内，以他们自己的力量为主，外来力量协助，互相帮助，共同发展，打出一片属于农民自己的新天地。

他曾在自己家乡湖北监利县王垸村做了第一个试点，郝堂村是第二个，也是做系统化乡村建设为目的的第一家。郝堂村"夕阳红养老资金互助合作社"的成立，将为村庄的全面治理和发展，带来令人惊叹的经济效果、社会效果。

经过社员发动、社员大会、选举理事会、监事会、登记注册等环节，2009年10月12日郝堂村"夕阳红养老资金互助合作社"正式成立。

开业时资金总额34万元，其中政府10万元、李昌平带来的5万元，两部分15万元不参加分红分利，作为"种子资金"沉淀在合作社资金池中；以胡静等7位乡贤每人2万元共14万元的敬老资金，3年内不参加分红分息；60岁以上老年社员15人，每人2000元共3万元；村集体出2万元。

34万元撬动了互助合作社，郝堂农民重新组织起来了。

经过合作社运作，村里的林权证可以通过内置金融实现贷款抵押，原本沉寂的2万多亩山林，以及大量土地田亩，都从资源变成资产，土地金融被激活了。25岁村民张金龙用林权证连续3年贷款发展养猪，从最开始的年出栏几十头发展到200多头。

合作社成立的第一年，34万元本金分40笔共贷出350万元，主要用于村民规模化种养殖以及制作茶叶等生产活动。第二年新社员入股，本金增加，共贷出52笔420万元。除了种养殖、茶叶生产，外出打工的村民看到郝堂村的变化，纷纷返乡创业，从合作社贷款做民宿、农家乐。村里第一批做农家乐的村民，一年收入超过10万元。看的其他没入社的村民眼热了，纷纷要求参股入社。

合作社运行几年，没有发生坏账、赖账现象，这在城市银行、金融体系中根本无法想象。

农村是相对封闭的"小环"，又是非常开阔的"大环"。说是"小环"，村民们除了外出打工，其生产、生活基本圈在本村内，许多地方甚至圈在自己家的小院子里、屋里。"分"了30年，村民们早已"被习惯"了自顾自家事的困境。说是"大环"，因血缘、家族关系，七里八村亲戚套亲戚，血脉连血脉，"好事不出门，坏事传千里"，"谁谁家二小子借村里老人的养老钱不还"的恶名，任哪家哪户哪个家族都承担不起。血缘家族势力仍然存在农村熟人社会，信用往往建立在脱不掉撇不清的这个"大环"之内。这种即是"小环"又是"大环"之中产生的信用度、诚信度，成了合作社生存发展的重要基础。几千年沿袭下来的家族文化势力之大、影响之深，在农村做事，不能不重视，不能不深思，不能不利用。

郝堂村"夕阳红养老资金互助合作社"在这种现代规章制度及沿

袭血缘家族文化的双重叠加监管中，顺利发展成长，成为乡村建设的经济基础之重要平台。

2009年创建的合作社也遇到了各种问题，最大问题之一，是给自己找"婆家"。身兼合作社理事长的村主任胡静担心，合作社执照一年一检，万一哪天政策变了，取消金融创新，连民政部门也不给登记了，合作社就成了"非法组织"，这么多资金怎么办？她说，给自己最迫切的任务就是"给合作社找个婆婆"。

郝堂村合作社成立之初是在工商部门登记，后来工商部门"变脸"，只好改到民政部门登记。以后呢？

信阳市有关官员说，信阳市有100多个合作社，分别在工商、民政、工信三个部门登记，日常监管归银监局，但信阳市银监局不超过10个人，平桥区银监局仅有3个人。农村金融问题十分敏感，风险管控责任大，工作难度更大，很多部门宁愿"不做事，做不成事，也不能出事"，不肯承担监管责任。

一些外来参观的政府官员、专家学者、各类合作社负责人担心，郝堂村合作社也存在资产急剧膨胀、管理人员能否管理到位、外部风险监控能否服务到农家门口等问题。但他们也都认为，在真正解决农村金融需求，并将沉寂多年庞大数量的农村土地资源唤醒成为巨大金融资产的道路上，郝堂村"内置金融"无疑是具有启发意义的积极实验，是在重新焕发农村生命力、提升村庄内生发展动力方面的积极探索。

合作社放贷达到数百万规模时，中国社会科学院学部委员、博士生导师张晓山研究员曾为此担心。胡静回答，"不怕，我有几千亩山林抵押在手，随时可以转包出去变成新的资本，投入合作社正常运行。"

胡静的底气来源于合作社严格的规章制度，源自已经渐渐看到资

源、资金激活成资本的发展趋势，源自合作社成功运作几年积累下可贵的实践经验教训，源自对李昌平"内置金融"理论的认可和践行，更源自郝堂村村民在合作社组织之下自己管理自己、自我发展的强烈愿望和动力。

合作社成立四年时，新华社以"中国特色农业现代化专题调研"为题，派记者赴郝堂村及平桥区调研。2013年10月1日，《河南信阳郝堂村养老资金互助合作社为农村金改探路》一文，出现在新华社出的《国内动态》上。文中写道，"针对商业银行、小贷公司等'外置金融'长期难以解决农民'融资难'、农村'金融贫血症'等问题，河南信阳市平桥区郝堂村创新进行农村'内置金融'试验。经过四年多探索，当地通过发展村社共同体内部资金互助合作组织，通过村庄内部信用'变现'缓解了农民'融资难'，为建立适应当前'三农'发展的农村金融制度进行了有益探索"。

文中说到，"记者日前在郝堂村采访时，感受到了这个豫南小山村欣欣向荣的发展活力：曾经一度撂荒的土地如今种上了板栗和茶叶；尚未改造完的豫南风情村庄不断迎来游客；村里的年轻人越来越多，村民纷纷谈及，让村庄从冷清凋敝走向富有活力的起点，是2009年'夕阳红养老资金互助合作社'的成立"。

新华社记者调研时，曾向时任平桥区科技局局长、区农村可持续发展试验办公室主任、亲自参与指导郝堂村乡村建设的禹明善，提出若干问题。其中很多问题直指"内置金融"及郝堂村"夕阳红养老资金互助合作社"成立及运作的核心。我很感兴趣，挑出几个，特列如下：

记者问，"投资的主体是谁，投资的来源有哪些，如何投资?"

"有无解决农民增收问题，现代农业是否有发展和体现?"

"郝堂村的新农村建设模式是否具有可复制性？复制的条件需要哪些？"

其他还有一些诸如规划设计的指导思想，对生态文明理念再实践中的思考及践行，新型农村社区建设中的公共基础设施如何运转等问题。

光看这些问题的标题，足以令人感兴趣。我很想知道，作为供省部级领导阅读的内参刊物上使用的文章，将引起政府高层官员，尤其是主管农业、金融等领域的上层人物，以及社会各界关注"三农问题"的人们，如何期待上述解疑。

且看禹明善简单明了的回答：

关于投资主体问题，禹明善说，郝堂试验是政府主导、农民主体、专家协作、多方参与的乡村建设实践，道路、河道疏浚、集中供水和学校等基础设施和部分公共投资由政府有关部门争取并整合上级有关项目资金完成。农民建房自己投资，区本级财政对村民旧房改造按面积实行补贴，建新房贷款贴息两年。村民礼堂由企业爱心人士捐建，自行车绿道及自行车由一家企业捐赠，新建的村小学一位企业家爱心人士捐赠了50万元。

关于收益问题，禹明善说，郝堂在逆城市化中发展，农民在农业服务业中增加收入。有机大米和有机茶叶等农产品的开发，200亩荷花带来莲子收入和乡村观光33公里自行车绿道、20户农家乐客栈茶社带来就业岗位增加的同时，带来乡村旅游的发展，目前到郝堂观光休闲旅游在每天600人次以上（2016年"十一"期间，每天游客最高达上万人次，现在"五一""十一"游客也高达数千人——笔者注）。

关于郝堂是否可以复制，禹明善给予肯定的答复，他认为，郝堂试验简单说，就是以"内置金融"为切入点发展集体经济、重建村社

共同体的路子。这种思想没有什么不可以复制的。至于村庄外在的形式建设怎样，要以是否有利于重建村社共同体，是否有利于促进形成村庄的内生秩序，是否有利于人心凝聚组织化程度提高来判断。

关于复制条件，禹明善提到几条：政策不能促进农村土地集体所有制虚化，要有促进统分结合、双层经营体制中"统"的功能的政策，有具体政策支持发展内置金融；村庄有一定的生态基础，有自己的特色元素和品味，能够进行乡村文明的文化传承；村庄内有关心自己村庄发展的知识分子或乡村精英。

郝堂村建设以及乡建院在其他地方的实践中，佐证了禹明善的观点。

按照章程规定，每年小年（腊月二十三）是合作社结算分红的大日子。

2010年2月中旬的阴历腊月二十三，开业仅四个多月的合作社初始34万元资金，竟产生了9000多元利息。经过核算，按章程规定留足公积金、公益金、风险金等之后，15位当初持2000元入股的老年社员，每人分得320元，这是多大的利息？

分红当天，乡贤们都回来了，他们要亲眼看看自己奉上的"敬老资金"，给老人们带来多大快乐和希望。站在村委会院子里的主席台上给入社的老年社员发放红包，乡贤们的眼睛红了，终于可以用自己在外打拼的血汗钱，为村里老人做点事，为村庄发展做点事。他们拿出2万元本金，暂时没有收获利润，却得到从未感受过的满足和骄傲！这是多少钱也换不回来的。这一刻，他们成了名副其实的乡贤。

台下领红包的老年社员落泪，真的发钱了，什么时候听说过自己的钱能"生崽"，这不是自己给自己发钱吗？坐在屋里就能挣到钱了吗？

台上台下落泪，更是惊动了赶来看热闹探情况的村里没入社的老人们。几个月前胡静、曹纪良支书动员他们入社，大多数老人抱着怀疑的态度，胸口袋子里子孙外出打工寄来的一点点血汗钱被捂得发烫，还是舍不得掏出来。这会儿，围坐台下观望的老人们坐不住了，我要入社，我要入社，我也要入社！

第一批入社奉上2万元"敬老资金"的乡贤们痛快了：

袁德红，40多岁，第一批乡贤之一，外出打工10多年，每年只能在清明节回家一次，甚至好多年春节也不能回来和父母孩子团聚。他在酒店工作，春节正是最忙之时，他跟妻子带着小儿子在外打工，大儿子留在村里由爷爷奶奶抚养。做了乡贤，能为留在村里的亲人做点事，是一种安慰吧。合作社成立了，村庄变样了，2013年年底，他带着妻儿一起回乡，在村里创业开了餐馆农家乐，守着父母妻儿，开开心心过团圆日子挣钱。

罗绍兵，第一批乡贤。他说，合作社刚开始时资金量很少，贷款需求量很大，以前银行贷款难，现在合作社解决了问题，随着不断滚动发展，合作社资金量累积多了，如今搞养殖、种植、农家乐、修建房屋很容易在合作社贷到款。越来越多的人在村里创业或扩大经营走上致富之路。

村里的老年社员开心了：

袁祖传，80多岁，最早的老年社员之一，曾经参加过抗美援朝，是无线电兵，返乡后一直住村里务农。现在每年除了领到政府给的720元（每月60元）养老金，还可以在合作社领到分红。2013年年底给老人的分红达到800元，超过政府给的养老金。有了合作社，儿子可以回村创业顾家了，以前真不敢想这样的好日子。

村民王良敏算过一笔账，他60岁时达到入社年龄，夫妻俩每人预

计可享受近1000元的社员分红，加上他们两位老人各投2万元的股金，享受7%的利息，每人每年有1400多元的分红分息收入。记者采访后得出结论，贫困老人通过合作社实现了比国家社保更好的经济保障。

需要贷款的村民高兴了：

黄建国，妻子是聋哑人，2个孩子都小，家庭收入主要靠他务农和外出打零工。合作社成立了，别人贷款发展生产，搞乡村旅游。他也动了心，从合作社贷款5万元开起农家乐，不用外出打工就能挣钱，既能照顾妻儿老小，又有务农外的其他收入。他说，以前想贷款，银行没熟人，跑手续跑不齐，现在找到合作社，申请贷款2天就批，黄建国高兴了。

合作社第一次分红后，2010年又有48位老人入了社。很快，合作社资金规模超过百万。第三年入社的老人增加到97位。现如今，村里60岁以上老人基本上都入了社（按照规章，村里60岁以上老人才有资格入社，名为"夕阳红养老"）。2013年最早入社的第一批入社老人连续分红四次，分别是320元、570元、720元、800元，累计已超过2000元入社本金。近几年虽因贷款需求有所下降，利润减少，每年分红也保持在500~700元。2013年合作社资金总量已达340万元，短短三年多时间增长10倍。村内贷款资金需求量高峰时曾达1000万元，现在合作社本金也保持在300多万元。郝堂合作社没有像城里银行、信用社一样一味追求本金越多越好，而是根据村里内部"小闭环"发展实际需求量保持相对稳定。

我手里有一份2011年阴历腊月二十三，合作社第二次年会分红记录，摘录如下：

李应贵：利息120元，分红450元，共570元。
黄承国：利息120元，分红450元，共570元。

李俊芳：利息120元，分红450元，共570元。

谭秀兰：利息120元，分红450元，共570元。

......

......

这些曾孤独守在破旧村庄里的老人们，手里攥着子孙们给的数得过来的养老钱时，谁会想到他竟然能借给别人派上大用场，给自己带来丰厚的红利，给一家人带来幸福生活的希望（图1-2）。

就在这次分红大会上，专程赶来为老年社员发放红包的平桥区吴本玉副区长流泪了，做了这么多年农村工作，什么时候给村里老人派发过红包？她由衷地对李昌平说，来郝堂村做新农村建设吧。

图1-2 分红大会

这次分红大会上，还有一位李昌平专门请来的特殊客人——北京绿十字的孙君。和台上边发红包边流泪的吴本玉副区长一样，孙君也被震动了。

离开北京延庆碓臼石村，走到湖北谷城县五山镇堰河村，走过王台、问安、雅安、诸城等地方，有过成功，也做了很多遗憾大于成功的乡村建设项目，孙君一路走来，终于走到郝堂村，走到有"内置金融"为乡村发展保驾护航的村庄，走到已经挺身而出为村民们做实事的村支两委领导的村庄，走到被重新组织起来的村民身边，走到一个可以看得见希望的地方。

孙君感动了，为合作社捐了2万元钱，说，愿意留下来和郝堂村人一起共同建设新农村。

这是2011年2月，距郝堂村"夕阳红养老资金互助合作社"成立不到一年半。此时，村集体、合作社已经开始成规模增加属于村庄、属于村民们自己的集体财产，有了腾飞发展的政治、经济、组织资本。

郝堂村可以做更多的事了。

第二节　郝堂·茶人家

一、村里有大树

几年前信阳市平桥区郝堂村可持续发展项目刚刚启动时，我曾采访了平桥区王继军区长。我关注的话题自然是刚刚起步的郝堂乡建，有了下面这段对话：

问：为什么确定把郝堂村作为试点村？

王：因为一进村的几棵大树。

问：大树？

王：郝堂村的几棵大树确实吸引了我，我承认第一次进村看到村口几棵大树印象深刻。依山傍水，错落有致。那几棵树虽谈不上古树参天，但很有感觉。有些地方谈历史、自然、环境，但大家并不认可，很重要的原因是那里缺少大树。大树是一个地方发展历史延续的证明。20世纪50至60年代的"大跃进"、"文化大革命"，极"左"思潮泛滥，河南很多地方把村里的大树都砍了，树木变成一堆堆废铁疙瘩，变成水泥路，村庄的历史和自然形态消失殆尽。

问：郝堂村这些大树躲过了浩劫？

王：是的，我看到大树时就想到它躲过浩劫的原因。我曾在江西一个山村调研时听到一个故事，"大跃进"和"文革"时，村里村外很多人想砍村里一些大树，是老支书带着人拼死保住了大树，保住了村里的自然环境，保住了一方水土。从此，当地人多了一条乡规民约，"谁砍了树，大家就把他家养的猪拉出来杀了分吃"。那时，猪是家里所有希望的寄托，养猪卖钱才能供孩子上学，这个家才有未来有希望。谁砍了树谁家的希望就没有了。郝堂村保留着大树，这个村里的干部、村民必然有一些挣钱之外的追求。树在岁月中是个宝贝，一个地方如果能把大树保留下来，必定有一些理念、精神、文化方面的东西支撑着。有了这些精神层面的东西，郝堂村的村干部、村民们，就可以和我们一起探索走出一条新路。

王继军说，我就是要做这样一个村庄，要让500年后大树依然生长着的村庄，要让大家看看，中国农村到底应该是什么样子，中国农村

到底有没有价值，值不值得去热爱，要让大家意识到我们真正的精神家园在农村，而不是在城市化的高楼大厦里，要让住在城里高楼的人们，回来寻根寻找这里的村庄。

有专家认为未来中国社会发展中，中国将有10%的村庄最终成为城市的一部分，大约60%的村庄会逐渐凋敝，转型为生态养殖区或农机化大农庄，只有30%的村庄会保留下来，走在新乡建大道上。

村庄变迁，家园变化，农民呢？几千年来生活在村庄的农民呢？

2016年5月29日《人民日报经济社会》微信公众号发布该报全媒体平台记者赵永平等人的文章，标题十分醒目：《告诉你一个真实的农村——谁在种地？谁来种地？》。文章开头便说，目前全国农村的状况，2/3仍是分散经营，留守老人和家庭妇女是主力，70后不愿种地，80后不会种地，90后不提种地。小麦主产地之一的河南延津县司寨乡平陵村农民张文明全家5口人，儿子、儿媳在外打工，月收入6000元，老伴看孙子，家里10亩地全靠老张一人打理。"不指望种地致富，也就挣俩活钱"。记者调研的结果，"像他这样的情况在村里比较普遍"。该县许多村庄七成以上男性青壮劳动力外出务工，还有两成以上边种地边打零工，从事农业生产的主要是60岁以上的老人和妇女。

中国空心村还少吗？空心村里孤独的空巢老人还少吗？离开家乡闯进大城市的年轻人，还愿意回家乡吗？中国很多村庄已被城市化的步伐碾压成"空心村"，乡村的衰败已成一种趋势，而且越来越严重。各种资源尤其是人才资源正源源不断流出农村流向城市，应了著名社会学者费孝通一句话，"乡间把子弟送了出来受教育，结果连人都收不回"。

空心村生产孤独、无奈和恐惧，对未来生活无望的恐惧，对家族生存的恐惧，对外出打工者安全的恐惧。当这些恐惧纠缠着空心村的空巢老人、日夜盼着爹娘回家的孩子们时，什么都可能发生。

这时的空心村，最可怕的不仅仅是来自内心的孤寂、无奈和恐惧，还有单个人在巨大空旷里的渺小。关起门来，自顾自，敞开大门，还是自顾自。农民的个体力量越来越微不足道，个人自扫门前雪的经济基础，可能连自家门口的雪也没力气扫了。

红旗渠留在太行深处，渠水静静流。它曾作为一个符号、集体力量的符号扎在人们心里。合全县农民之力创造的世界奇迹，带给农民切实利益和希望。红旗渠会不会成为时代记忆，不再重现？

2009年夏禹明善带着李昌平第一次走进郝堂村时，村里已经基本看不到年轻人，甚至孩子也很少了。孤独的老人窝在自家屋里，外人路过，听不到里面半点儿动静，狗和鸡也不知道跑哪儿去了。静静的村子，死样寂静。

难道中国乡村真的走向死亡？

资源流动需要平衡，农村人才资源携物资资源外流的同时，城市资源、社会文明发展成果、精神文明资源能否随着人才资源反流回农村？哪怕仅仅一点点，哪怕不是主流，哪怕无法恢复城乡间资源的最终平衡，但起码反流了，反哺了。按照李昌平的说法，流向最后会生存下去的剩下的30%的乡村。

李昌平带领乡建院就是要做这种反向流动、反哺乡村的事，在"反向"中，为农民、农村、农业，趟出一条可以保留其价值的道路。

郝堂村，2009年之前的空心村，遇到李昌平等新乡建人。

郝堂村，村里保留下来的几棵大树，让平桥区王继军区长动了心。

李昌平以及随后跟进的孙君等，与王继军、禹明善等人，相遇郝堂村。

二、先从垃圾分类做起

王继军区长选择郝堂村做可持续发展新农村试点，村里的几棵大树吸引了他。大树有历史，大树有故事。有故事的村庄有文化。王继军至今为自己当初的选择骄傲。

孙君也看中了村里几棵有年纪的大树，画家眼里，大树的内涵更丰富。

"树谓之天"。

树乃神，乃天，对村庄而言，对当地的民俗文化而言，更对村民的精神而言。

刚进村时，孙君盯着那棵400年的银杏树看了许久，旁边的村干部、村民们不断说，这棵树太老了，有病了，怕活不了啦。孙君后来说，当时他听出来了，这棵树牵挂着村里人的心。

郝堂村差不多成了空心村，老人们的日子就像这棵银杏树，就像流过村庄小河边几棵歪着身子倒向水里的几棵大树，老了，病了。老人们怕树活不了，人呢？守着它们几十年的老人们呢？

孙君读出了老人们的心里话，这棵大银杏树，是村里"昭庆禅院"的一部分。位列庙堂之前的是郝堂村的郝家祠堂，原来有两棵大银杏树，早年间死了一棵，还剩一棵。如今，祠堂没了，庙没了，剩下一棵大树，成了全村人的念想。

郝堂是山村，人们习惯上山砍柴烧炭，村里的一些杂木林，没躲过被毁被烧的命运。

村里的规划设计，就从大银杏树、从村里的每一棵树，从山上的杂木林做起。规划说，再不许砍一棵树！规划这么说，也这么做，遇树避树，让树，既然树是神，人让着神。

不只是避树、让树、敬树，村里还要多栽树，栽当地的树种，引回树上做窝的小鸟，让村里清晨听得见鸟叫。有鸟叫的村子才是活的。

有了树，有了鸟，树下空地上的垃圾，河道上漂着的烂塑料瓶破袋子，家家户户门前街道上五颜六色的脏东西呢？

孙君告诉胡静："让我来做新农村建设，你们首先把垃圾的事弄好，做垃圾分类。"

中国几千年农村基本上不产生垃圾，北方有些村子猪圈直接盖在厕所边，有机肥掺上土直接撒大田，破衣烂衫撕了糊几层纳鞋底。如今的村子不行了，垃圾横飞，风一刮，塑料袋就上了树梢、林地、茶园。

城里的垃圾分类解决很困难，政府、民间组织推了多少次，垃圾桶打上"可回收""不可回收""厨余垃圾"等，不知换了多少拨，垃圾车一来，所有桶里的垃圾统统往一辆车里倒，运输过程已经混一起了，谁还指望后期分类处理？

城里做不到，农村未必做不成。

有了前面成立合作社的经验，胡静相信李昌平、孙君这些专家，认同他们的意见。既然孙老师说了，那就做吧。

村庄"分"了近三十年，郝堂村像其他大多数农村一样，垃圾遍地也与村民无关，只见人扔，不见人捡拾。"分"了田地山林的村庄，人心也"分"散了。村干部想组织大家收拾村子，没有了利益聚合，谁听村干部的话？村庄都不是农民的了，村里的垃圾关他们什么事？

做乡村先做"垃圾分类"，是孙君他们多年做乡村的"秘密武器"，看似简单的垃圾分类，不过是通过这种最简单不花钱的"集体劳动"，

让村干部、村民们亲眼看到，通过大家自己的手，清理自己祖辈居住的村庄，让山上的茶园干净，村里的街道漂亮，河道利利索索，河水流的欢畅，一点点努力就能改变家乡面貌。信心，就这么一点点重新拾起来，重塑起来。

为方便村民分辨，不做什么闹得城里人都糊涂的"可回收""不可回收"，简单分成"干""湿""有害"三类。碎纸、破布、瓶罐归"干"的，可以回收。厨余垃圾是"湿"的，集中沤肥进大田、茶园。塑料袋、农药瓶化肥袋算"有害"的，保洁员集中后运到五里店办事处，由县里集中处理。

郝堂村合作社成立一年多，村集体有了积蓄，能拿出钱请几位村里老人做保洁员，每天清运垃圾。也有能力建个"资源回收中心"，集中处理全村的垃圾，让垃圾变资源。

有一张时间表：

2011年3月合作社第二次分红后的一个多月，村支两委正式提出开展生态文明村建设，从垃圾分类、卫生评比开始。

5月，落实垃圾分类工作，设村保洁员，全村卫生评比。

6月，召开党员代表大会，强调保持环境卫生逐步改善的良好势头，保护山林、河流，全村严禁砍柴、烧窑、卖树。

7月，郝堂资源回收中心经过四次返工（孙老师要求很严），达到设计标准，投入使用。

……

这一切都是在村党支部、村委会领导之下进行的，此时的郝堂村，不再是一年多前李昌平、禹明善来做合作社时的冷寂、死气沉沉，不再是街上连只狗都看不见的村庄。已经有点儿当年村支两委一声招呼，大家齐心协力兴修水利时的热闹劲儿了。

村民们的干劲儿不是一下子鼓起来的，还有相当多的人一旁观望。村干部们想了个办法，村小学老师要求孩子们做捡拾垃圾、讲究卫生的表率，每次放学，会给孩子们发一个垃圾袋，放学路上顺手捡垃圾。

孩子是每个家庭的"主心骨"，一个孩子做好了，能影响一个家庭。

一个班出几个孩子，老师带着他们挨家挨户动员做垃圾分类，把烂菜叶等可以腐烂的"湿垃圾"放一个桶里，保洁员拉去沤肥。破纸、破箱子、脏瓶子等"干垃圾"放一个箱子里，集中到资源回收中心按类处理，运出村卖钱。废农药瓶、化肥袋等"可疑有害"垃圾单独放，保洁员收走运到指定地方去集中处理。

孩子们可开心了，一个个"小大人"似的，进了这家，"可以""很好"，到门口脏乱差的家就嚷嚷"哎呀，不行，这家很脏!"弄的人家里的老人妇女不好意思。孩子们评出卫生得分高的人家发个脸盆、毛巾、床单做奖励。小孩子在学校里一看自家被评为"差"，回家就哭，怨大人不好好做垃圾分类，弄得大人很没面子，赶快收拾吧。在学校得了好评的孩子回家高兴了，表扬大人一番，继续保持家里、院子、大街上干干净净。

村支两委说这是"小手拉大手，小手大手一起做垃圾分类"。孩子们都知道不能乱扔垃圾，上学路上看到垃圾会捡起来放到路边垃圾桶里。孩子们说，随便乱扔垃圾的不是郝堂人。

村里出资请了6位老人做保洁员，每人每月发300元。钱不多，老人可高兴了，憋在自家屋里多少年了，以为没用了，等死了，现在满村里收集垃圾，气顺了，腰直了。

村民们做好自家房前屋后茶园田地清洁的同时，政府也给了支持，派专家帮助建了一批沼气池，解决垃圾问题，也省下一部分烧饭

钱，沼气池残渣残液成了茶园水田最好的有机肥。

过了几年再去郝堂村，临街院墙下种了很多月季、蔷薇，红花绿叶，攀爬在灰墙上，衬着青砖黛瓦、木门柴垛、飞檐窗楣，透着生气、喜兴。老人们坐在街边小凳子上，不时和李昌平、禹明善、孙君，和我们这些外来的客人打招呼，"吃啦？""家吃去"。

三、郝堂·茶人家

做合作社，王继军请来李昌平。合作社有了一定规模，村支两委能带着返乡青壮年、留守老人妇女们做更多事了，李昌平请来孙君和北京绿十字，请来十几位专家学者、合作团队，开始做郝堂村可持续发展试验村的整体规划。

2011年4月24日，郝堂村可持续发展试验村规划设计方案论证会在平桥区委党校大会议室召开。

王继军区长亲自主持会议，他为郝堂规划会议定下基调："让我们共同建设一个能够寄托人们精神家园的村落，让我们共同做一些让人民满意、经得起历史检验的项目。"

对郝堂村未来发展早有设计的李昌平说，"要把郝堂建成未来具有示范意义的村"。

以内置金融为经济基础的郝堂村，在王继军、李昌平、孙君、禹明善、胡静以及在座的专家眼中，将是一所耸立百年的示范性新农村。

论证会上，孙君代表前期调研设计团队，为郝堂村规划设计项目定名为"郝堂·茶人家"。

规划设计团队提出一些核心理念：

（1）项目实施的关键是以村为核心。

（2）项目围绕村两委实施，村组干部和村民是项目的主体。

这是重要的思想理念。定位"村为核心","村组干部、村民为主体",首先解决"以谁为主""为了谁"的根本性问题。乡村和农民是最重要的受众,乡村是农民自己的家,所有农民要获得最大利益,一切规划设计方案,一切行为实践,必须为了农民,为了乡村。其次就是谁为践行的主体,不是"外来"的专家学者,更不是凌驾于村干部、村民头上的"救世主","外来"的只是"协作者",实践主体是村干部是农民,必须是他们!

各种乡建中,有几种引进"外来者"的模式,外来企业带着资本进入乡村,大部分利益由企业集团获得,很少听说这些企业会在农村修路建桥,为村民做些什么公益。这样的引进外来合作中,农民处于利益的最末端,根本无法提出对利益的诉求。

设计团队提出的这两条根本理念,是包括李昌平、孙君、王继军、禹明善在内的一批常年坚守在乡建一线,探索和实践者们的苦苦寻觅、孜孜追求的结晶,在郝堂村这块巨大的乡建平台,规划出一条坚实的、方向性的乡建之路。

孙君多次说过,我们在平桥之所以选郝堂这个村,是因为李昌平老师在这里已经做了非常好的探索,内置金融合作社使村里有了坚实的经济基础,内置金融和垃圾分类又提升了村支两委的战斗力,把农民组织起来了。我们赞同李昌平老师优先发展农民组织内部的互助合作金融体系的意见,这是解决三农问题的关键。

"郝堂·茶人家"项目确定了12个目标:

建设以村民为主体的资金合作为核心的综合性的村社一体化合作经济组织;

建设以茶文化为核心的有历史文化感的新农村;

建立第一、第三产业互动的农耕朝阳产业;

郝堂村"中国原种茶"开发与研究；

创建郝堂村资源分类中心与系统；

创新和健全新时期村干部管理考核机制；

以及现代有机茶、原种茶景观示范区，开展以家庭、社区为中心的健康教育和健康促进活动，建设了持续发展、生态低碳城镇与绿色节能建筑示范区等。

这次立项论证会上，孙君代表一批志同道合者第一次提出，"筹备以信阳市平桥区为核心的中国乡村规划设计院（即'乡建院'）"，乡建院的名字第一次为大家认知。探索者理直气壮地说，中国有9亿农民，是个农业大国，要为9亿农民、为中国乡村筹建一所为他们服务的专业性规划设计团队，这在一个有着数千年农耕文明的农业大国，史无前例！

项目规划设计团队认为，郝堂村现有格局"非常漂亮"，根本不需要像很多新农村建设"大拆大建"、把农民集中一起甚至"被上楼"，规划在尽量保留现有格局基础上进行调整建设，最大限度保护好村庄原有自然环境。"用希望来推动参与"，让村干部、村民"满怀希望"地自觉自愿参与郝堂村新乡建。

会上，李昌平，著名三农问题专家、华中科技大学中国乡村治理研究室主任贺雪峰，上海长三角生态产业组合董事会主席陶康华教授，湖北襄阳市委政研室农村经济科科长胡晓芹，远方网总裁陈长春等与会专家学者纷纷发言，从各自专业角度对郝堂村未来的乡建之路，对"郝堂·茶人家"项目规划设计方案，以及平桥区可持续发展试验等提出建设性意见。

论证会提出的规划方案里，首次公布将成立乡村规划设计院，即后来的乡建院，打出"中国第一家专为农村、农民做规划设计的团队"，乡建院的名字第一次为大家所认知。发起人是李昌平、孙君等，他们理直气壮地说，中国有9亿农民，是个农业大国，我们就是要为9亿农民、为中国乡村筹建一所为他们服务的专业性规划设计团队。那时他们头脑中的乡村建设更多停留在规划设计层面，像郝堂村这样从内置金融入手，到加强村支两委建设、发展集体经济、有机农业、生态环境保护、文化教育等"系统乡建"，还没有被提升到应有高度。从乡村规划设计院到乡建院，还需要更多时间，还有很长的路要走。

会议最后，王继军区长说，"今天我真的很感动，一个小小平桥引来这么多专家学者，来为平桥的发展献计献策。听了大家的发言以后，我感到大家已经对这个项目达成了共识，这个共识源于我们一个共同的梦——建设我们美好的乡村家园！这是我们共同合作的基础。我曾跟很多人说，一定要相信这个世界上有无私奉献的人，有乐于奉献的人。今天在座的各位都是为社会发展进步无私奉献的人，真诚奉献的人！我相信，我们今天的努力，我们今天的奉献，是对中国甚至是对世界的可持续发展在铺路，在探索，这确实需要一种胸怀，一种抱负，一种志向。为此，我们愿意付出百倍努力，一定要把这个项目做的像大家在梦中梦到的那样！"

稍稍停顿了一下，王继军区长略微抬高了声调："让我们共同把梦想变成现实！"

说罢，王继军区长站起身，向在座的所有嘉宾、所有乡镇村干部、农民代表，深深鞠了一躬。

四、农家院的故事

老张说，当初是孙君"骗"他说只要三四万元就能改造好房子，他才答应全村第一个做房屋改造的。

　　老张，张厚健，郝堂村窑湾村民小组组长，家在进村旧路的路口，院里面砌着白瓷砖、不锈钢护栏的二层小楼，在村里也算很不错的房子了，全靠这些年他和儿子在外打工"拼来的"，很让村里不少人羡慕呢。他和儿子一家在城里打工，城里活儿做不动了，老张回到村里守着老伴过日子，儿子一家留在城里打拼。过年了，儿子一家回来，小孙子说什么也不愿在家住，嚷嚷回"城里的家"。老张一问，小孙子竟说，上个厕所还要跑院子里，厕所又脏又臭，四面围个坑，头上能看星星。小孙子不高兴，儿子儿媳也不习惯这样的露天厕所，在城里生活惯了，老家的环境越来越陌生。

　　儿子一家因为厕所不愿住在家里，老张很生气。孙君一和他说改造房子，可以把厕所"修"进小楼里，说这样儿子一家就愿回儿来住了。老张听着就舒服，问要花多少钱。孙君说，三四万吧。老张答应了，做全村第一户改造房子的"样板间"。

　　三四万元很快花光，房子才改了一半，老张不高兴了，说孙君"骗"了他。

　　孙君问，你是想让儿子一家过年回来住在家里，还是想他们回家创业和你们一起过日子，你想修哪样的房子？老张想了想，儿子一家最好回来守着我们老两口过日子，那就接着改造吧。

　　前后花了十几万，孙君从一张手绘的图纸，把老张家原来的二层小楼，改造成村里的"一号农家院"（图1-3）。

图1-3　1号农家院

　　围墙拆了，种了几棵树，几丛美人蕉，院子里挖了个小水塘，全家生活污水汇集在水塘，

经过几层大小不等的石子泥土过滤，再流过几丛水生植物的根系，进入村里的污水管网，汇到村里的三级污水处理池，处理后的水流进村委会旁120亩荷花塘。既然设计定位"农家院"，接待游客吃饭住宿产生的污水量也计算了进去，院里的小水塘承接了家庭生活污水初始化处理的重任。村里改造后的房子几乎都有这样的初级污水处理系统，保证未经处理的生活污水不直接排进村管网中，最终保证污水不出村不下河。

小院搭了凉棚，做了花砖台阶，石桌石凳，小水塘边水生植物花朵，塘里游着小鱼。游客来了围坐着聊天歇脚，等着喝一杯郝堂茶，吃一顿农家饭，吹着山风，伴着漫天星斗。游客惬意，老张满意了。

小楼背后就是山坡，春夏秋冬少不了绿色，原来的二层小楼白瓷砖不锈钢护栏"杵那里"很扎眼。孙君和老张商量后，拆了不锈钢改成木制护栏，楼墙角加上青砖护体，再换了木门。整个小楼外部装饰马上和周围群山融为一体，"农家"的感觉出来了。

老张家改造好的房子有两处很值得一看。老张家堂屋正面墙上，挂着毛主席像，两旁是孙君题写的字，"酒旗芳草郝家堂，叠石小山新农村"。"祖宗昭穆之神位"都摆在较低的位置。中国农村中堂是房子里最严肃的地方，是摆放列祖列宗牌位和家谱的地方，一家之长也总是在这个地方教训子孙。如今，这里敬奉着毛主席像。还有一个地方是老张家接待游客的大餐厅，能放四五张桌子，原来两间房子打通的。大餐厅右面墙上挂着毛主席像，"文革"中穿军装挥手那张。另一张居然是华国锋的照片，据说弄来十分不易，现在年轻人大多不知道华国锋是谁了。对面墙上有幅老张家过去院子房屋的旧照片，旁边是孙君老师手绘的房屋改造图，老张宝贝似的弄个镜框挂上，留下一段时光记忆。

老张家小院一开始动工，村里老老少少一大堆人每天围过来看，议论着，评头品足。全村第一个动工改造房子，全村第一户让"外来人"画个画儿就做出的农家院，怎么改，做什么样，花多少钱，全村谁不关心？

"一号农家院"改造前后两个多月，花了十几万，大大超出老张当初的预算。但正如孙君所说，儿子一家回来了，不走了，小孙子在村里刚新建的"郝堂宏伟小学"念书，还有电脑课、茶艺课、营养课呢，比城里孩子学的都多。老两口和儿媳妇操持游客吃住，空闲时守着小孙子趴着石桌上做功课。儿子的电工手艺在郝堂村新农村建设中派上大用场，周围几个村比划着郝堂村模样的房屋改造也少不了请他去，儿子每天活儿做不完。晚上一家人守在一起吃饭、聊天，守着家里不进城打工，自己做小老板也能挣到钱，家的感觉又回来了。

我悄悄问老张，投了十几万挣回来了吗？老张笑了，第二年就收回来了。

过了两年，村里新开了条进村的路，进郝堂村不一定路过老张家门口了，游客少了，老张脸上的笑容也少了。

再过两年，我去看他，老张正在小院旁边的空地上方盖新房，一水儿青砖到顶，门框窗户木护栏也已经安好，就等着室内装修了。

我问："盖新房啦？"

老张说："这几年来村里的人越来越多，好多老熟客打电话预定要住我这儿，房子不够住了，再盖几间。"

我说："你还后悔当初孙君老师'骗'你吗？"

老张笑了。

我曾找孙君核实这个不好听的"骗"字。孙君毫不掩饰地说，当初是没和老张透底儿。老张是村里第一户房屋改造的，全村人都看着，只能硬着头皮做下去，做好它。开口十几万，对哪户农民都是巨款，会吓着他们。他说这是自己多年做乡村建设的"小窍门"，尤其做村里第一个示范点时，做成了，有了收益，农民高兴，我们满意，别人看着这么漂亮的房子还能挣大钱，跟着学呗，村子不就做起来了吗？

乡建最困难的是激发村民积极参与的热情，当热情变成他们的自觉行动时，乡建就成功了一半。农民很实际，他要看到成果实物，看到实实在在的东西，旧房改造？改给我看。

"一号农家院"改造的同时，"三号农家院"也开始了。这是一座早已被丢弃的旧院子，稻草和泥糊墙，土坯砖到顶，房子上茅草破烂弄得找不出当年模样，房顶上长出的草也枯败了。屋里泥土地，黑黢黢，啥也看不清。一根裂纹很深的木柱撑着快要塌顶的房脊，破旧木门裂开大缝，风卷着枯叶碎草刮了进来。

乡亲们问："这房子还能用吗？"

乡建院人说："这房子很好，有100多年了吧，一看就有历史。"

这个小院后来成了村里著名的"三号农家院"，仍旧稻草和泥糊墙，仍旧土坯砖到底，仍旧木门茅草顶。院墙由碎石木条堆砌，院门飞檐，典型的当地豫南风格（图1-4）。

"三号农家院"，一座充盈着现代审美和乡村百年文化相得益彰的实验，落座在郝堂大道边，旁边小河流过，对面山林俯视，一条砖石小路把游人引进小院。迎面三间土坯房，堂屋不大，足以引人好奇地走进东西两间茶室，不同风格不同摆设的小茶室让喜欢茶文化的来宾在此驻足，品茗，闲谈，享受乡村的安逸。边上一间房子被改造成画室，一张旧木桌上铺着书画毡子，摊开的宣纸上，不知哪位兴致高的游客留下几字墨宝。搁在一旁的毛笔，随时静候有缘人拿起，为书屋再添几分文气。墙边一排书架，几只小罐，几本图书，有李昌平的《我

图1-4　3号农家院

向总理说实话》，有孙君的《农道》。

　　坐在通廊下小桌边，捧着郝堂村水沏的郝堂新茶，细细打量，身边的围墙院门烙着百年乡村印记，房顶屋瓦看似陈旧，几束旧稻草散落瓦间，院子一角两只破石碾竖着插进土里，旁边几只斜倚着的旧瓦罐，稍大的一只栽着睡莲蒲草，其他几只大小不等的破旧瓦罐，里面种些草本植物，衬着一小片草丛，倒也质朴。

　　院里一棵大树，树下几张矮木桌，几把小木凳。亲朋好友围坐，一壶郝堂村水沏的郝堂茶，开不开口都惬意。据说这院里接待过省城来的大人物，大人物往树下一坐，赞不绝口。

如今"三号农家院"承包给了省城来的客商，开了家素食馆，青菜豆腐一碗白米饭一盆清汤，假日里几张桌子总是满满的客人。

村民们心动了，不停地来看，不停地说，孙老师来我家看看，孙老师也给我家画个房子吧。郝堂村民不再羡慕城里人缀着白瓷砖安着不锈钢防护栏的房子，最好看的房子就是一号院、三号院，就在我们村！

房子在乡建人心里很重。我在郝堂村和乡建院做的其他村子，不止一次看到乡建院的大咖们"画"的房子。他们随身带着纸笔，有点儿空闲就掏出来画呀画的。院里的小灯，村外小水塘，流过村子的小河，后来在"三号农家院"的"工作室"，村里著名的茶室"岸芷轩"的椅子上，看到的，想到的，除了文字记忆，画家和规划设计师们，总是用画笔绘出思想。偷窥过去，孙君和年轻的设计师们，画的最多的是人，还有房子。

和村民聊自家房子改造时，边听村民们诉说要求，孙君和设计师们边在纸上飞快地画出村民想象中改造好的房子的大致模样。郝堂第一个改造房子的张厚键家大餐厅墙上挂着的孙君老师画的房屋改造图纸，和他家旧院子照片挂在一起，游客看了，自己感受吧。

《人民日报》记者采访曾说，郝堂村是画出来的。

房子，不仅仅是农民创造自己希望和梦想的依托，不仅仅是乡建规划设计师做新农村建设落地的抓手，不仅仅是郝堂和其他更多村子新风貌、新气象、新希望的体现。

乡村房子，城里人眼里是景致，在农民眼里是生活、是文化、是希望。

房子，农民心中山样重。有了点钱，先盖新房，收拾旧房子，添砖加瓦大梁撑起的，是农民怀揣着对未来生活的向往。新房子落地，

才有媳妇上门，才有孩子生出来满院撒欢。无论多难的日子，才有盼头。

让老人住新房，是孝道，孝文化是中国乡村几千年文化积淀传承和精神支柱的重要组成部分。

房子—媳妇—生儿育女—传宗接代，即是对老人的孝，也是自己生活的希望，在村里才有立足之地，在家族里才能抬头做人。

新乡建所说的旧村改造、旧房改造、新建住房，不是把所有旧房子扒了重建，更不是把农民赶上楼，关进邻里不相往来的格子房。

笔者曾在汶川大地震恢复重建时走进极重灾区都江堰，走进深山，不到一年时光，原来住在大山深处的农民"被喜迁"进靠大路边靠乡镇的新社区，"被喜迎"进排排坐坐整齐漂亮的大楼房。农民们高兴过，欢笑过，憧憬过。很快，他们发现房前屋后的菜地没了，老屋院子里养的猪狗鸡没了。住在五层楼房里，小区干干净净，水泥路面，电线进房，村头，不，该叫社区，大门口还有健身器材，静静躺着，落满灰尘。社区集中种的那点菜只是供参观者看看，根本不够全社区农民吃的。大多时候吃菜要花钱，吃肉要花钱，甚至吃米也要花钱买。住的干净漂亮了，日子咋过没底了。年轻人把房子卖给城里人，跑到南方城市打工去了，剩下老人孩子，关在格子房里守着孤独寂寞。新社区街上少有人影，鸡狗也没有了。

这是农民要的好日子吗？

几千年中华文明史中，乡村房屋承载的东西实在太多太多。有了房子，才能娶媳妇过日子，才能传宗接代，才能延续一家一户、一个家族、一个村庄、一片区域、一个民族的夹缝、族规、乡约，区域文化便产生之上，民族精神便有载体传承。

房子在农民心中就是家，就是希望，就是有奔头。老张家改造了房子，儿孙回来团团圆圆过日子。游子们外出无不惦念家中的老屋，那里有父母，那里有根。

看得见青山绿水容易，山不过来我过去。看得见老屋，才是精神依托的根本。农民有了钱第一要做的就是盖房子、整修房子。村里最好的房子里住的人家，在村里最体面。房屋破旧，往往预示着这户人家日子快要走到尽头。

从郝堂村开始，到乡建院其他村庄的旧房改造、新房建筑，都是乡村建设落地时极重要的元素。湖北武汉江夏区的小朱湾旧房改造，成了吸引城里人下乡的重要因素之一。贵州桐梓县中关村民宿规划设计落地，成了引导农民致富的重要抓手。山西岢岚县宋家沟新移民村改造，引起习近平总书记一行的关注。山东莱州初家村、山东淄博土峪村、内蒙达拉特旗、河北阜平县骆驼湾村、黑崖沟村、河北易县狼牙山脚下的东西水村等，乡建院做的旧房改造、民宿修建，都成了乡村建设中亮丽的风景线，给外来者耳目一新的强烈视觉冲击。

郝堂民居改造绝不沿用当下时髦的让村民"被上楼""被集中"，新乡建人开始规划设计定位是绝不大拆大建，除个别房子因离河道太近而换址重建外，绝大多数都是在原址改造扩建。现在的郝堂新村，看似布局不整齐划一，散落在路旁河道边山坡下拐弯处的座座民居，恰如珍珠般串起真实乡村的建筑布局，自然而不做作，散落而不凌乱，牵出人们对乡村的记忆和念想（图1-5）。

郝堂村民张有志说，在农村，一辈子最重要的三件事是盖房子、娶媳妇、生孩子，盖房子排第一。以前出去打工，恨不得一辈子不回来。现

图1-5 郝堂村民居

在他们时不时带着城里有头有脸的人回来，炫耀自家房、炫耀自家的村，自豪的不得了。

关起门是家，开了门，外面是国。

李昌平、孙君他们进郝堂做新农村调研时，站在一座破败荒废的土坯草房前，胡静问，房子这么破，村里这么穷，能做吗？

李昌平答，能做，因为真实。

五、绿水青山

乡建团队很喜欢郝堂村现有格局。下了城里过来的主路，穿过一个村庄就看到郝堂村，一道小河从山里流出，依村边向山外流去。18个村民小组600多户人家分散在近20平方公里的坡下、道边、水畔、河流旁。村里的房子看似三三两两散落着不成规矩，但每座房屋都有几十到上百年的传承。

山是青山，有点儿脏乱，村民乱砍杂木烧炭，茶园里丢弃的农药瓶、化肥袋，青山不那么清了。

水是绿水，绿的有点儿过浓，几处地方窝成了"浓绿"，藻类把水淹没，水里看不到波纹，死气沉沉。水边护坡破损不堪，几棵大树歪歪斜斜倒向水里。护坡上、河道里，五颜六色的垃圾散落着，格外扎眼。

群山是什么，河流是什么，大树是什么，乡建人眼中，都是活的生命。

山里流出的水，带着各种信息。水是万物生存之源，是有灵性的生命体。农村讲究风水，解决好水的问题，对讲究风水的农村格外重要。

郝堂村水系治理有三个重要环节：

一是疏通原有沟渠改造水系，兴修"1号水坝"，让郝堂村水系更为合理，解决郝堂人生产、生活用水。县水利局设计的"1号水坝"在河流村段上游，用水泥直接砌出一道直愣愣的大坝。为这个设计，为用料，为造型，孙君不知和县水利局工作人员吵了多少次，最后还是王继军书记说了一句，听孙老师的。

孙君不要水泥坝，不要直来直去横亘在河道上的水坝。按照他的设计，水坝采用山里的石料，弯曲着穿过河道，挨着山边的地方，修建一座木亭子，方便上山的农人，为进村的游客提供一处新景致。旱季水少，形成阶梯式水流，河水缓缓流过村庄，农妇在河里洗衣洗菜，游人在石阶上跳来跳去摆出各种可爱的"造型"。洪水来了，水坝拦住汹涌巨流，保住一方平安。

治理水系的第二点是河道护坡，按原来设计，护坡用水泥死死糊住。河道两岸土下水下30公分处有大量活着的微生物，泥土水流下它们可以自由穿行，甚至会"爬到"河道边的砂石路上"畅行"。为了它们的家园，也为了它们与郝堂人的共生共存，孙君坚持把护坡改成石料，河边已经冲刷歪斜了的大树底部，也用石料固住，防止再歪斜，石缝里就是微生物们畅行的通道。一坡山林，一道水流，几棵大树，还有看不见的鱼儿、虾儿、微生物们，织就出和谐的村边一景。

有村庄就有污水，村子里的生活污水处理，是水系治理的第三个重点。把绿色乡建放在第一位的新乡建人，规划中为郝堂尤其村口附近几个村民小组，设计了几处污水处理设施。

村里的农家乐等农居都做了户污水处理设施，大多用石块、砂石、水生植物等做几层过滤形成一级防护，简单处理过的生活污水流进村里地势较低的三级污水处理池，处理后流进小河。三级污水处理池种满各种水生植物，利用根系和几层大小不同的砂石过滤污水，处理好的水流向旁边小河，流经的"路上"搭建起一座小木屋，"岸芷轩"茶社在村里

也是个有名的去处。在村里游玩累了，渴了，招呼几个朋友坐在"岸芷轩"，透过明亮的落地窗看着外面的景致。不远处的小河、山林，一盏郝堂新茶入口，清馨入脾。慢慢喝着，看着，品味着郝堂村。

村子最低处由村集体从弃耕农户那里流转买下120亩水田，改成荷塘，作为生物处理系统沉淀和处理村里部分生活污水。夏天清风徐徐，荷花点点，引来大批游人赏荷拍照。第一批藕种已过三年，今年重新换了批湖北的藕种，春天已经种下，只待夏风盛荷。

如今郝堂村的鸟类也渐渐多了起来，稻田里的八哥，树枝上的喜鹊，河道中不时飞过的白鹭与水田里的鸭子抢食。鸟回来了，村子就有希望。

"郝堂·茶人家"项目建设7年多来，村子变化最大之一就是游客多了。从前凋敝得看不到人影的小山村，2011年下半年项目开始几个月后就有游客涌来。如今平日游客总得数百上千人，逢年过节尤其是"五一""十一"，高峰时曾有上万游客涌入。小车在村口堵上半小时一小时进不了村是常事。项目刚开始没想着做旅游，最初设计的游客顶多2000人，还是大胆臆测。村里的污水处理也是按照最多2000名游客设计的。郝堂村出了名，小山村涌来数量惊人的游客，信阳的、郑州的、武汉的，天南地北。

春有山花，夏日荷香，秋叶金黄，冬雪晶莹。

画出来的小山村。

六、老人和孩子

乡村文化两头重，一头是对老人的孝道，一头是对孩子的期许。

早在"郝堂·茶人家"立项之初，村里老人养老活动中心和村小学，就成了大家的牵挂。当初村主任胡静就是因为看到老人不堪重负不愿给孩子添麻烦自杀而心生为老人做事的念头。要做新乡建了，这该是考虑的重点。

如今，新的养老中心已经建成，但村里大多数老人已经在自家经营的农家乐或别的生意里找到新的乐趣，很多年轻人回来了，老人们忙着帮年轻人创业，孤独的少了，敞开家门坐在院门口和街坊游人聊天的多了。没有老人光顾的养老中心，承包给外来人做的民宿，"花间驿"，好听的名字，有味道的小院，有特色的民宿。

新建的"郝堂宏伟小学"连同村里的幼儿园，落座在村的高处。一位乡贤出了部分资金，要求把他的公司"宏伟"放在前面，村干部坚决不同意，最后还是取名"郝堂宏伟小学"，村干部请孙君老师题写校名，孙君坚持请村支书老曹写，如今曹支书题写的"郝堂宏伟小学"敞开大门，迎接附近几个村的孩子们，早上8点，中午12点，晚上6点，小学校的钟声响起，提醒村民和游客，美好的日子就在他们身边。

青砖黛瓦，勾勒着白线条的校舍在村里格外显眼，而小学校的旱式厕所更让参观者大开眼界（图1-6）。

图1-6　郝堂村的孩子们

乡建院合作者台湾环保人士谢英俊设计的这种钢架结构木制旱式厕所，早在汶川大地震恢复重建时就已为人们关注。他把这一杰作摆放在郝堂小学，在古老乡村文化传承中添加一道现代文明的新元素。

旱式厕所分上下两层，上层各个蹲坑里有草木灰或土，尿液漏进下面的罐子里，发酵几天兑水浇菜园，粪便盖上草木灰集中在下层大盒子里，晾干后捣碎加上灰土撒到菜苗旁。木制的旱式厕所尿粪分离，居然不用水来冲刷！唯一的水龙头是给孩子们洗手用的。不用一滴水的厕所，就是走近它也闻不到臭味。

在村里我遇到一群学校的孩子。

我问："喜欢你们学校吗?"

"喜欢!"孩子们大声喊着。

我问："喜欢学校的厕所吗?"

"喜欢! 喜欢!"

我问："为什么呢?"

孩子们七嘴八舌，一个稍大点的孩子昂着头说："环保! 我们学校的厕所不用水冲，环保!"

一个个头小小的孩子低低说了句："第一次去，我都没找到厕所。"

我震惊了，迟迟说不出话，我不能再听了，匆匆离开，无人处，我眼睛湿了。

没找到厕所，没找到他印象中的厕所。

农村孩子印象中的厕所，总是和臭味、苍蝇联在一起，很多北方地区的农村厕所，底下连着猪圈，人在上头解决问题，猪在底下哼哼唧唧，急了往上一拱，吓人一大跳。

寻着印象中的"习惯味"，孩子去找厕所，没找到，没找到乡村几千年厕所的旧味。

孩子寻到什么?

他可以骄傲地告诉城里亲戚家的孩子,告诉那些仍在有着"习惯味"的乡村小学的孩子们,我们小学的厕所没有臭味。

没有"习惯味"的旱式厕所,还有其他现代化教育设施,让村里的孩子享受和城里孩子一样的现代文明,他的见识,将不再输给城里的同龄人。没有旧乡村陋习的小学校里,有了电脑课、美术课,还有城里孩子比不了的茶道和陶艺课。新农村走出的孩子,不会输在起跑线上。

下午四五点钟时,常能看见村里的各条大道上,奔跑着放学回家的孩子。两两作伴,三五成群,鲜艳的衣服,飘动的发梢,大老远就能听到他们的欢笑。再走近些,看着他们脸上灿烂的笑容,纯真、自然、轻松,人们不由自主露出笑容,和他们一起放松心情,大声欢笑,自由自在。他们身边,没有爷爷奶奶姥姥姥爷爸爸妈妈紧张地守着,呵护小鸡仔般的守护,更没有老人们替他们背着沉重书包。也许长辈们在家里等着他们放学吃饭,也许父母们在城里打工挣钱。此刻,他们的名字,绝不是孤寂冰冷的"留守儿童",他们是郝堂孩子。

第三节　村里的年轻人

一、岸芷轩里的领头人——姜佳佳

郝堂村有间"岸芷轩"茶室,从名字上望去,就知道茶室一定在河岸边。坐在茶室望出去,一边是绿绿的水生植物,一边是静静流淌的小河。水生植物长在三级污水沉淀池里,根系负责处理村庄集中的部分生活污水,三级处理后,清水排入旁边的小河,小河流向汉江,汉

江汇入长江，长江东流入海。郝堂村有几个生活污水集中处理设施，虽然简陋，但有效，力争污水不下河，不出村。小流域治理好了，大河大江的水质管控便有了希望。

处理后的流水进河道的上方，乡建院合作伙伴、台湾著名设计师谢英俊设计建了个"岸芷轩"。

静静的岸芷轩坐落在绿色中，钢结构木制的茶室，分割成几档阁子。游客们在村里走累了，走渴了，三五成群进来落座，郝堂水泡郝堂茶，给人添些力量，也添些沉静。

这里是村里的公共开放空间，孩子们放学后来这里写作业，阅读图书或做手工。返乡青年们喜欢在这里畅谈创业想法，听听岸芷轩里的女主人姜佳佳姐的建议。

80后的姜佳佳长的很普通，典型的中原人，人群中并不扎眼，却也能感觉到她的存在。

佳佳曾是个村官，身上有种很强的气场，吸引村里年轻人、感染走近她的气场，能让别人静下心琢磨点事的气场。这种气场有个说法，叫做"知道自己该做些什么事"。

2011年春"郝堂·茶人家"项目准备阶段，平桥区农村可持续发展实验区办公室把佳佳和另一名叫朱菊的村官抽调到项目上。那时佳佳已经在郝堂村旁边的另一个村子七桥村做了三年村官，也安了家。项目做了几年，她的村官身份还挂在七桥村而不是郝堂村。

进入"郝堂·茶人家"项目，进入郝堂村，佳佳便和郝堂村结下很复杂的"缘分"。说是村官，编制却不在郝堂村；给郝堂村干活，却不在郝堂村领一分钱的报酬；说是外村人，佳佳跟着项目进入郝堂村，一扎就是八九个年头。看架势，还要继续扎下去。虽然近几年她辞去七桥村村官，没有了"正经"收入的佳佳不想走，郝堂村里的年轻人更不愿她离开。村里的年轻人叫她"佳佳姐",有的年纪可能比她稍大些,还是习惯这么称呼。"佳佳姐"是他们的主心骨。胡涛说,就是因为和佳佳姐畅谈几次,就是看到一个外村人热心为郝堂村民做事,他一个本村人,没理由不为郝堂村的父老乡亲做点事。

村里的年轻人团结在佳佳姐身边,一起做着"该做的事"。

佳佳刚来郝堂村时,仅仅做一些记录"郝堂·茶人家"项目进展落地的事。渐渐进入项目后,郝堂美丽乡村建设进入她的心,她开始主动琢磨村里的事,尤其是年轻人的事。

项目启动不久,佳佳把返乡创业年轻人集中起来,成立了"郝堂青年创业合作社"。

2012年郝堂村实施土地流转后,村委会提倡村民将部分水稻田改种莲藕等经济作物,实现经济创收和净化水环境(荷塘自然净化生活污水)双重功能并收。由于成本较高、技术陌生、缺乏实际经验,很多村民不愿冒这个险。佳佳带着青年创业合作社的几位年轻人,以每亩每年500元的价格,承包了160亩荷塘。学习经验精心种植管理,夏天莲蓬大丰收。他们将采摘的莲蓬以每个单价0.8元批发给村民,村民以每个2元卖给游客。6月底到9月底,每天最多时卖出3000个莲蓬。这一年单是莲蓬一项收入,合作社就获利3万多元,第二年收益翻了一番。

佳佳他们的目的很明确,就是要引导农民转变观念,不一定非守着水田种稻子。

有一个小插曲。第一年收莲蓬时,一天晚上,佳佳回家晚了些,路过荷塘,看见一个村民在塘里偷摘莲蓬。佳佳走过去,并没有责怪村民,而是心中一喜,村民终于明白莲蓬可以卖钱了。她把那位村民扶上岸,耐心地说,"大嫂,夜晚在水塘里不太安全,而且采摘莲蓬要注意方法,不然摘下来就卖不出去了。您想学,我们可以白天教您"。

这件事，佳佳并没有声张，以后这个村民再见到佳佳，也更亲近了。

2015年6月中旬，全国首届社会企业与社会投资论坛年会在深圳举办，姜佳佳带着"郝堂青年创业合作社"，从全国300多个项目中脱颖而出，成为首届"中国十大返乡创客"之一。

创客演说中，佳佳说了这么一番话：

"我曾经做过七年导游，在看了一圈世界后终于找到了自己的归属地——乡村，作为一名农村长大又返回到乡村任职的青年，我个人的成长过程，与乡村的变迁从来都没有脱离过。

返乡任职的过程，亲历了乡村在社会发展中尤其是在城镇化进程中的消耗和无奈，年轻人外出务工加剧着农村的凋敝和无奈。

2011年我加入本土公益组织——信阳乡村建设协作者中心，并于当年发起成立了'郝堂青年创业合作社'，连续两年当选为理事长，运营至今。

'郝堂青年创业合作社'这一平台的成立，让更多热爱乡村、立志在乡村干出一番事业的年轻人找到立足点。一是返乡群体，他们已经返回乡村但是目标并不清晰，或资源受限制的本村青年，合作社引导他们开发新的农副产品，找到乡村作为社会形态存在的独特性，让新农人传承老的传统；二是有农产品生产技能或有生产资料的农民社员，他们因为种种原因走不出乡村，合作社为他们提供新的就业机会；三是，已经在村庄创业或生活两年以上的外来青年，帮助他们对接更好的资源，实现城乡的良性互动。

在乡建或返乡的道路上有各式各样的人，我想我已经找到了自己的位子，我就是为乡村服务的。"

佳佳自信地说："不管您是精神返乡还是身体返乡，只要愿意为乡村的发展贡献力量，合作社都能将这种知识或资源在乡村转化成生产力。"

2015年佳佳和返乡青年刘春兴（小名四成）等年轻人成立了"郝堂村志愿者服务队"，扶助刘春兴当队长，帮他出主意想办法，为村里做更多的公益服务。

这两年，她又和胡涛、刘春兴等返乡年轻人一起，琢磨如何打造郝堂美丽乡村建设的"2.0版"。他们计划里，有郝堂村污水处理、垃圾分类的二次启动，有成立村庄旅游服务中心，为游客讲解导览、安排食宿、车站接送、农副产品网上售卖等，开辟村里新的经济增长点，更好地为返乡青年创业服务，为郝堂村的美好明天服务。

二、上山下山——百了一宿

郝堂村中心往郝湾村民自傲组方向走，七拐八拐，一路上山，走上十几分钟，山坡旁一座大石碑立在路的岔口处，"上山下山"几个大字指引着人们往左手边拐进去，看见一组建筑群，茶舍、餐厅、图书室、农庄，最里面一处三层小楼，便是村里最高档民宿——百了一宿。民宿不同于普通的农家乐，不只是名称的差异。农家乐无外乎吃农家饭、住农家屋，外加打牌喝茶聊天。民宿定位高档些，起码在"百了一宿"主任胡涛眼中，民宿涵盖的东西加了些文化色彩。茶舍里除了更精致的茶具、茶叶，还摆放一些书籍，有中国乡村建设大咖李昌平的《再向总理说实话》，有慕名前来郝堂村主持村图书馆的詹丽老师的散文集《菊农的一亩田》，以及其他一些市面上能看到的书。茶舍墙上挂着毛主席画像，老人家头戴安全帽，显然在什么工地上。胡涛喜欢，都在劳动，似乎和伟人的距离拉近了些。一张大大的书画桌上永远铺好宣纸，摆上笔墨。游客进来，触景生情，挥洒笔墨，一番别样情趣。书画桌背后一幅大字"数风流人物还看今朝"，伟人的诗句，胡

涛的心志。

第一次来时，我站在"上山下山"石碑前凝神了一会儿，不明白什么意思。

胡涛说，"上山"本是他的大名，"胡涛"反而是小名，"下山"则是他弟弟的大名。父亲说，"上山下山"意味着人生的上升及落魄，或者一路上山，实在不济下山回村种地，两个儿子总有一个会"上山"成功吧。

胡上山快16岁了想当兵，小名改大名，胡涛。

本世纪初农村年轻人想当兵吃军粮不是件易事，打点上下关系少不了钱。胡涛家两个儿子一个女儿，生活困难，除了家里十亩田地，主要靠父亲上山砍柴拉着毛驴车集上卖钱。父亲和村里其他两户人家各出700元买了一头牛，算是三家的。想当兵，"上山"去，父亲不得已卖了自家牛的"股份"，换来几百元钱，把胡上山送到参军的"山路口"，仔细叮嘱，上山就不能下来，当兵就得当出样子。

不到16岁的胡上山换了个名字，胡涛入伍来到大西北的野战军。胡涛年纪小，个头一米六多一点儿，还没长开，不像现在可是一米八几的大个头。小个子胡涛军事训练处处赶不上人家，班长头痛，连排干部摇头。胡涛咬紧牙，拿出山里孩子不怕吃苦受累的劲头，别人休息了，他还在训练，有点空闲就帮战友洗衣服刷鞋子。一年、两年、三年，胡涛长开了，适应了部队生活，军事训练上去了，拿了两个三等功，成了"四会班长"，全团全旅甚至全军中渐渐有了名气。干了五年，胡涛渴望提干部，渴望上更高的山。可惜他仅有初中二年级文化水平，考军校太难，首长们看着这么好的军事干部苗子不能提干留队，也只能惋惜。

胡涛退伍回乡暂时"下山"了，拿着两个三等功却安排不了工作，想凭优秀的军事素质当警察，介绍人说得拿30万来。胡涛手里只有2万多的退伍费，警察梦也破灭了。

那时家乡的年轻人外出打工大多去广州、长沙，胡涛揣着2万多元闯进大上海。

头几天他舍不得住旅馆，每天看大上海，琢磨如何"上山"，晚上睡桥下、涵洞。一年多里，他干过十几样活儿，快递、房产中介、做快餐盒饭、打零工，就是不做保安。老班长曾说，干什么也不能当保安，顶到头就是个保安队长，啥也学不到，没前程。逼到实在混不下去了，赶上"十一"，胡涛咬牙丢开"面子"，在外滩摆地摊卖水。

胡涛人善，爱帮助人，曾被他帮助过的一位老人家出面，成了他的师父。在胡涛急于做生意到处借不到钱时，师父愿意借给他17万元做本钱，跟着人学做螺丝螺母生意。

借钱归借钱，老人家有条件，胡涛写下一份契约："在师父帮助下，我学到了很多东西，从而也顺利成长起来。为了感谢师父对我的帮助，我自愿从2008年4月1号以后，师父可以抽取每年30%的利润。""其他的感谢我想用一个字来报答，那就是孝。我将用一颗感恩的心来报答感恩于我的人，良心与真诚加上诚实和人品来证明这份证明保证书"。落款时间，2008年3月18日。

胡涛拿着用自己诚信和承诺借到的17万元，开始他在上海的创业。

五六年后，胡涛的生意年流水达上千万。

十年后，师父托人把这份"契约"退给胡涛，解除他们之间的约定。师父捎话，当初只是为了激励年轻人奋发向上，毕竟那时的创业者胡涛只是个23岁的乡下青年，得逼着他往上走。

上海滩扎住根的胡涛，把弟弟妹妹接进城一起打拼，买了房，买了车，天天陪着客户灯红酒绿，成了胡涛的日常生活。

30岁的胡涛一天夜里陪客户吃饭喝酒唱歌洗足后，凌晨三点多回到家门口。坐在楼下台阶上，胡涛醒了。日子就这样过下去，这就是他要的"上山"的生活？家乡郝堂村2011年春开始做美丽乡村建设，胡涛回家过年感受到郝堂村一年年的变化。

这趟回家，他特意去村里"岸芷轩"茶室找村里青年创业合作社负责人姜佳佳。几次畅聊后，胡涛又一次陷入沉思，佳佳姐是旁边七桥村人，却在郝堂村扎根好几年，陪伴村里一天天多起来的返乡青年，陪伴郝堂村一天天的变化。佳佳姐是为什么呢？

胡涛把上海的生意交给弟妹，自己要回村了，不是父亲多年前讲的回村意味着"下山"，他要在家乡郝堂村闯出另一条"上山"之路。

他拿出这些年打拼挣下的绝大部分资金，又向朋友借了一部分，从村集体流转了36亩地，加上自家宅基地、山林，投入610多万元，建成四个建筑群的"百了一宿"民宿山庄。

又一次"上山"，胡涛成了庄主。

我不想写胡涛此次返乡"上山"的过程，创业有创业的规矩，创业必定付出。30岁就已在社会上打拼十几年的胡涛，必定是想清楚、琢磨透了，才走上这条"返乡上山"之路。做和一般农家乐不一样的乡建民宿，丰富郝堂村旅游的文化内涵，提升村庄旅游品质，本就是胡涛和村里一些年轻人选择"返乡上山"的初衷。各种困难艰险就像他们"返乡上山"路上躲不掉的石块，既然搬不走，胡涛他们就必定得跨过去。

我想说胡涛和同村伙伴们"返乡上山"的时间点。

2009年春，李昌平第一次走进郝堂村，在平桥区委、区政府支持下，和村民村干部一起从创建"郝堂夕阳红养老资金互助合作社"开始，重振村民信心，重塑村支两委形象，整合村庄资源、资产、资金，搭建了一个有着村集体经济为支撑的美丽乡村建设平台。两年后的2011年春，"郝堂·茶人家"项目正式启动，系统乡建建设全面铺开。山还是那些山，水还是那些水，山不过来我过去，村里一天一个变化，村民更多了些喜悦，村集体一年比一年丰盈了"钱包"。

又过两年，"郝堂·茶人家"项目加上之前的合作社，美丽乡村建设二期渐渐收尾，村支两委带着村民们享受着项目建设的成果。郝堂村也越来越有名气，被国家评为第一批12个"美丽乡村示范村"中的一个，上了央视，上了《人民日报》整版，其他媒体的报道赞誉不计其数。村集体经济壮大，村民们的腰包鼓了，村里游客多了，2015年"十一"期间，进村旅客最多一天竟达1万人，小汽车排在村外路上半小时进不了村。

变化有喜悦，也有不安。

当初设计"郝堂·茶人家"项目时，并没有将旅游产业放在村庄发展的重要位置，只是觉得村庄建设美了，整治干净了，村民们生活好了，自然会吸引到游客。项目设计时的生活污水日处理能力仅为150立方米，用一个简单的"三级污水净化池"，加上村民家里的小型净化池、化粪池，还有村中央100多亩荷塘的自身净化作用，完全能满足全村2000多人及外来游客吃饭住宿生活污水的处理问题。

每天数百人、数千人、甚至1万多人涌进郝堂村，情况早已出乎设计者的预料，项目开展后，我几乎每年都会去郝堂村，渐渐看到小水塘的水面绿藻漂浮，遮住下面水的本色。村边那条山里流出的小河，河道两旁的杂草杂木越来越侵袭河流，河面漂浮着一团团绿藻，河水渐浓、渐浓……

有的农家乐饭菜质量悄悄下降，住宿房间的床单被罩不那么干净了。不知啥时候开始，村里建了些怪模怪样不伦不类样式的房子，和

整个村里豫南风情的建筑群落完全不搭调。村里新建房屋没人管了吗？建房的规章制度哪里去了？村支两委哪里去了？

最可怕的是，项目建设最红火时，曾经消失的各种牢骚怪话又浮了起来，对别人做的好事、年轻人的热情说三道四。集体的事，他们不做，反而挑做好事人的理。

上山从来没有直路，更不可能是康庄大道，村子的发展自然如此。郝堂村尽管有各种炫目的辉煌，也躲不开发展的必由规律，该出现的，躲不掉。

和佳佳、胡涛、刘春兴（四成）等村里的年轻人聊，他们不愿回避这些问题，图书馆的詹丽老师等"外来打工者"等，也不止一次说起这些大大小小的困惑。

外面一些熟知郝堂村发展的政府官员、企业家、社会人士，也对郝堂村采取了前几年不曾有过的态度，或缄口，或暗地叹气，或急躁，或观望。

郝堂村的发展，是否遇到新的瓶颈？

岸芷轩里的佳佳姐带着胡涛、刘春兴、朱凯等青年创业合作社的伙伴们，带着村里的其他年轻人，想和新改选的村支两委一起，以年轻人的视角，以开眼界的大格局，以青春热血的激情，准备在郝堂村开拓2.0版的新乡村振兴。

今年"5.4"青年节前，佳佳姐、胡涛他们聚会，"有村里的年轻人在，郝堂村的明天会更好！"，带头喊出这话的，是胡涛。

郝堂乡村建设迈入第10个年头，发展道路上出现各种问题很正常。靠谁？胡静、曹纪良书记已经退休，他们那一代郝堂人的使命悄然退去，胡涛、刘春兴为代表的新一代郝堂青年已经站在乡村发展大舞台中央，和"协作者"姜佳佳一起，拿出年轻人的敏锐、激情和干劲，"2.0版"郝堂乡村建设将在他们一代手中实现。

这个时间点上，胡涛他们"返乡上山"创业，值得关注，期待。

第四节 胡静他们的梦

村路依山沿河，路面是瓷实平整的碎石，雨水直接渗入地下，丝毫没有影响山区水系的流动。人们说，这个村子跟画一样。

村里人说，郝堂村很好找，春天跟着映山红和紫云英走，夏天找荷花，秋天遍地野菊带路，冬天最醒目的是那些百年的老树。

村干部说，农村建设像茶，有甘有涩，只有找到合适的方法，才能把最好的茶性冲泡出来。看来，这方法郝堂村找到了。

2013年1月4日，《人民日报》要闻版开辟"美丽乡村"专栏，开栏明言："展现各地生态文明的自然之美、和谐之美。"

第一大美，郝堂村得誉（图1-7）。

此前，王继军书记（郝堂项目落地不久，王继军出任平桥区委书记）不愿媒体采访打扰这个宝贝项目。《人民日报》记者慕名来采访报道，王书记愣是让人追到北京劝阻发表。王书记是低调人，项目落地没达到他心目中的"梦想"变成现实之前，不声张只能是唯一选择。除了性格低调，还有无奈。看多了那些领导下车开始指手画脚，今天你一个指示，明天他一个命令，规划在他们的胡乱指挥下走了样，好好的项目在混乱的多头命令中变了味。

王继军自己也记不清跑了多少趟郝堂村了，项目落地紧要之时，水系改造、村里村外道路整修、民居改建、小学校选址，一股脑塞进这位平桥区当家人心里。最忙之时，王书记甚至每周跑两趟郝堂村，

图1-7 今日郝堂村

往往匆匆吃几口午饭就赶到郝堂村，看工程进展，查图纸，问村干部、访村民、和建设者一起商讨施工细节。人们争执不下时，王书记甩出一句，问问孙老师。新乡建梦想和对李昌平、孙君团队的信任，王继军书记把"郝堂·茶人家"项目捧在手心里。

荷花开了两个夏天，老树增添新的年轮，青砖到顶的新民居一座座建成，王继军心定了，新乡建人心定了。《人民日报》"美丽乡村"开专栏了，美丽郝堂终于大大方方成了中国乡建道路上最醒目的标识之一。

2013年11月25日，郝堂村被国务院批准为全国第一批"美丽乡村示范村"，全国共12个村，河南仅此一家。

新华社快讯评道，"郝堂村民们用最自然、最环保的方式来建设美丽乡村"。

"郝堂村上中央电视台啦!" 2015年8月2日,"打造原汁原味美丽乡村"的郝堂村上了央视新闻联播。

2016年3月,郝堂村被评为"2015年中国人居环境范例奖",为着它"着眼于保护和提升村庄的生命力,在修复完善上做文章,力求打造一个宜人宜居的美丽乡村"。

2017年2月9日晚7点,央视《新闻联播》以头条并3分53秒时长,播报了郝堂村的消息,标题《郝堂村,建造宜居的村庄》。

"习近平总书记指出,建设社会主义新农村,要规划先行,遵循乡村自身发展规律,补农村短板,扬农村长处,注意乡土味道,保留乡村风貌,留住田园乡愁。今天的《新春走基层》我们来看看一个曾经破败的'空心村'郝堂村的变化。

郝堂村坐落在大别山的怀抱,村庄干净、自然、古朴的农家院儿错落有致地散落在村子里,一派和谐景象。可就在2009年,郝堂村的人均年收入还不到4000元,村子破旧、环境脏乱,年轻人都在外地打工,是一个只剩下老人的空心村。

后来,平桥区政府决定把郝堂村作为试点村,来摸索一条内存可持续发展的新路"。

播报中提到张厚健家的"一号农家院"改造,讲述他家旧房改造的经过,画面中,张厚健又一次露出他农村人憨厚的笑容。

用游客的话说,"郝堂村成了看得到山,望得见水,记得住乡愁"的新农村。

而在5天前的2月4日,央视《新闻直播间》播出《村庄里的中国,郝堂村的新生》特别节目,时长近30分钟。

郝堂村,中原大地上一个普通的山村,在央视镜头下,向中国关

注三农问题的人们，向全国观众展现了"一个曾经破败的'空心村'的变化"，告诉人们，18年前李昌平给朱镕基总理信中反映的"农民真苦，农村真穷，农业真危险"，已经在向平桥区区委书记王继军所说的"农民是有尊严的，农村是有价值的，农业是有希望的"转变。

郝堂村就是一个例子。

郝堂人，新乡建人，用他们落在豫南大地、大别山麓的坚实脚步，印证王继军书记的"农村是有价值的、农民是有尊严的、农业是有前途的"，印证了孙君的"把农村建设得更像农村"，印证了李昌平的"做能让人看到希望和力量的新农村"。

胡静说："我小时候有个梦，啥时候能进人民大会堂看看，没想到我真的进去了。"

我问："咋进去的?"

胡静笑了，骄傲地笑了，"咋进去的，当了全国劳模就进去了呗"。

2015年4月，胡静获得"全国劳动模范"荣誉称号，4月28日上午，胡静走进了人民大会堂。习近平总书记接见了参加"2015年庆祝'五一'国际劳动节暨表彰全国劳动模范和先进工作者大会"的代表，胡静受到接见。

胡静的梦，变成现实。

郝堂人的梦，变成现成。

尾声　郝堂大事记（2011年）

2011年对郝堂村来说是极关键的一年，一年多前在平桥区政府支持、李昌平的指导协助下，成立"夕阳红养老互助资金合作社"，以村支两委为核心骨干，把农民重新组织起来，让农民们重新看到新的希望。随之而来，2011年春开始的"郝堂·茶人家"项目启动，郝堂村可持续发展试验村的热火开始点燃。

对豫南这个极普通的小山村来说，这一年，注定不平凡。

我从《郝堂项目大事记》中专门摘出2011年，按照时间顺序，跟着郝堂人的脚步，去看看那清晰坚定的脚印。

2011年1月25日

上午，合作社第二次社员大会，入社老人每人分红550元，共有85位老人参与分红（第一次分红时仅有15位老年社员——笔者注）。

下午，信阳市市长郭瑞民在平桥会见李昌平、孙君、贾建友等乡村建设专家，就乡村规划和建设进行沟通交流。郭市长欢迎几位专家参与信阳农村改革发展综合试验区建设，鼓励探索创新体制机制。平桥区王继军区长、禹明善局长等陪同。

2月13日

王继军区长、吴本玉副区长等在禹明善局长陪同下到湖北谷城五山镇堰河村，孙君老师做的新农村建设试点考察。

2月21日

河南省农村改革发展综合试验区建设总结表彰暨市委农村工作会召开。郝堂村"夕阳红养老资金互助合作社"被命名为市级示范合作社。

3月19日

平桥区五里店办事处主任苏永华、郝堂村主任胡静带领五里店办事处和郝堂村干部到湖北堰河村考察。

堰河村书记闵洪彦介绍经验说，"垃圾分类可以当饭吃，可以让老百姓致富。集体经济是保障，没有集体经济党组织的凝聚力和战斗力就无从谈起"。

4月6日上午

王继军区长在区政府三楼会议室主持召开区长办公会，专题研究郝堂村可持续发展试验村建设问题。

会议同意实施郝堂村可持续发展试验村建设项目，并决定：

（1）成立平桥区可持续发展试验区建设领导小组，办公室设在科技局。

（2）成立平桥区郝堂村可持续发展试验村建设领导小组，小组设在五里店办事处。

（3）由副区长吴本玉同志代表区政府与北京绿十字签订协议，并担任郝堂村名誉村长，调动各方面资源，统筹解决各种问题，全面负责项目实施。

会议要求力争两年时间完成项目建设任务。

4月7日

五里店办事处党工委书记郭卫东、主任苏永华向郝堂村支两委传递昨天王继军区长主持召开的会议主要内容，部署郝堂村可持续发展试验村建设工作。

4月18日

郝堂村支两委召开工作会议,就试验村建设中可能遇到的问题进行分析。会议讨论认为,对于即将开始的村庄建设,要有建设主体,需要成立一个运营公司。决定,成立村集体所有制的公司,曹纪良书记任董事长,胡静任总经理。

4月24~25日

平桥区在区委党校召开"郝堂·茶人家"可持续发展试验村研讨会,评审通过了项目建议书(讨论稿)。

会议达成"建设我们美好的乡村家园"的共识,按照"把农村建设的更像农村""和农民一道建设新农村""围绕增加就业岗位建设新农村"的理念,建设500年后依然存在的村庄。

王继军区长指出,"农民是有尊严的,农村是有价值的,农业是有前途的"。

"郝堂·茶人家"项目正式开始。

4月28日

郝堂村集体经济组织——信阳市平桥区绿源生态旅游投资有限公司注册成立。曹纪良书记任董事长,胡静任总经理。

同时村支两委讨论决定:红星村民小组土地流转事宜告一段落;在全村范围内物色几名年轻人参与试验村建设,为村庄培养后备人才。第一批流转的荷花田整理种植完毕,以对外承包的形式进行经营。

5月12日

郝堂村支两委召开村民代表大会，33名村民代表参加，会议传达了近期村支两委的主要工作：

（1）4月24日区政府就郝堂试验村建设召开专家论证会。

（2）根据试验村建设需要，对红星村民小组征用村集体建设用地70亩，流转土地140亩，其中荷花种植已使用83亩。

（3）5月份进行全村卫生评比，包括垃圾分类。

（4）村庄建设不是新村开发，所有基础设施工程都是区有关部门争取的商机项目资金。

（5）村组一行建设首要任务是保护现有生态环境，村内所有树木不能砍伐变卖。

5月18日

区委书记王继军（项目开始后不到一个月，王继军出任区委书记）到郝堂村调查，就如何认识郝堂试验村项目价值，切实理顺村支两委与村集体经济组织关系并提出要求。他说："郝堂村项目的价值在于你们的参与，在于建立以村民为主体，以内置金融为核心，通过发展集体经济来推动村庄发展，要重视发挥村支两委与村集体经济组织的作用。"

同日，区水利局在郝堂村的清洁小流域项目启动，红星大堰开始清淤。

交通局争取项目经费60万元，修建从七桥村进郝堂村的路基。

5月20日

村支两委明确三名返乡青年在村任职，周群为农业技术员，郝鹏程为治安协管员，张厚培为村容协管员。

5月21日

吴本玉副区长、区农村可持续发展试验区办公署主任禹明善、郝堂村支两委召开现场办公会，会议明确郝堂村"夕阳红养老资金互助合作社"和绿园生态旅游投资公司为集体经济组织的经济基础，构建"经济发展、社区建设、民主治理"三位一体的村社共同体。

5月22日

合作社召开全体理事和监事会议。三农问题专家李昌平、村两委成员和合作社全体理事监事参加会议。会议探讨了合作社和绿园公司与村支两委的关系。对养老资金互助社章程进行修改，增加第一章第六条"本社属郝堂村全体村民所有，是郝堂村集体经济组织"。建立的宗旨是"资金互助促发展，利息收入敬老人"，通过农村内置金融合作，建立"产权、财权、事权、治权"四权统一、"经济发展、社区建设、社区治理"三位一体的村社共同体。强调了资金互助社在村社共同体中内置金融的重要作用，理顺了资金互助社和村其他集体经济组织的关系。对资金互助社进行增资扩股，接受企业公益存款160万元，将理事会由5名（含理事长）成员组成调整为9名，增加爱心存款企业家委派1名理事，郝堂村党支部委派1名理事。监事由5名增加为7名。

6月7日

郝堂村新小学选址，区教体局启动该小学建设项目，许昌宏伟实业（集团）有限公司郑宏伟为新建小学捐资50万元。

6月11日

村支两委组织村民小组长会议，全村18个村民小组小组长全部参加。其中议到，从现在起，各小组长要做好群众工作，不使用农药、化肥，要尽量恢复传统农业的做法，种植有机大米、有机茶和蔬菜。

6月20日

村支两委召开党员代表会，两委及代表共28人参加。会议要求党员发挥积极带头作用。

7月2日

郝堂荷花盛开，83亩流转的村集体荷塘进入采摘莲蓬季节。
荷花引来外面的游客。

7月7日

村支两委召开村规划征求意见会，办事处领导、禹明善局长、村支两委成员、全村村民代表，以及李昌平、孙君、贾建友参加。明确政府、村支两委、村民要做的事，"让村民看到村庄建设中自身的重要性，看到村庄的未来和希望"。

7月22日

村支两委分别组织村民代表24人赴河南辉县南街村、郭亮村，湖北谷城堰河村考察学习新农村建设经验。

7月23日

村支两委公布农户房屋改建新建办法。通过"合作社贷款贴息和先建先改的10户给予每平方米130元补贴奖励"调动农户积极性。按照村民自愿的原则，提交申请，村委会审核，专家设计，根据每户村民经营能力和家庭实际情况，一户一图纸，进行具有豫南民居特色的民居改建或新建。

8月6日

孙君到村里第一户申请房屋改造的张厚健家实地勘察，根据现有房屋情况和张厚健下一步经营打算开始"画"图纸，2天后动工。

8月11日

村支两委召开村民小组长会议，安排了几项工作：

（1）郝堂的村规民约初稿已经形成，发给群众审核、签字，半个月后要反馈意见。

（2）有机茶、有机大米的生产过程中严禁使用农药化肥，拟在王冲组建一片精品茶园，在曹湾组建一个信阳原种茶茶园。

（3）垃圾分类近期有反弹显现，各村民小组长继续监督改进。

8月19日

村里第一户新建房屋郝长荣家开始动工。

区农业局在村里召开项目现场办公会。

农业局局长张华辉对下一步如何服务郝堂实验村建设提出明确要求：（1）由能源站负责在郝堂村曹湾组建立野生猕猴桃生态保护基地，近期内完成保护站内外景观设计和保护区内曹湾组到左店1.5公里砂石路开工准备工作。（2）由农监办用2010年一事一议财政奖补资金，村支两委承担修建任务，着手施工从郝堂村红星组到曹湾组3.5公里砂石路。（3）由能源站实施户用沼气建设。按照群众要求和自然条件分步实施户用沼气建设，在年前完成50户以上户用沼气建设计划。（4）由良种站和农技站做好种植紫云英准备工作。根据郝堂村具体情况种植紫云英2000亩。采取与农户签订具体种植协议，第一年免费提供种子，第二年农户留种的优惠政策提高群众种植积极性。月底前，农业局良种推广站负责提供免费种子，农技站提供技术指导。（5）由植保站帮助郝堂村注册郝堂村专有的有机茶品牌，年前茶产业基地、产品一体化认证要办下来，指导农民从用肥、用药开始从事有机农业建设，采取肥料补贴等方式引导农民进行有机茶种植。（6）农业局计划在郝堂村建设一所农业培训中心，由能源站负责筹资50万元，秋季动工兴建，明年年初投入使用。（7）由农广校实施阳光工程农民培训项目。在年底前举办2~3次关于有机茶叶、板栗等实用技术培训。（8）由农业局进一步安排，争取郝堂村标准荷塘示范基地项目，按照郝堂村景观设计完善荷塘整理一系列工作，显示生态观光农业独特的优势效应。

8月25日

中国可持续发展教育项目全国工作委员会执行主任史根东一行到郝堂村考察。

8月27日

返乡青年吴凤超、吴凤山兄弟开始动工新建房屋。

村集体对郝堂村古井进行保护性修复。

8~10月

区农业局、教体局、卫生局、发改委、林业局、财政局、区委组织部等职能部门分别来郝堂村召开现场会，落实"郝堂·茶人家"项目。

10月6日

争取省环保厅农村环境综合整治污水处理项目，日处理150立方米，人工湿地污水处理项目开工建设。

11月30日

上午王继军书记在郝堂村召开现场会。

12月17日

南阳市淅川县县委书记马良泉和县长赵鹏率团考察郝堂村。（此时乡建院刚刚成立，淅川将是他们的第一个大项目——笔者注）。

12月30日

平桥区申报河南省可持续发展试验区得到批复，平桥区成为省级可持续发展试验区。

笔者初步计算了一下，"郝堂·茶人家"项目启动的关键时候，2011年一年内，郝堂村支两委开会15次，其中"4.24郝堂·茶人家"项目开始实施前的4个多月为4次，平均每月1次。项目启动后的8个月内开了11次会，平均每个月近1.5次。这样的开会频率在2009年村里成立"夕阳红养老资金互助合作社"之前根本无法想象。村庄凋敝的日子里，一年能把人找齐开一次会就不错了，那还得是上级下命令。研究村里问题，找到解决办法，寻找村庄发展方向，根本摆不到当事人心里。用胡静主任的话说，想干事，想为村里解决些问题，没钱啊，巧妇难为无米之炊，谁让村集体穷呢。没钱撑着，谁的腰杆能硬？

"郝堂村夕阳红养老资金互助合作社"成立了，村集体腰包渐渐鼓起来，村支两委能踏踏实实为村民做点儿实事了，开会自然就多起来。研究土地流转价格，村集体收储土地、闲置房屋、征集村集体建设用地、选择年轻人充实村干部队伍、发动群众说服群众号召群众共同参与村庄建设等，都市村民盼望解决的大问题，都是关乎郝堂村发展的大问题。村支两委意见统一了，才能当好全村发展建设的领头人。村党支部书记曹纪良（后为胡静）、村主任胡静，在村庄建设发展中起到关键作用，村民和上级领导都看在眼里，村支两委重树威信，重振雄风。

再看看村民小组会，全年几乎每月两次。郝堂村18个村民小组，分散在20平方公里之内。2009年之前，"分田单干"了近三十年，村民小组几同虚设，谁还关心别人家的事，谁还关心集体？要开会，好，给钱，耽误我挣钱的功夫，拿补助来。

合作社成立了，"郝堂·茶人家"项目要展开了，桩桩件件，关系到每一户家庭每一个村民的大事，最基本的意见都来自各村民小组。讨论土地流转价格、村集体征地、修路占用谁家土地山林、多少补偿、垃圾分类评比。所有这些问题，都是村民关心的、感兴趣的，开会，讨论，我要发言，我要提建议。不是领导要我参加会，是我自己想开会。

村民的积极性、村民小组长的积极性、村干部的积极性，都在这样的大会小会中慢慢挖掘、提升。

个别村民、小组长对"郝堂·茶人家"项目有疑虑，村支两委边组织大家去湖北谷城五山镇堰河村、孙君老师做的"五山经验"现场参观学习。大家兴奋了纷纷说，"我们村也能建成这样的美丽乡村"。回到村里开村民小组会，讲经验，谈体会，用事实说服村民，跟着村支两委一起干。

做不做、做什么样的旧房改造群众不明白，村支两委和乡建团队商量后，先对张厚健家、三号院等4个不同类型院落进行改造，让村民们自己看，自己想，自己议论，自己决定。村干部和乡建团队专家只做引导，凡事商量、统一想法、不做强求。李昌平的话，村民自家房子改造的事，当然他们自己说了算。

2011年一年内，村支两委开会15次，村党员大会2次，村民小组长会23次，村民代表大会4次，全村村民大会2次。

干巴巴的数字背后是村支两委的信心和干劲儿，是村民们的热情和希望。李昌平把这种来自村干部、村民的信心、干劲、热情、希望，称之为：村庄的内生动力。

　　郝堂村庄建设中出现的这种"内生动力"，渐渐由萌芽成长为大树。"郝堂·茶人家"项目创立实施过程中出现的"内生动力"的激发，种子般在乡建院后续项目中扎根、开花、成长，成为乡建院振兴乡村系统乡建的特色之一。我们将在其后的张远村、小朱湾、宋家沟、中关村、东西水村、微山湖等100多个项目中看到、认识、肯定。

第二章 —————

燎原之势

第一节　梁子湖畔张远村

乡建院院长助理孟斯开着从武汉高铁站旁车行租来的小车，一行人连夜赶往湖北鄂州梁子湖区的张远村。一个多小时的高速路下来，天已经大黑，一路见不到什么车了。越走越黑，道路也更加颠簸。路上接到村支书张才学电话，说在村口岔路边等我们。

晚上九点多，张才学书记接到我们，继续沿一条窄窄的水泥路走了一段。进村路上一片寂静，四野很黑，那种只有乡村才看得到的黑夜。村子已经安静下来，等待第二天的到来。

村口停车场旁一幢二层小楼前，《开门红》的音乐传来，顺着声音找去，几位中年妇女认真地跳着广场舞。看到我们车子停好，一位农妇赶紧进屋开灯迎我们进去。

大嫂叫王辉，六十出头，外村嫁过来的，丈夫张才顺是村内置金融合作社监事，也是张才学书记的本家。她家开了个民宿，一层吃饭、居室，二层客房。一家人平时不住这里，山上还有个养鸡场，几百只鸡，大嫂一家夜里常常会住在鸡场旁的房子里，不是怕人偷鸡，村里近些年没丢过啥东西，山上常有大点儿的野兽，守着几百只鸡心里踏实。

沏上茶寒暄几句，大嫂带着10岁的孙子和老伴去鸡场了。

说起明天上午要开的村合作社分红大会，张才学书记简单介绍了些情况。

乡建院帮助建立起来的张远村内置金融合作社，全名叫"梁子湖中兴土地综合服务专业合作社"。听这名格局就大，从小小的张远村扩展到梁子湖区甚至更远处，"综合服务"指为农民做的事并不简单，"专业"和"土地"又规范了合作社的业务范围。

合作社成立四年了，成立之初，乡建院帮助村里按照"内置金融互助合作社"模式，吸引村中60岁以上的老人每人入股3000元做老年社员。一些常年在外打工的乡贤（这里叫"敬老社员"）每人出资3万元，说好三年不参加分红，利息收入敬村里的老人。还有集体社员、社会社员、政府社员、土地入股社员、房屋入股社员、投资社员、存贷款社员等。其中投资社员和存贷款社员是非正式社员，具有选举和被选举权。村集体拿了些钱为集体社员。乡建院出资入股为社会社员，镇政府投入种子资金为政府社员，乡建院和政府资金不参加分红分利润。

2013年11月18日合作社成立筹得资金189万元，年底发放贷款169万元，2014年全部收回，盈利24万元。老年社员分红两次，分别是2013年人均300元，2014年人均600元。2015年大批老年社员和敬老社员加入，股金增至257万元，发放贷款206万元，当年全部收回，盈利26万元，老年社员每人分红800元。2016年股金增至404.3万元，老年社员增至106人，发放贷款360万元，当年全部收回，盈利52.2万元，老年社员每人分红1000元。2017年股金增至548万元，老年社员增至137人，敬老社员从7人增至15人，全年发放贷款498万元，全部收回，盈利76.8万元。

合作社成立后流转了全村1592亩土地，集中平整后承包给鄂州市一家农资公司及本村一家农机合作社共同经营。村民以每亩水田年租金300元、年终分红100元每年共400元流转给合作社，租金比周围几个村的200~300元一亩要高1/3多，实现了全村水田大面积农机化生产，降低成本，提高收益，集体个人公司三方获利。

在乡建院团队指导下，由合作社正式社员选举出11名理事、9名监事，张才学书记当选理事长。正式社员从理事会、监事会成员中推选出7名"五老"（老干部、老党员、老教师、老前辈、老模范），成立老

年社员资金互助管理小组（简称"管理小组"），负责贷款发放审批事宜，跟踪管理及到期收回。

合作社发放贷款程序严格审批有序：

借款人向管理小组提交书面申请；管理小组讨论并考察借款人申请；合作社与担保人签订《贷款担保协议》，如贷款人失去偿还能力或拒绝还贷款，由担保人直接偿还；签订还款协议；管理小组同意上报理事会；理事会审议通过；理事长签字同意；发放贷款。

章程规定借款人必须具备四个条件：一是本村户口村民；二是未满60周岁；三是从事正当行业；四是信誉好有偿还能力。

合作社章程明确规定了利润分配比例：老年社员20%，其他社员（土地入股社员、村社集体社员、房屋入股社员）30%；公积金25%；风险金10%；管理费14%。每年农历腊月二十四小年（南方腊月二十四过小年），为年终决算分红日。

2013年11月18日合作社成立前，村民人均年收入2000多元，属贫困村。鄂州市司法局是对口扶贫单位，一位副局长亲任村第一书记。延续下来，现在的第一书记是司法局副局长朱志勇，明天会带着司法局领导和机关工作人员来村参加分红大会。

现如今，村民年均收入已经突破8000元/年，张书记说："这个数字有点保守，向上面报的嘛，实际上早就突破1万元了。"我们几个相视一笑，理解，理解。

张书记说，合作社成立四年多来，把一些"泥腿子"培养成了"小老板"，合作社贷款方向有村民种植、养殖业、农资服务、建筑、加工业等。张远村地处浅山地带，除了水田就是山林，水田混养小龙虾，山林种果树和经济林木。农资服务主要是卖一些生产所需的化肥、农药等。养殖最多的是鸡鸭，也有一些牛，最大的养牛户养了15头牛。

建筑贷款的最多，大概占到50%，就是一些建筑施工队长期在外面包活。村里第一个出钱做乡贤敬老社员的就是一个古建筑施工队的小老板。

老年社员从刚开始的几十位，逐渐增加到168位。刚开始很多老年人担心入社资金打水漂，持观望的多。看到合作社年年分红，2017年新增老年社员20人。

乡建院协助各地成立的以内置金融为核心的合作社，重要功能之一就是"养老敬老"，帮助和保护村里的留守老人。年满60岁就可以入股进合作社，享受合作社的年度分红和各种服务。敬老爱老风气的形成，推动了乡村孝道文化的传承，也是乡建院做合作社的初衷之一。

村民从合作社贷款每笔不超过20万元，最少的也有2万~3万元，只用于生产活动，不能贷款盖房修缮房屋。贷款时要有利息回报的，没有利息回报的贷款会成为"死钱""坏账"，影响合作社资金整体运营。贷款一年一结，如需要来年再贷。贷款抵押物则是村民的田地山林房屋，这在城里商业银行根本行不通。合作社运营四年多来，共发放贷款1372万元，为村民们提供了创业发展资金支持。

合作社集中了老年人和敬老社员的闲置资金，加上政府扶持、土地山林房屋成了抵押物，整合盘活了农村资源、资产、资金，在村庄里有活力地流动，效果扩展到社会上。合作社活泛了，村集体活泛了，村民们创业发展也活泛了。

合作社2017年给了村集体5万元，用于村里维修路灯、绿化、修路、保洁等。今年还准备给5万元。

张才学书记告诉我们，梁子湖区大多数村庄成为"空壳村"，村集体没有任何经济来源，想为村民、村庄做点儿服务、公益事业，苦于"无米下锅"。张远村合作社创收利润给了村集体，社员个人收益"反

哺"集体，这在梁子湖区绝对独一份。

我们一行人都期待着明天合作社的第五次分红大会。

天亮了，走出房门，放眼望去，依山而居的张远村地形狭长，村这头到那一头要20分钟车程，据说有十来里，腿脚不便的老人平时很少串门。

2018年2月9日阴历腊月二十四，南方的小年。一大早，老人、妇女带着孩子，青壮年开着车、骑摩托，纷纷集中到村委会。两辆城里的大巴和几辆挂着武汉、鄂州牌照的小车也停在村委会前的广场两边。张远村扶贫对口单位鄂州司法局的领导和工作人员来了20多位。鄂州市一位政协副主席也来了，和村干部、村民聊了聊，工作忙很快就走了。附近一个村的村干部、村民代表十几人赶到现场，抓开会前的时间和张远村合作社理事、监事座谈，一起探讨合作社的经营管理运行模式等问题。

"梁子湖区中兴土地综合服务专业合作社2017年分红大会"的大红横幅高挂在村委会二楼会议室。村民们一堆堆聚集在村委会院子里闲聊，性急的开始拜早年了。合作社理事会、监事会的老人们进进出出，布置会场，接待来宾，不时和闲聊的老人们打着招呼。

监事长张才顺拿着分红登记表，找各位老年社员签字。一位老人坐在石桌前，在登记表上认认真真填上自己的名字，一会儿，他将凭着这个签名领到自己的股份分红。一位老人兴奋地告诉我们，他当年入股3000元，加上今年的分红，几年来已经得到3800元，早已超过股金，而他的3000元股金还将在合作社"金池"里继续"下崽"分红。

分红大会开始了（图2-1）。

鄂州司法局副局长兼张远村第一书记朱志勇主持大会，张才学书记代表合作社理事会向全体社员做2017年工作报告。报告中最吸引社

图2-1　张远村分红大会

员注意的，当然是一组组火红的数据，第一年入社的老人红包里装的是1100元，去年刚入社的红包稍薄些，也有800元。

随后，特意赶来参加分红大会的市司法局局长、乡建院院长助理内置金融团队负责人胡晓芹、乡贤代表等纷纷讲话，对合作社未来发展提出新的希望。

激动人心的时刻终于到了，要分红了，发红包了。几位来自湖北省广播电视台、鄂州市的记者早已架好摄影机长枪大炮对准台上，性急的电视台出镜记者在社员中穿来穿去，寻找采访对象。

我从来没见过村民分红，曾无数次想象分红场景的热闹，老年社员们拿到红包时的喜悦和感激。

分红开始，会场确实热闹，叫到名字和未被叫到的都站起来涌到

主席台前，紧紧围着一摞摞红包。

女记者不干了，嚷嚷着拍不到合适的画面。我虽然不赞同女记者的"摆拍"，但也觉得现在的分红场景和我想象中的差距有点大，没有"庄严感""仪式感"，看不到手拿红包老人的激动兴奋。

我悄悄和旁边的胡晓芹说了感受，她却不以为然，她说，这就是农民，这才"真实"。

真实？拿到红包的老人慢慢数钱，然后问其他老人拿到多少钱。他们脸上看不到表情的变化，仍是平淡、坦然。胡晓芹说这就是真实？真实是什么，是生活，普普通通的日子。内置金融合作社带给他们各种福利，早已融进他们的日常生活。没有惊喜，没有雀跃，他们真实地信任合作社，相信把他们组织起来的合作社会带给他们"分红"的好日子。从合作社成立时就感受到了，今天的分红不过是感觉的延续，他们相信明年、后年，以后很多年都会有红包，这就够了。

联欢会开始了，聚餐开始了。

村委会门前广场上摆着十几张桌子，来宾和老年社员、敬老社员团团圆圆围坐桌前。

《开门红》乐曲响起，村里广场舞队的十几位中老年妇女穿着鲜红镶金边亮片的舞蹈服跳起来了，房东女主人王辉也来了，她和姐妹们脸上洋溢着平和淡然，隐隐流露着内心的欢喜自豪。她们跳一支舞曲换一身"行头"，大红色，水葱绿，红红的腰鼓，"荷塘月色"的舞曲。她们是留守妇女，开开心心的留守妇女，为有着同样头衔的留守老人、留守儿童，为外来的客人，为回乡过年的乡亲们，舞动出自己的心里话。

伴随着冲天鞭炮响，一碗碗大肉大鱼青菜山货上了桌，村里人自己酿的酒劲头很冲，这可是地地道道的粮食酒。

　　谈起村里的合作社，第一个拿出3万元以"敬老社员"身份入社的范建良告诉我们，对张远村来说，合作社有很多看不见的好处。合作社成立前，村民人心很散，大家只关心自己的小家，尤其老年人生活中除了儿孙再没有其他。成立合作社入股当社员了，老年人走出家门关心集体，关心合作社有多少人入股，贷款给什么人做什么营生了，贷款能不能如期收回，有没有亏损。老人们自己说，我们大家一起养了个"儿子"，名叫"合作社"。"儿子"虽然每年的红包不大，也就是1000元左右，对这些老人而言却是笔不小的收入。年底儿孙们回来了，老人能给孩子们红包了。过年过节走亲戚买些礼物，不用和儿子要钱看儿子眼色了。手里有钱腰杆也直了，硬气了。还有个好处就是老人们之间交流多了，平时见面会问入社了没有，赶紧进社啊，合作社成了平时老人们很好的谈资。社员们心情好了，彼此间关系也融洽了。

　　范建良说，平时自己在外做生意，每年回来几次，渐渐觉得村里正风上扬，村里有了钱，为村民做了好事，我们这些常年在外的也要尽力为村子为老人们多做好事。原来老人们手里没钱，到年底过不下去了，会找村干部闹事，村干部不得不找些钱应付应付。现在没这现象了，老人们年底分红有了钱，没人再去村里闹事了，也增进了村干部和村民间的感情。村里青壮年创业搞生产，可以向合作社贷款，不用为借不到钱发愁。知道借贷的是老人们的养老钱，是敬老社员的一片心意，对他们感恩，村里大家的关系更和谐了。现在张远村知名度高了，远近乡里都知道，还上了湖北省、鄂州市的电视、报纸，出门在外提起自己是张远村的人，很自豪。

　　村里有对夫妇陈光明、杨秋芬，原来在城里打工，40多岁回村，赶上成立合作社，便成了村里第一批入社的敬老社员。他们从合作社

贷款承包了村里400多亩山林，种经济树木，还承包了130多亩水田养小龙虾，和别人合伙种了500亩香莲，成了村里有一定规模的种植养殖大户。农忙时请一些村里人帮忙，两个长期跟着他们干的人平均每年能拿到3万~4万元。

夫妇俩说，村里40来岁从城里打工回来的人越来越多，用自己的土地证、林权证贷款在村里创业，很方便的。

2018年8月11日晚，央视新闻频道《央视新闻调查》栏目以《乡村2018（二）——张远村的试验》为题，45分钟时长，报道了该村内置金融合作社的情况。这是央视继郝堂村、宋家沟村之后，报道乡建院做的第三个村庄。

节目开篇道，2013年11月18日，地处西南边陲的湖北省鄂州市梁子湖区涂家垴镇张远村，正式挂牌成立"中兴土地综合服务专业合作社"，开始了一场名为"内置金融"的乡村试验。然而，面对农村长期存在的组织低效、金融无效困境，这场试验能否突破这个瓶颈，给村庄带来新的发展活力呢？五年来，"内置金融"究竟有没有给村民带来真正的好处？过程中经历了怎样的波折？实践效果如何？

报道组采访了鄂州市司法局副局长、驻张远村第一书记朱志刚、支书张才学、涂家垴镇副镇长胡静、敬老社员范建良、老年社员等，以及合作社流转1500多亩水田后的承包经营者，鄂州市梁子湖白龙有机农业科技开发有限公司总经理王如敢等人。他们以自己的亲身感受，从不同侧面讲述了合作社的故事。

2018年的6月末，张远村村支两委、敬老社员、老年社员代表和乡建院团队齐聚村里，讨论合作社成立五年来的发展情况，并请来山东济宁市微山县杨村的村支书殷昭祥交流经验。张远村合作社准备下一步在闲置房屋流转改造经营方面多做些文章。

张远村内置金融合作社在乡村组织、治理、经营、发展中激活内生动力，为建立村社共同体提供了坚实的经济基础，将中央一号文件中强调的"农村金融是建立现代农业的核心"落到实处，在乡村振兴大道上越走越远。

第二节　筑巢引凤小朱湾

小朱湾，湖北武汉江夏区五里界街道童周村下辖一个自然小湾，北方叫自然村。湾里29户，130余人。

2015年10月13日上午，联合国环境规划署非洲司副司长德斯特·默本瑞特先生一行来到小朱湾。先生一行是在武汉出席非洲"可持续城市"建设生态环境技术国际培训班仪式后，听说小朱湾项目，在湖北省发展战略规划办公室副主任徐新桥陪同下，慕名前来参观考察。

走在小朱湾新修的路上，武汉江夏区五里界街道王太明书记和乡建院李正荣沿途为大家介绍小朱湾的打造理念、规划设计目标以及内置金融合作社等情况。徐新桥副主任结合可持续城市发展理念，讲述了小朱湾独具特色的荆楚建筑风格、村民互助金融机制，以及当地农民增收致富的新路子。德斯特·默本瑞特先生饶有兴趣地边看边问，走进村民的桔园体验采摘的乐趣。他对这种"政府主导、村民主体、社会参与、市场运作"的新型乡建模式表现出浓厚兴趣，对湖北"绿色幸福村"脱贫致富模式给予高度赞赏，表示会在非洲"可持续城市"建设国际生态环境技术培训班上进一步宣传、推广（图2-2）。

临别时德斯特·默本瑞特先生有感而发，提笔写下，"参观小朱湾，我对我所看到的一切印象深刻！这里代表了一种未来全球村庄的

好模式！我深深地向创造这种建设模式的领导者和管理者致敬！"

2014年春，李昌平院长、王磊总工带着乡建院一行人第一次走进小朱湾调研时，却是另一番景象。前几天刚下过雨，村里道路泥泞难行，黏性土地踩上去有点粘鞋。刚

图2-2　联合国环境规划署官员参观小朱湾

进村的几家破旧红砖房，屋顶薄薄瓦片，院子里没有下水道，污水直接泼到村路上，遇到大雨，比村路低的房子就会进水，墙面潮湿，武汉夏天住这样的房子更是湿闷难耐。湾子里大部分红砖砌的民房，长期遭雨水泼打，接近地面约一米多高的地方浸的发黑。檐下院墙边没有排水沟，雨水浸过，墙面剥落严重。村路道旁、各家各户院子里垃圾堆积，破桌椅废、旧漆桶、碎塑料、烂木头随处可见。村道两旁、房前屋后、水塘四周、杂树丛里到处都是垃圾，脏水横流。湾子里到处可见烂红砖"搭建"的小房，村民说他们住的是"土砖窝棚"。稍微好一点的房子外墙涂上水泥，冷冰冰立在路边，令人望而却步。小院门口支个破旧的遮阳伞，上边飘着些彩旗，招揽游客的农家乐做成这样，能吸引城里人吗？

江夏区政府选定童周岭村包括小朱湾在内的三个湾子做新农村建设试点项目，有点儿"倒逼"的味道。

小朱湾所在的童周岭村紧挨着湖北当代集团精心打造的七彩花海，景区刚开业不久，游客走累了，想喝茶吃农家饭歇个脚。当时的小朱湾和很多乡村一样，大多数青壮年去武汉等地打工，湾子里只剩下老人妇女孩子。破烂的房子，脏乱的环境，游客满心期待而来，不得不摇头离开。

让小朱湾成为七彩花海歇息地，让城里游客访花海后能在小朱湾吃到梁子湖的鱼。小朱湾，承接着政府和游客的期望。

受武汉江夏区及五里店街道委托，李昌平亲自带队主抓这个项目，乡建院新农人工作室负责人祝彩鹏担任总规划设计，总工王磊的乡建百年工作室、洪金聪的九七华夏工作室都将参与。

总工王磊及祝彩鹏、洪金聪团队多次走进小朱湾及童周村其他几个小湾，吃住在农家，一家一家访谈，听取他们的需求。从前院到后场，院门到屋内，每间房、每层楼、每座房屋都仔细勘察，和农民反复沟通。你家房屋改造成农家乐，他家院墙打开盖一间出售当地土特产的大棚，另一家希望在二层楼走廊摆几张小桌做小茶室。湾子里道路、上下水、水塘、小树林，看得仔仔细细，琢磨得透透彻彻。在充分征求农户意见的基础上，又将分散的农家放在全湾改造的大盘里统筹考虑，让每家每户的"亮点"为全湾新乡建增添新风采。他们一户一户走访，一点一点查勘，摸清了全湾子所有土地、水塘、丛林，弄清了全湾29户人家的生活状况和未来需求。这才是落地的调研，带着新乡建理念的调研，乡建院独特的调研，这样的调研成果，才能做出农民和村干部欢迎的规划设计，才是政府需要的新乡建。

2014年6月的一天，小朱湾所在的童周村乡建项目招投标会在武汉江夏区五里界办事处召开，乡建院在内的五家规划设计团队参与竞争。

头天晚上李昌平召集会议，听取祝彩鹏等团队前期调研以及童周村（含小朱湾）乡建规划设计方案。大家分别从不同角度对方案提出建设性意见，进行激烈讨论，祝彩鹏与李昌平院长一起连夜修改方案。

第二天论证会上，其他设计单位相继发言，根据自己团队特点优势，提出包括小朱湾在内的童周村乡建规划设计方案。参与竞争的几家城市规划设计团队名气很大，拿出的方案很漂亮很吸引人，村庄硬

件设计、生态环境保护、功能区划分、村民漂亮的房子、未来的美好生活，展示的很让人心动。虽然各有千秋，但总体上没有脱离城市规划设计团队做乡村项目的通病。设计图纸大同小异，甚至规划功能、区块设定也没有什么实质的差别。

听着，看着，我突然有个感觉，似乎明白了为什么这些城里有名气的规划设计单位拿出的方案大同小异，跳不出为城市设计惯性思维下的规划设计框框。原因只可能有一个，就是这些团队的方案不是来自农民们对改变自己生活状态的迫切需求，不是来自乡村干部对新乡建的渴望，不是政府部门希望做出的有特色新乡建。

乡建院汇报开始了，祝彩鹏代表乡建院发言，她在PPT上逐一展示前期调研成果。方案规划设计主题定为"荆楚·花·人家"，围绕当地特有的花海景观旅游，以及紧挨梁子湖的地域特点，将荆楚文化元素落到民居建筑中，把新型农村经营主题引入项目中，加入适当的现代景观设计，统筹景观总体规划、道路系统、水系设计、绿地系统设计、庭院设计、公共设施建设等。在民居改建中做到各家各户农家乐各具特色，避免建造上的互相模仿，根据所处地理位置以农民们不同诉求，力争打造出让农民满意、游客喜欢的新型小村庄，成为五里界赏花经济链条中的一个重要结点。

"荆楚·花·人家"的主体风格确立，乡建院团队是下了番功夫的。这里有两个要点，其一是区域环境，其二是文化元素。小朱湾700多亩土地建成薰衣草园，"花"的元素便自然要进入湾子的整体设计。人们看到现在的小朱湾，绿树、花丛、青竹，各色花卉一年四季绽放，青葱之中夹杂着的"五颜六色"，装扮着小朱湾大街小巷，掩隐着风格各异的农家小院。荆楚风格大有来头。小朱湾所处的武汉是楚文化风韵集中展现区域，千百年来沿袭下来的"高楼台、翘飞檐、巧工艺",讲究在窗檐上面做的比较精细,主要色系采用荆楚风中的"红黑黄"色,别有韵味。

一家一户不同特色的农舍改建、湾子里道路、水系、污水处理、景观设计、生物多样性保护以及农民一三产业的结合等,全方位立体化描绘出童周村规划设计蓝图。采取"一户一册"的办法,为每位村民制定旧房改造新房建设的设计方案。鲜明突出的主题风格及"一户一册"设计落地,是乡建院在小朱湾项目拿出的"杀手锏"。

根据每家每户村民生活生产所需的"一户一册"方案,不是所有规划设计团队尤其是城市团队能做到的。绝大多数规划设计团队能给出一村五六种户型设计图纸已经非常不错了,他们是向项目主管方县乡镇最多是村里"交代",而不是对每家每户村民负责。这种设计图纸,可以满足部分村民生活需要,但满足不了全体村民发展生产走上共同富裕之路的渴望。

贴近农民、农村的规划设计,毫无悬念地征服了在场区政府、乡镇干部以及农民代表,也赢得了其他设计单位的赞许。这样美丽的小湾,正是农民和村干部的渴望,是政府拿得出手的政绩。政府和农村放心地把小朱湾、童周村交给乡建院。后来有小朱湾的村民告诉我,他们也在现场,觉得乡建院老师讲出了他们的心里话,那才是他们想要的方案。

小朱湾乡建开始了。

进湾不久便是村会计王万里家,从王磊他们第一次踏进小朱湾调研考察时起,王万里就盯住乡建院,一听说要在小朱湾做项目,第一个申请改造自家房子。王万里家在进村不久的路边,房子侧面面向村路的荷塘,紧挨村路,原有几间房子形成三层高低错落,三开间两层,另有一间厨房两间杂物耳房。红砖水泥薄瓦,屋前硬邦邦的水泥路面。

　　王磊和他做了很好的沟通，他家的主要问题是：院里没有散水雨水沟，受地面不均匀沉降影响，墙身出现裂缝；建筑正立面有1米挑台走廊，没有结构支撑，存在安全隐患；前院水泥铺地，后院是土质，下雨时雨水无法排泄；建筑北立面直接面对村道路，既难看又不合风水；后院有一个4米左右的小土堆，影响活动和空间舒适度。在王磊的规划设计中，除了解决上述问题，还要为农户以后的生活生产提供新的条件。王万里提了两条，希望改造后的房子可以经营相对高端的餐饮农家乐，临村路一面有个可以售卖土特产的商铺。

　　针对小朱湾等周边小湾地处梁子湖畔，梁子湖大道直接连接武汉市等特点，2014年8月五里界街道公布《2014年美丽乡村建设试点项目实施方案》，提出重点扶持村民参与农家乐经营，并将小朱湾等作为试点，以村民投资为主、街道补助为辅的方式，鼓励小朱湾村民积极参与新乡建。街道对按照要求参加的村民房屋改造，每平方米奖励补贴180元，房前屋后院落改造装修每平方米奖励30元。

　　新乡建开始一年时间内，湾子里已经有12户村民，共投资350万元改建自家房屋庭院，办起农家乐。房子大多采用传统荆楚民居建筑风格，飞檐翘角，黑瓦尖顶，木廊木梯，院内仿古砖铺道，古色古香。湾子里的公共设施，哪怕是公厕，全湾子竟没有完全相同的房屋建筑。各具特色，各展功能，处处美景处处惊喜，在游客、摄影家眼中岂不是格外养眼。

　　一年多后走进小朱湾，周边是薰衣草园和七彩花海，仿佛置身一片花团锦簇之中。"花海之心"的小朱湾村路整洁干净，进湾的几座民居让游人眼前一亮，带有浓郁荆楚风格的建筑，青砖黛瓦，木栏杆引着人们登上拱形门廊的二层小楼，院内青砖铺地，旧房改造拆下的红砖点缀其间，跃动着美的旋律。砖石廊柱，农家乐招牌的几盏红灯笼高高悬挂，窗户在原有塑钢框架外加上一层木栏，显现出房屋整体端庄大方浓厚的文化气息。院里的大树底部砌上透水的青石砖，既保护了树根，又为小院平添一份景致。不起眼的坛坛罐罐缀在墙上成了美的装饰，随便往哪里一看都有惊喜。走累了，随意坐在路边棚下石凳上，清风拂面，喝几口清茶，吃上顿有特色的农家饭，或者干脆住宿小湾中，钓钓鱼，采摘莲子蔬果，"赏花经济"、"荆楚韵味"成了小朱湾的"关键词"。

2015年4月，江夏区建设"美丽村湾"推进会召开，270多位村社两委干部走进小朱湾观摩考察。《楚天都市报》对乡建院所做的小朱湾给予整版报道，题为《美丽小朱湾代言"五里界经验"》。

与此同时，2015年4月23日，湖北传媒摄影技师学院和湖北摄影家协会创作基地落户江夏小朱湾，这个美丽的荆楚小村湾又多了个独特的新标签——中国摄影村，吸引着湖北各地以及全国的摄影爱好者走进这里，用镜头向更多世人展示新乡建中的小朱湾。

四年后的2018年4月底，我再次来到小朱湾。出租车把我们送到小朱湾村口已是傍晚，村口停车场还有几辆武汉牌照的车，一些游客三三两两在湾子里闲逛。

踏上小朱湾土地的第一步，不禁深深吸了口气，空气中飘浮着些许湖水的清新。进村道路或是砖石或是柏油，齐齐整整，两边的排水沟里干干净净，一家家崭新的民舍前，大多挂着红灯笼，是吃农家饭住农家屋的标志，日子过得红红火火的标志。所有人家院落旁都栽种各色花儿，花儿盛开，笑脸迎客。我和许多游客纷纷拿出手机相机拍照，这个角度拍到民舍街景隐在绿竹之中，那个角度又有红花青竹的惊喜摇进镜头。砖石小路拐进竹林杂树里，红砖成了青砖建筑中的点缀，木栏、灰瓦、飞檐、廊柱，颇有韵味的民舍造型乍看上去又是那

图2-3 美丽小朱湾

么不经意，和湾子景致融为一体，走进其境，身心舒畅。

这里已经被竖为"中国摄影村"，成了摄影家们的天堂。小朱湾，成了处处美景处处如画处处生机的新湾子（图2-3）。

当年乡建院团队中有位年轻设计师李正荣，是这个项目落地施工的主管，从2014年项目调研阶段就来到湾子，一路陪伴一起见证小朱湾的巨变。项目完成，团队撤了，李正荣留下选择"落地"小朱湾。他和爱人租了村民曾方荣的房子开了茶舍，也是他新成立的工作室的办公地点。有客造访，一杯清茶，聊聊湾子，成了乡建院落在小朱湾的一颗种子。

说起小朱湾项目，李正荣一再说，没有童周岭村所在地武汉江夏区五里界街道王太明书记，就没有项目的成功，也没有村民们的今天。他清楚地记得，乡建院李昌平院长第一次来童周岭村考察时，到小朱湾已经是夜里10点半了，王太明书记深夜11点赶到湾子和李院长畅谈。项目实施中，王书记做了大量工作，甚至承担了一些风险。他帮助童周岭村成立了合作社、协作者中心，派来村官协助项目建设。

街道办事处离湾子20多公里，现场施工阶段，王书记三天两头下班后赶到湾子，看看乡建院工作团队有没有什么困难，和村民一起研究旧房改造方案，查勘公共设施是否严格按照乡建院图纸施工，经常夜深了才回家。项目进行中遇到资金困难，又是王书记站出来敢于拍板勇于担责筹措垫资。一天天，一月月，项目建成，小朱湾变成美丽乡村，村民过上好日子，王书记调走了。

乡建院项目的成功有重要一点，就是要有强势的政府官员把自我"功德心和社会理想"相结合，为村民，为乡村。河南信阳平桥区委书记王继军如此，宋家沟所在的山西岢岚县委书记王志东、政协副主席高常青如此，王太明书记算一个。

走进王万里家"万里香农家菜"院子已经是第二天早上，虽然早有思想准备，还是为王万里家的变化震惊。原先破旧的红砖小二层楼加一间半"土砖窝棚"，今天成了宽敞大院，二层小楼改造成接待游客住宿的农家乐，院子里搭起廊道，客人们可以在廊下、院内、二层凉棚下喝茶、吃梁子湖鱼，临走再带上些新春的竹笋。王万里不在家，一早就开车出去采购了，他爱人边洗菜边和我们聊，家里两个亲戚在一边择菜。王大嫂急匆匆说，中午有个团队包桌，忙的很。王大嫂一家人忙着为游客准备午饭，在家里就能挣到钱，我们为她高兴。

小朱湾最大的一户农家乐是曾方荣家开的"品农情农家乐"。曾方荣以前种田一家人年收入只有5000元左右，为维持全家开销，他只好去武汉市里打工，开出租车、公交车，一年下来刨去吃喝也只能有5万元，就这么一晃十几年。爱人陪孩子上学在湾子里过活，一家分散。小朱湾项目启动了，曾方荣回了家，拿出全部积蓄做旧房改造。农家乐建好了，第一年就收回成本还赚了十几万。他毫不犹豫地把钱全投进二期工程，盖了新的二层小楼接待游客。如今他家可同时接待18桌

游客，遇到大的团队，院子里还能再搭四五桌，能一次接待小200人呢。去年赚了多少，我们很好奇，也很直接。他犹豫了一会儿，毛收入八九十万吧，马上又说，这笔钱我要投入三期扩建。他指着墙外一片小树林，这都是我家的宅基地，准备再接出一块做新的民宿。这个曾经不得不离开家乡离开妻儿一个人在外打拼的壮年汉子，回乡创业不过四年，年收入近百万，谁又能不为他高兴呢。

湾子里像曾方荣这样原先在外地打工回村创业的青壮年不在少数，也算是小朱湾栽好长大的梧桐树引来一群凤凰吧。

小朱湾这棵梧桐树引来的不只是曾方荣他们返乡青壮年，这两年，有12户武汉市民来小朱湾创业。小朱湾项目三年后的2017年2月，时任武汉市委书记陈一新，选择小朱湾做武汉市"三乡工程（市民下乡、能人回乡、企业兴乡）"启动仪式之地。

我们在湾子里住宿的这家主人夫妇都是从武汉市来的，女主人是退休教师，丈夫是退休公务员。去年慕名来湾子里玩，一看就不想回城了。夫妇俩以每年3万元和村民签了五年的租赁合同，一次性付清租金后，老两口又按自己的心愿装修了房间院落，开起了农家乐。住在她家两天，聊的很开心，就是没"调查"她们的收入。几天后乡建院第26期"乡村复兴讲坛"学员们走进小朱湾，体验了两天。回去后，一位乡党委书记介绍小朱湾时说到这对夫妇，说男主人告诉他，今年夏天7月份游客最多时准备关一个月门"躲回"武汉，原因是游客太多，太累了。这位乡党委书记感慨地对下属说，人家是数钱数的太累了。

湾子里一户看上去有些不同的民舍，门口悬挂"沐楚茶舍"，主人也是位走进小朱湾就不想回城的武汉市民。武汉市陈一新书记2017年11月第二次走进小朱湾时，曾到"沐楚茶舍"，有一张和女主人聊天的照片登在武汉各大报上，女主人一脸笑容，能看得出她在湾子里过的很舒心。

晚上，我们来到"沐楚茶舍"，一杯清茶，围桌闲谈。女主人说话很直白，对她的茶舍、对小朱湾的未来都有很多想法。她和几个朋友曾在云南洱海边做高档民宿，因为当地政策原因她们离开那里。在小朱湾找到再次创业的感觉。她和朋友们盘过一家农舍，签了十年租赁协议，把农舍升级改造成中档会所（在湾子里就算高档了）。会所地理位置有点儿偏，从停车场下来的游客不好找到这里，但她很自信，我的客人只会来我家。她想投资150万元再盘下几处农舍，做大做强"沐楚茶舍"。"我的客房每天488~888元一间，洗手间是24小时集中供热水，床上用品、一次性洗漱品等都比湾子里其他人用的高上不止一个档次"。她当然知道，这个价钱是全湾子最贵的。"我只接待我的客人，我就是要让村民看到，我做的和他们完全不一样，我要提升村里的农舍品味"。

这位女士话里话外的自我感觉，让人不舒服。

我问，你来湾子里快一年了，遇到过什么困难？

她稍稍迟缓了一下，开始抱怨。说的都是村民不理解她，暗地里给她添点儿麻烦。谈租赁协议，村民狮子大开口，再找不到去年刚开始做茶舍的低价了。

看着这位武汉来的女士，不知是该同情还是劝导。我没说什么，和同来的人交换了眼色。

同样都是武汉市民下乡来到小朱湾，这位女士和我的房东夫妇对村民的感觉，差异有点大。

房东女主人告诉我，村民对他们有多好，湾子里妇女时常会给她送来一把青菜、几个土鸡蛋，没事喜欢来她这里坐坐喝茶聊天。村民的一只小土狗喜欢上她从市里带来的宠物狗，两只小狗一起在她院子

里玩，女主人不忘顺手喂两只狗。

而"沐楚茶舍"的女主人说，我不打算改变村民，我是要淘汰村民。

村民被谁改变，我说不清，只知道乡建院和当地政府联手打造的这个项目，村民的生活、思想、环境、眼界，实实在在改变了。这种改变，真不是一两个人能做到的。

村民是否被淘汰，更不是某个人说了算，不是某个小团队做的了主。小朱湾是村民自己的，小朱湾的事是村民自己的事。小朱湾的命运交到谁手里，由村民说了算。小朱湾村民的命运，我看不出交给别人操纵的前景。

村庄、村民、小朱湾的明天，我们都在看。

第三节　珠海斗门的美丽乡村

带着王垸村、郝堂等乡村内置金融取得的经验，2014年1月，李昌平和他的工作团队来到珠海斗门区。一年多里，该区从1家新型合作社裂变式发展到10家，在此基础上还成立了全国首家内置金融合作社联合社。内置金融合作社不仅激发了农村基层内部活力，也倒逼了外界金融向农村地区的输血。在坚守土地集体所有制"底线"下，内置金融合作社的实践为农业现代化与完善农村基层治理机制，探索出新路。

各地政府争相对其发出的热情邀请中，李昌平选择了珠海，成为市政府聘请的珠海市特色农业发展战略顾问。2013年10月李昌平率乡建院团队应邀赴珠海考察，当年12月，珠海市政府与乡建院签署战略合作协议，几年内，乡建院将发挥专业服务机构的优势，协助珠海市创建幸福村居工作，重点探索并实践以"内置金融"为核心的综合性村社一体化组织模式，重建农民共同体，突破新乡建瓶颈。李昌平及他率领的乡建院，将"做一个美丽乡村'珠海梦'"。

2014年7月28日，乡建院协助新环村成立的"珠海市斗门区新济水产专业合作社"正式开业了。新环村村支书陈冬杰说，"我已经迫不及待地想带着我们的社员干一番事业了"。

他有资格期待。

新环村是斗门区养殖海鲈鱼大村，也是全国最大的海鲈鱼产区，市场占有率在30%以上，村产业90%为水产养殖，全村养殖户260户，养殖面积3300亩。但过去一家一户一塘一池分散的养殖特别是简单的经营方式，长期以来形成"十养七亏"的局面。单个散户辛辛苦苦一年，常常会因购买饲料成本过高，或是赶上"大年"丰产的鱼卖不出好价钱而亏本。单个渔户根本没能力控制市场销售价，经常陷入丰产不增收甚至亏本的窘境。

李昌平和他的团队帮助村干部、村民详细分析现状，指出，村民要想降低购买饲料成本，对市场价格有话语权，村里要想增加集体收入，必须联合起来，从一个个分散的"小农"，集合成"合作社"的社员。针对村干部、村民的疑虑，李昌平为他们讲解了郝堂村养老资金互助合作社的做法，对村干部说，"新农村建设中农民的主体性如何实现，是一个首先要考虑的问题"。

新环村支书兼新济合作社理事长陈冬杰介绍，他们按照郝堂经验并结合新环实际，合作社由老年人社员、敬老社员（好比郝堂村的乡贤）、饲料赊账社员、存贷款社员和社会社员（村庄外部的个人或组织）5类人员组成。初成立时，有老年人社员43名，敬老社员6名，饲料赊账社员12名，存贷款社员10名，社会社员2名。敬老社员入股不低于2万元，并承诺三年内不要利息不参加分红，一旦入社自动成为合作

社理事或监事。饲料赊账社员是指入股5000元的养殖户，可享受赊购低于市场价的饲料。存贷款社员同样需要入股5000元，可享受合作社的小额贷款服务。乡建院作为社会社员投入3万元。除了乡建院外，珠海市政府作为社会社员投入150万元也作为种子资金。

新济合作社最多的是老年人社员，这也是合作社最大的亮点之一。老年人社员指年满60岁以上的村民，很多是村里的留守老人，交纳3000元股金入社，每年可享受合作社的利润分红。早在多年前李昌平就指出，"养老问题和农村金融是中国农村的大问题"，内置金融合作社正是基于这一理念，把农村两大难题集合一起解决。当年郝堂村如此，如今新环村亦是如此。

合作社章程由村干部、村民共同商议，李昌平团队给予指导。为控制贷款风险，由老年人社员中推选出10名代表组成贷款审批小组，所有贷款需经老年人社员集体通过，然后还需理事会集体审核，整个过程最快只需3天。

这个环节是合作社的核心之一。老年人社员组成的贷款审批小组，正是建立在村民诚信的基础上，外人无从了解，村里老人最清楚。

合作社成立后很快与广东农业龙头企业斗门区海源水产贸易公司就饲料赊销签订协议，实现了统一购销服务。仅此一项，合作社每吨饲料得利550元，养殖户饲料成本每吨节约250元，社员还可享受先赊购饲料，等到一个养殖周期结束后再付款的便利优惠。

2014年11月海鲈鱼大丰收，多种因素引发渔民恐慌性抛售，鱼价由9.8元/斤，一度直线下降到6.6元/斤。有关部门摒弃过去补贴和奖励流通大户多销的办法，改为以政府鱼价平稳基金为后盾，由内置金融合作社和市农产品流通协会、海源公司等联手，与海鲈鱼养殖大户签约，约定3个月以后，以7.5元/斤的价格收购海鲈鱼养殖户社员的成果，合作社联手其他社会力量先预支社员养殖户每口塘3.5万元定金，3个月后市场鱼价如果低于7.5元/斤，合作社联合各方按7.5元/斤收购，如果高于7.5元/斤，高出部分双方对半分成。"定价预购协议"很快抑制了养殖户恐慌性抛售，海鲈鱼价格两周内回升到8元/斤以上。仅此一次，帮助渔民减损增收6亿元以上。

村民们第一次看到集体力量的强大，第一次挺直腰杆规避了市场风险，第一次在市场竞争中放大了自己的话语权。

第二年，村里更多养殖户加入合作社，几个月后，珠海市农控金融投资有限公司以"外置金融"入股150万元，成为新的社会社员。正如李昌平预料，内置金融做好了，就能吸引更多的外部金融进入，强大内置金融的力量。通过合作社，将村里的乡贤、能人、村干部、老人聚合起来，强大了农村基层组织，能为农民提供更好的综合性服务，还可供外部城市服务系统与农村对接。

内置金融合作社的经验也在石龙村盘活苗木资产中发挥重要作用。石龙村支书兼村主任李悦强十几年前带领村民种植花卉苗木，多年奋斗使石龙村成为远近闻名的花卉苗木种植基地，村民收入和集体资产明显增长，一举摘掉穷村帽子。近年来苗木市场低迷，尽管前几年村里成立了苗木专业合作社，但因缺乏必要的金融体系支撑，缺乏有效的组织销售，近两年苗木市场萎缩情况下，村民竞相降价销售苗木，过去3000元一棵的大树，现在500元也卖不掉。

2014年8月石龙村在乡建院指导下成立内置金融合作社，建立了存储苗木的假植基地，使用自动喷灌技术，通过规模化管理，降低了存储苗木成本，存苗不像地苗，销售可不受季节限制，一年四季都可以移栽。有了内置金融合作社的假植基地，自家的地苗可移植到基地成为存苗。村民获得利益，同时又能在腾出地上种植其他品种的花卉苗

木，还可以赚钱。

合作社把村民自家滞销的近3000棵名贵优质苗木"存入"村内置金融合作社，农民可用两种办法存放自家苗木。一是以保底价存入合作社，合作社统一销售后，农民获得"保底价+二次返利"的受益；另一种办法，对苗木的估价刨除合作社预付的部分定金后，以"定期存款"方式存在合作社，到期后，由合作社连本带利支付给社员现金。这种方式在资金短缺的情况下发挥金融手段的优势，实现使用较少现金撬动大量花卉苗木资产入社，获得较大利益，社员还可以用"存入"的苗木作为抵押获得贷款。

与单独种植者相比，石龙村合作社的苗木数量和品种都有更大市场竞争力，目前合作社苗木基地的苗木已经被全部纳入石龙村所在的斗门区园林改造工程，有了新的大市场。

除了新环村、石龙村，珠海斗门区已经成立或正在筹备10家内置金融合作社，也各具特色。乡建院与合作社理事们根据本地本村各自发展的需求，研究出不同的合作功能和经营方法，有的以村里大量闲置房屋集中收购改造做旅游休闲农家乐，有的通过统购统销服务为养殖户获取更大利益等。

2015年6月12日，全国首家内置金融村社联合社珠海市华夏农业专业合作社联合社，在斗门区举行了挂牌成立大会。联合社由乡建院倡议并指导，新济、石龙等6家内置金融合作社共同发起，包括乡建院在内的几家涉农服务企业和机构积极响应，创建了全国首家内置金融村社联合社，联合社原始股金达5000万元。

珠海市副市长刘嘉文、全国供销合作总社合作指导部副部长刘崇高、联合社理事长贾石国、乡建院院长李昌平、中央党校徐祥临教授、中国健康产业投资基金副总裁韩小宇、珠海市农控金融投资有限公司董事长钱近蓉等，共同为联合社揭牌，共同见证内置金融在中国农村大地飞跃发展的这一新的里程碑。

第四节　清风徐徐中关村

和北京那处有名的地名一模一样，贵州桐梓县大山里隐藏着一个美丽的山村——中关村。一个清晨，沉寂数百年的山村被一些外来的年轻人打破。"那天，下了一场雨。我久久地站在屋檐下，静静地望着雨中的村子"。年轻人中的一位名叫王贺，写下这诗一般的语言。王贺是乡建院九七华夏工作室员工，他和伙伴们正成为贵州桐梓中关村变迁的见证人和践行者。

2015年3月，乡建院李昌平院长、薛振冰副院长以及乡建院九七华夏工作室负责人洪金聪等一行，受桐梓新任常务副县长朱煜之邀，来到桐梓县考察。一次座谈会后，原本不在县里新乡建候选之列的茅石镇党委书记傅宝军，硬是把李昌平一行拉到茅石镇中关村。用他的说法，"即是县里没有选我们，我们也会自己想办法做乡建"。

中关村大湾组有51户农家，大多靠种烟烤烟为生。考察组第一次进大湾组时，空气中弥漫着堆肥的浓烈臭味，房屋破旧水迹斑斑，村里四处杂草丛生垃圾遍地，山里的泉水冲下来，毁坏了早已破旧的桥洞道路。按照后来负责此项目的九七华夏工作室负责人洪金聪的说法，之所以看重中关村大湾组，"相比较于考察过的其他村落，大湾组的基础条件最差，这是我们选择它作为改造对象的重要原因"。最能打动乡建人的是"人的因素"，镇党委书记傅宝军的积极性不用说了，村干部、村民急于改变现状的渴望，都是各乡镇里最为强烈的。

环境差，不怕，资金少，没关系，人的因素第一。乡镇干部、村干部的态度，村民的意愿，是乡建院选点最看重的要素之一，也是新乡建能否落地成功的关键。

"5月7日下午，星期四，晴，群山环绕下的大湾组，最后一刻宁静要被打破了。

村里的老人家自发组织起来，收拾会场前面的空场地，清理垃圾杂草，有些枯草和纸张就地烧掉，大湾组升起了渺渺的烟火。

天色渐黑，村民也陆续汇聚过来。这是村里的一次盛会，也宣告了大湾组的美丽乡村落地实践正式启动"（摘自九七华夏《乡建恨晚》）。

村民大会上，乡建院副院长薛振冰和洪金聪详细介绍了乡建院以及做的一些项目情况，解释了来大湾组前期调研的结果，提出做新乡建的初步设想。

"群众会后，激动的中关村民看到了改变他们命运的机会正在来临"（摘自九七华夏《乡建恨晚》）。

村民们记不得上次令人激动的聚会是啥时候了，多少年了，人们各自埋头自家地里，默默地收获烟叶，默默在烟房烤烟，默默运出村去。今年收成好了，烟多了，卖不出好价，明年遭灾了，自家忍了。

乡建院来了，改变命运的机会来了。沉寂已久的大湾组、中关村，将迎来新的不平静，新乡建大门在他们面前慢慢开启。

前期调研后，乡建院团队提出了发展中关村乡村旅游的乡建远景。规划前期以改造农户房屋为主，在保护和延续村容村貌的基础上，保留了传统的木构房，结构上进行加固、修复，替换部分维护墙体门窗。针对新修建房屋功能，改善农民居住环境的同时，设计了更多经营空间。工作室还为村庄规划设计了村标、村庙、乡建指挥部、河道景观、溶洞景观、上山绿道、二期的公共区域建筑以及各种基础设施。

乡建院团队不仅要规划设计，拿出施工图纸，还要派专人盯施工现场，随时和施工队、村民商量，适时调整方案，现场解决问题，尽量满足村民需求。同时严格监督施工质量，为村民负责，也为乡建院负责。大湾组项目中，最多时乡建院团队派十来个人同时参与，最少时也在现场保留两三个人。这是乡建院特点之一，不同于一般城市里的规划设计团队，也不同于一般社会组织做乡建项目。

如今中关村大湾组项目进行一年多了，一些项目尚未完全落地。洪金聪是个有心人，从项目调研开始便记录每天的工作及思考，拍下一幅幅珍贵的照片，记录下大湾组新乡建的每一个脚步。

与村民的前期沟通以及实施中按照村民意愿不断调整规划设计图纸，是乡建院最具特色的工作方法之一。团队与大湾组村民沟通有自己的方法，他们不把自己的意见强加给村民，不是一味要求村民完全按照他们的规划图纸施工。按照农民的意愿，农民的需求，做出让农民喜爱的项目，永远是第一位的。

团队进大湾组调研第一个对象就是村民徐儒辉家。刚到他家门口，就见"辉哥"早早候在门外，带着大家里里外外查看房屋，还简单描画出他心中的房屋改造想法。虽然从专业角度看这些想法并没有很高的可实施性，但辉哥的那份热情与期待，着实感染了年轻乡建人。团队用收集整理的测绘数据分析现状，提出建议，再结合现有材料和未来房屋的使用功能，很快给出初步方案。

跟辉哥第一次碰头看方案前，洪金聪他们还是信心满满，谁料想还没讲两句，辉哥就好像有什么心事。方案刚说完，辉哥很平静地问了句，这样做很费钱吧，大概要多少？数字一报出，辉哥脸色一下就

变了，摇头说，哪有这么多钱哟。

晚上回到住地，乡建院团队反思设计方案。中关村是个偏僻小山村，村里农产品生产品种单一，受自然条件影响，经济收益十分有限。工作室设计的方案虽好，但村里不一定有经济条件完成方案，还是要站在辉哥的角度考虑问题。他们连夜讨论新方案，按照辉哥的要求，把现有已经破旧的房屋大部分拆除，新建房子分成三个等大的体量，共三层，一层是辉哥一家及父母、兄弟同住，二、三层改为经营民宿。洪金聪他们理解，辉哥一家以后就指望民宿能成为家里的主要经济来源，设计方案一定要满足辉哥的要求。洪金聪非常感慨，这让我们如此深刻体会到乡村建设是多么的不易，不是简简单单房子的事，而是整个一家人的未来。我们需要考虑的东西太多，需要协商的地方也很多，需要设身处地为农民们考虑的地方太多了。相比城市里的项目，乡建可能少了些许商业，但更多了一份人情。当我们每次拿着新方案跟辉哥家讨论时，一家人从大到小都是用一种期盼的眼神看着我们拿出图纸或打开电脑。这跟城市里你只需要把做好的图纸或者模型，以电子文件的形式传给甲方这种冷冰冰的沟通方式，真的太不一样了。

多次反复沟通后，方案逐渐确定，辉哥家的房子终于施工了。

徐宗焕家的房子在村子最北端，河谷边起伏的苍翠中一座小屋安然独立于世外，石块堆砌的老房子虽然远离村中心，却没有令人感到冷清荒凉。砖块垒砌的古典式花坛，手编的精致竹筐，后院的鸡群果树，处处体现主人的用心经营，一派田园景象。作为中关村最北侧的人家，靠近大路，游人进村首先看到他家的新房，对全村的第一印象非常重要。

这户村民家所处的自然环境，令洪金聪他们印象非常深刻，和徐宗焕老两口商谈后，拿出初步方案，得到老两口的首肯。

半个月后徐家二儿子风尘仆仆拉着一车钢筋回来，刚卸下材料就来找洪金聪，对设计的"方向性"问题提出异议。按这个年轻人的想法，把预备改作农家乐民宿的房子从带有套间式、符合周边自然环境相对高品质的格局，改成房间越多越好，哪怕开间狭小拥挤。他觉得，房间多，接待客人多，收入就高。这种初级粗放式的经营模式虽然看似来钱多，但不能满足现在游客对民宿较高品质的需求，也浪费了周边环境美好的宝贵资源。

反复沟通后双方达成协议，考虑徐家儿子要求尽量多地设计民宿，主体部分二层空间全部布置了房间，但比年轻人要求的数量少了一些，前后各挑出1米做阳台，丰富了房屋结构的立面效果。石头屋的二层做成半开放的露天餐厅，成了这栋房屋观景的最佳位置，让小院依然清净悠闲，与周围美好的自然环境融为一体，成了村里别具一格的农家小院，也给外来游客带来美的惊喜。

大湾组及中关村其他几个组的村民看到乡建院做的村庄民居及景观设计渐渐露出新容，开始纷纷议论自家做些什么。这里村民大多靠种烟烤烟为生，靠天吃饭，辛苦劳累收入不高。也有一些村民经营规范化养殖，手里有了点闲钱，想着怎么再利用起来。

乡建院很快拿出建立合作社的构想，召开村民大会，为老乡们答疑解惑，和村干部一起走家串户做农民工作。中关村乃至茅石镇内置金融合作社呼之欲出。

"2015年9月8日，星期二。蒙蒙细雨。

村里原来的烟农培训室焕然一新，四面墙壁上按照'梦境中关、给力中关、碧水中关'等板块，向来访者介绍中关村在美丽乡村建设中的探索。烤烟大棚原本破旧的立面，挂着几十米长的横幅，上面的

24个大字熠熠生辉：中关变成公园，家家经营宾馆，月月都数钞票，人人皆当老板。

会场前方支起5米高的舞台背景，遮挡住背后的公共厕所和电线杆，背景墙上写着'贵州·桐梓·中关：内置金融合作社揭牌仪式'"（摘自九七华夏《乡建恨晚》）。

桐梓县第一个内置金融合作社马上就要成立了。

县委吴高波书记来了，乡建院李昌平院长来了，常务副县长朱煜以及县委宣传部长刘进、茅石镇主要领导来了，中关村村民以及周围村子的老乡数百人冒雨来了，他们将亲眼目睹中关村民入社的盛况。

25位老年人社员每人入股2000元，12位乡贤（敬老社员）每人入股2万元，现场缴纳股金29万元。政府提供30万元作为种子资金，由村集体代为持股，乡建院入股3万元。合作社收益用于老年人社员养老及村里的公益事业，并为有需求的村民发放贷款。有了合作社，村民发展生产经营农家乐规模化养殖，有了不出村的"小银行"，有了经济保障。

新成立的"中关村富民合作社"将在为农户存贷款、统购统销烟叶及其他农产品、包括田林山地房屋等闲置资源的收储、养老敬老、旅游发展服务等方面服务中关村村民，为中关村未来旅游发展提供基础。

大湾组村民常常看到一位30出头的棒小伙子，晒的很黑，头顶草帽，T恤大裤衩，奔走在各家村民旧房改造新房建设施工现场。不时和村民讨论设计方案，和施工队商量保质保量按期完工。村民们亲切地称他为"傅村长"。要不是"傅村长"戴副眼镜，真看不出这位就是中关村项目驻场设计师。

"傅村长"大名傅英斌，乡建院资深主创景观设计师。他的团队在中关村项目中负责一系列公共设施的设计及现场施工监理。他主持设计的村庄"人行桥"为代表的包括墨仓、敬字炉、红军墓、儿童乐

图2-4 中关村人行桥

园等公共设施项目（图2-4）。其中"人行桥"设计落地项目，应邀参加了2018年6月在意大利举行的第18届威尼斯国际建筑双年展中国馆以"我们的乡村"为主题的展示。中国馆展方称，"这次展览的目的不仅仅在于'乡愁'，更希望回到中国文化的发源之地，去寻找被遗忘的价值和被忽视的可能性。于此展望，我们未来的乡村"。

　　贯通南北的小河将村子划分为二，阻隔了东西两岸人们的正常交往，架在河上的几根电线杆曾是人们赖以过桥的唯一通道。中关村地处山区，每年夏季丰水期，河水上涨将简易桥淹没，渡河非常危险。

　　人行桥设计建造分上下两部分。为防止洪水冲击，傅英斌对下部桥墩部分设计了石笼网箱工艺。特殊处理的高强度镀锌钢丝经过PVC防腐包覆，加工后编织成网箱，装填大山里就近采掘的石料，捆绑成石笼网箱。特有的柔性结构使之既牢固稳定又耐洪水冲刷，可以抵御一定程度的沉降变形。施工简单、造价低廉，无需大型机械设备，非常

适合在中关村这样的山区等技术设备受限的场地施工。为保证足够的桥墩重力并减小迎水面所受冲击，桥墩采用船体形式，面宽1米，顺水纵深4米。放置网箱前预先平整河床，浇筑混凝土基础。一段时间后河里泥沙及悬浮物会沉积于网箱石缝之中，慢慢长出植物，使之与周围环境更紧密地融为一体。

作为人行桥，考虑到将来乡村旅游所需，傅英斌和他的团队选择了一种可以看到脚下河水的钢跳板作为桥面，整体镀锌后耐磨耐腐耐压，行人可以透过桥面感受脚下河水的汹涌。为方便女士，桥面铺设一条60公分宽的钢板带，女士过桥不必担心高跟鞋被卡住。

桥面和桥身如果用充满工业感的冷峻钢材，难免与周围的群山丛林不太和谐。团队按照就地取材的原则，灯杆和扶手用了当地竹子，内部通体打透埋入照明线路。

高高耸立的灯杆与河中绵延的芦苇荡遥相呼应，桥与群山、河流、竹林、芦苇融为一体。白天，身穿鲜艳衣服的村民、游客走过，给淳朴的大自然点缀一种现代文明的亮色。夜晚，亮起的竹竿灯，仿佛在群山中点亮的盏盏蜡烛，为山村平添些许诗意。中关村人行桥，被称做小山村里的"心"地标。

建人行桥最珍贵的是村民参与。拿出图纸后，村民对即将落地的人行桥充满期待，纷纷加入建桥大军。村里的男人们负责填运石料，搬运到钢架上，抬运钢板，拉电线安装。上山砍竹子，劈竹子，按照傅英斌他们的要求编制竹扶手、竹灯杆。上梁时请来村里最有威望的老人选定时辰，几乎全村百姓都来围观。一番仪式后，青壮年一起上阵抬梁，梁板安放到位后鞭炮声响彻山谷。这是他们自己的桥，全村齐心合力搭建的人行桥。这座全体村民"心"上的桥，将全村人心联结起来，也让村民们重拾对家乡的热爱，成了村民们人与人之间的精神桥梁。

人行桥、敬字炉、红军墓、儿童乐园等一组公共建筑，还将受邀参加2018年9月在法国里昂群岛城市艺术中心举办的建筑设计大展。

傅英斌团队记住了卢梭的一句话，最好的教育就是学生看不到教育的发生，却实实在在影响着他们的心灵。团队秉承这一教旨，决定把村里资源回收中心建成一所寓环境教育和儿童乐园为一体的心灵放飞之地。将乡村建设中产生的大量尾料、废料，拆除的旧物，拼拼凑凑，搭建成生动的乡间儿童世界。

他们在设计中留下大量空白，为村民尤其是孩子们提供参与的可能空间。团队准备了颜料和水泥，村民们可以在空白处写写画画，孩子们在水泥上印下植物的叶子和自己的小手印、脚印以及歪歪扭扭可爱的字迹。老支书是村里的文化人，坐在地上一个多小时，在水泥管上画出神符，一个寓意安神，一个寓意平安，古老的信仰在小山村产生神奇的力量。孩子们从山里踩来各种植物叶子，印在水泥砖上。

用废旧建材搭建的村庄"资源回收中心"同时也是孩子们玩耍的场所，孩子们穿过建筑时，能看到"资源回收再利用"的完整过程，了解资源回收利用的乡村环境教育意义（图2-5）。

团队里有几位来自中央美院学建筑设计的实习生，他们除了日常的辅助设计工作外，每周两次给村里的孩子们上美术课。第一天报名就来了30多个热情的孩子和他们的家长。这群可爱的孩子为乡建人与村民之间架起一座相互了解的新桥梁。

"作为老师我们一直不断地设计有意思的课程方式，比如听故事做画，折纸，制作纸面具和手表，排演小话剧。鼓励他们打开想像的空间，在绘画中认识自己和大自然。孩子们参与度越来越高，非常珍惜每一次上课带来的快乐时光。

图2-5　儿童乐园

休息时间里，我们还给孩子们创造了一些有限的公共娱乐设施，用当地的空心砖和我们从山上砍下的竹子搭建的'迷宫'，地上五颜六色的跳房子，焕然一新的教室墙绘。虽然制作过程很辛苦，但是看到孩子们憧憬的表情，我们就充满了动力。最让我感动的是跳房子刚画好的那几天，一群孩子都要先去河里洗了脚才脱了鞋光脚排队去图案上玩耍，不舍得弄脏新的玩具。

相比城里的孩子，他们内向不善表达，有的在初识的时候稍显木讷。但是他们一样耳聪目明，更加淳朴善良。他们会羞涩地在玩游戏时紧紧拉着你的手不愿放开，在分别后默默地流泪；他们会热情地送给我们自己上山摘的杨梅和李子，邀请我们去家里吃饭；他们会悄悄地趴在玻璃上看我们用电脑画图，低声用方言告诉弟弟妹妹安静下来不要打扰老师；他们会在门外徘徊许久，不敢送上亲手制作的告别礼物和卡片。……他们从来没有上过美术课，在这里却能画出非常大胆精彩的作品"（摘自九七华夏《乡建恨晚》）。

"那天，在山上，我看到了一群背影，他们矗立在山巅，张开双臂，迎着霞光的拥抱。那是一群充满了朝气的年轻人，他们来自祖国的五湖四海，未来一个共同的梦想和追求，相聚在一起。在他们的脚下，有一个美丽的村庄。在那里，正在发生着一些美丽的故事。在那些故事里，有你，有我，还有她"（九七华夏工作室 王贺）。

新乡建人也在这里沉淀着城市的喧嚣浮躁，享受久违了的淳朴民风民情的洗礼。

中关村在建立内置金融合作社，村组做规划设计建设整体提升民居生活环境之后，乡建院社区营造团队进入，将开展"软硬兼施"的乡村建设第三步。

第五节 蒲公英女孩和社区营造团队

带领乡建院社区营造团队走进中关村、宋家沟、巴山村等地的是一个叫艾玛的台湾女孩。

第一次见到艾玛有些吃惊，看上去瘦小弱弱、低声慢语的台湾女孩，一位"80后"女生，哪儿来的勇气毅力，大学刚毕业就跑到战乱中的东帝汶，帮助那里的贫民难民做国际义工（台湾地区称做"志工"），后来又去了埃及乡下做了两年社区义工。看她指着一张张图片平静地讲述在东帝汶、埃及做社会最底层人聚集地的国际义工，给贫困孩子讲故事，讲外面的天地，安慰难民妇女儿童，送去联合国难民署募集来的食物和水。照片中的艾玛表情平静、坦荡，和当地的孩子们一起笑，和妇女老人聊天，唯独不见忧愁。艾玛人生字典里，大概没有"忧

愁"二字。

如今，艾玛站在乡建院举办每月一期的郝堂村乡村复兴讲坛台上，与数百名乡村建设工作者分享她做乡村社区营造的体会。她的身份也从国际社区义工，变成了乡建院社区营造团队的负责人。

我对这个女孩产生好奇。

相信绝大多数人和我一样，对"社区营造（简称'社造'）"这个词非常陌生，搞不清"社造"做些什么事，尤其在农村，对中国乡村建设、乡村振兴，有些什么实际意义。

我走进艾玛和她的乡建院社造团队。

这是一支成立仅仅一年多的新团队，不到十个人的队伍，分散在贵州桐梓中关村、重庆巴山湖、山西岢岚宋家沟等几处村庄。团队大多数人不是"社工"专业毕业，来乡建院前对社造并不十分了解，但他们有艾玛姐姐。虽然团队中有的队员年龄比艾玛稍大，但在社造事业上，没人比得了有十几年国内外经验的艾玛。

Emma是英文名，她的中文名字叫施盈竹，台湾桃园县人，台湾元智大学毕业。

"我父亲就是社区工作志愿者，我小时候经常见他和同伴们走访贫困户、探望医院病人，为贫苦人募捐，募集匹配的骨髓。他的大部分业余时间一直都在帮助别人，反而对自己的孩子照顾不到"。父亲"社区志工"的形象，深深扎在艾玛心里。

我问："你是受父亲影响才选'社工'这条路吗？"

她笑了。

读大学选择校园社团时，艾玛接触到台湾著名的志工组织"慈济社团"，顾名思义，"慈济"即是"慈悲之心普济众生，不求回报一心付出"。自此，"慈济"成了艾玛心中的精神追求。

不久，她在"慈济"社团中被选为"社长"，经常带着社团成员及其他学生志愿者去做捡拾垃圾的"净山""净海"活动。再后来，她成了"慈济"组织在桃园地区的青年总干事。她的大学本科专业是社会学，研究生则选择了"社会政策暨科学"专业，都是围绕"社工"转，与"社工"结下不解之缘。

读研一年后，艾玛决定休学一年，去了东帝汶。

东帝汶，位于努沙登加拉群岛东段的一个岛国，西与印尼相结，南隔帝汶海与澳大利亚相望。国土面积1.4874万平方公里，人口121万，2002年5月20日独立，被称为世界上最穷的国家，平均每人每天生活费不到1美元。

在和几个志同道合的年轻志愿者共同出版的关于做国际社区义工的书《间隔年 不只是一次旅游》中，艾玛吐露心声：

"东帝汶，一念之间。

有些事现在不做，一辈子都不会做了。"

刚到这个贫困岛国时，艾玛把以往在台湾地区做社工的经验一股脑地搬到东帝汶。马上，她的工作陷入窘境，苦恼之余，她一度把出现问题"归罪于"当地人的懒散。没办法，她向一位很有经验的台湾地区义工前辈求救，得到两个选项：打包走人或是面对问题。

艾玛毫不犹豫地选择了后者。

独立不久的东帝汶充满血腥冲突，几乎天天都能看到联合国维和组织的警车呼啸而过，她也曾到过恐怖的"万人冢"。艾玛和其他国际社区义工的心中，却始终坚信，"虽然战争如此冷酷无情，但愿鼓舞每个人化身为和平使者，停止化恨与对立"。艾玛对自己说，"擦干伤痛的泪水，拖着疲乏的身躯，我要坚持下去"。

东帝汶一年的国际义工生涯，"教会我用心去感受生命"。

　　硕士研究生毕业后的2010年，艾玛选择去了埃及做两年国际义工，收获之一是2013年在大陆出版了《勇闯埃及》一书。一位推荐者毫不掩饰对艾玛赞叹说，"请给我们一万个施盈竹！"

　　我喜欢艾玛在书中袒露的心声：

　　谈到做社区义工的初衷，她坦言，"是为了自己，但在服务过程中看见了他人的需要，才进而去充实自己，并投入更多时间来参与志工服务"。"国际义工服务最大的受益人是自己"。

　　去过东帝汶、埃及，走过大陆的江苏、成都等地，一路社工生涯，充实精神，丰盈经验教训，艾玛走进乡建院。

　　2017年初乡建院组建社区营造团队时，慕名而来的艾玛递上简历。入职不久的艾玛在郝堂村参加乡建院组织的"乡村复兴讲坛"，李昌平院长的讲课震动了她。艾玛意识到中国的社区营造不同于台湾、日本、韩国，更不同于自己在国际社工中积累的经验。乡建院即将展开的"社区营造"，也不同于自己在大陆各地参加的社区文化教育、私人农场、乡村民宿等社会活动。面对她和未来乡建院社造团队的，将是一番需要创新的事业。

　　我向艾玛求教，什么是乡建院倡导的"社区营造"。

　　艾玛告诉我，"社区"源于拉丁语，意思是共同的东西和亲密的伙伴关系。社区营造，就是建立在"社区"这个社会生活共同体基础上形成的治理模式。乡村"社区"即行政区域、自然地域内的村庄。乡村社区营造最重要的就是五个：人、文、地、产、景。

　　乡村社区营造，就是把一个村庄、社区的各种人才、地域文化、地质特点、物产品种、自然景观等各种元素整合，提升社区的人文关怀、文化教育、旅游景观以及产业调整发展等全方位的系统乡村建设。其中最重要的环节就是"人的营造"，即在当地人自发形成的"五类元素"基础上,通过外来工作者(社工)的协助,激发村民、居民重新组织起来,打造自己生活、生存的崭新环境。这是目标,也是实施的过程。

艾玛和她的团队伙伴走进贵州桐梓中关村、山西岢岚宋家沟、湖北武汉郧阳新村、重庆巴山湖等地,开始了乡建院"社造"的创业。

桐梓中关村,远离北京同样名称的中关村数千里的小山村,一个美丽的乡村。

2015年3月,乡建院李昌平院长、薛振冰副院长、洪金聪、傅英斌等人来到桐梓县,茅石镇党委书记把他们拉到中关村。

3月7日,一行人走进中关村大湾组,空气中弥漫着当地主要产业烟叶堆肥的臭味,"真让人想要转身就走"。几个村庄考察中,中关大湾组的基础条件最差,破旧的道路、坍塌的河道、毫无规划的民居、垃圾、污水,配衬着留守老人、妇女、儿童的无助、漠然。

乡建院选择了中关村。中关村选择了乡建院。

一年多下来,中关村变样了。

2015年9月8日,茅石镇"富民经济发展专业合作社"在中关村举行揭牌仪式,成了乡建院在贵州协作成立的第一家乡村内置金融合作社。桐梓县委书记吴高波和乡建院院长李昌平共同为合作社挂牌揭彩。第二年的7月4日,合作社的29名老年社员乐呵呵拿到自己的第一次分红。

乡建院团队在这里协助村民建合作社,改造村庄,建筑设计师们把他们的汗水和智慧挥洒在这里。昏暗潮湿的土房子变得明亮通风,空巢的黔北民居恢复了生机,一家家舒适的民宿开门迎客,小溪旁田野上建起了孩子们最喜欢的儿童乐园。

山泉清洌,绿植茂盛,空气清新,四季如画。整洁后的河流里水

草随波荡漾，山上野生猕猴桃压弯枝条，修整好的红军墓任人凭吊。贯通村庄的河流上建起的人行桥，以及青草儿童乐园、敬字炉、红军墓、烤烟房改造这五个精彩的设计作品，赴威尼斯参加2018年5月举办的"第16届威尼斯国际建筑双年展中国国家馆"的展示。

中关村乡村振兴的"硬件"建设告一段落，村庄发展的"软件"呢？

2017年春，乡建院新组建的社造团队，艾玛和她的伙伴来到中关村。

艾玛和社造团队是村庄的"外来人""协作者"，总有一天会离开，不走的是村民。"社造"关键的一环就是"人的营造"，艾玛和她的团队要在一两年里，为大湾组、中关村留下一支"不走"的社造团队。

前期乡村规划设计建设，特别是成立合作社的过程中，村民们已经逐渐意识到在政府领导、乡建院协助下，他们不能一味等待，必须依靠自己的力量，组织起来共同建设好自己的家园。

社造团队进入后，艾玛用自己"手绘故事"的优势，为村民们画了一张"社区资源图"，图中包括当地的主要产业烤烟、手工艺品。还有村庄边上的红军墓、村后喀斯特地貌的大溶洞。这些"地、产、景"资源整合后，都可以提升中关村的乡村旅游品质，留下更多游客。

既然着重提高"人的营造"，就要在村里找到、找准"领头人"，找到并扶持村民中威信高、能一呼百应的人。前期做垃圾分类时，社造团队发现一位已经卸任的村支书，老支书找了些老年骨干，说服他们和自己一起做村民的工作，扛起垃圾分类的"村里自己的大事"。

留守儿童教育是社造的重头戏，每个周末社造团队都会开"蒲公英课堂"，平日三四点孩子们放学后，也会有"三四点课堂"。把孩子们组织起来做环境教育，告诉孩子们热爱自己的家乡，保护好家乡的山山水水自然环境，带着孩子们在村里、田地、山林间捡拾垃圾，用废旧饮料罐做手工艺品。

艾玛她们和著名的"一公斤盒子"公益组织联系，为孩子们带来关系到他们身心健康的"一公斤盒子"教育。

"一公斤盒子"实际上是"食育盒子"，孩子们每天差不多要吃一公斤食物，这些食物健不健康呢？"一公斤盒子"里有好多张图片，其中一张画的是孩子们平时喜欢吃的零食的各种成分。比如，孩子们喜欢吃的"辣条"、泡椒鸡爪、豆干类咸味零食，图片中就告诉孩子们吃前首先看保质期，过期食物不能吃，这类食物中有很多添加剂，吃多了对身体不好。还有方便面，除了注意保质期、添加剂，还要看看包装袋是否破损漏气被污染。方便面的配料中有很多谷氨酸钠、焦糖色、特丁基对苯二酚、柠檬酸等添加剂，吃多了不健康。用这种孩子们能看懂的彩色图片，教育他们什么样的吃食安全，什么样的不够健康不能多吃。孩子们看懂了，回家"教育"父母、爷爷奶奶，大家一起养成健康的生活习惯，不生病、少生病，防止"因病返贫"。

村庄规划设计时，乡建院团队用木头、废旧轮胎、旧砖头、山上的石头，在村头风雨桥边一块空地上，特意为孩子们做了个"青草儿童乐园"。乐园里做了几架秋千，还有几处小小的"拓展训练"版块。沙地、跷跷板都让孩子们玩的可开心了。

中关村在美丽乡村建设中渐渐出了名，吸引越来越多的城里孩子们来村里旅游、爬山、住宿，享受田园生活。社造团队做了城里孩子和中关村孩子们共同参与的夏令营。首期夏令营来了20多位城里孩子，家长把孩子送到村里便回城不再陪同。政府、村庄以及乡建院社造团队组织孩子们开展各种活动，让城里和乡下孩子融成一个集体，互相帮助，互相学习。两天一夜，孩子们边玩边学习边受教育。夏令营结束，社造团队的大哥哥大姐姐们让孩子们每人做一个明信片，送

图2-6　艾玛和孩子们

给最想念的人。一个城里女孩子在明信片上画了一颗大大的红心，送给了"亲爱的艾玛姐姐"（图2-6）。

2017年11月23日，全国儿童工作专家杨海宇、北京开放大学社会工作专业主任王小兰、国务院妇儿工委办公室儿童处干部等人组成的国家督导组来到中关村青草儿童乐园调研，对村里关注留守儿童，开办"儿童之家"项目等给予充分肯定。

留守妇女是村里的主力军，社造团队把她们组织起来，编织手工作品。村里有一个女孩子当初考的幼师中专，但自认为不善于跳舞唱歌，很快退学回家了。艾玛找到她，带她和其他中老年妇女一起活动，还教她唱歌跳广场舞。集体活动中，不少留守妇女重新找回生活的欢乐。这个女孩也找到自信，担任起教育辅导孩子们的工作。艾玛说，下一步就是要"鼓动"她复学，让她在大社会中找到自己的天地。

中关村虽然偏远贫穷，但村里有个非常好的习惯：惜字。村民们在街上地头看到"带字"的碎纸片，都会捡拾起来在村头专门地方烧掉，以示对文字文化的敬畏。挖掘到这一习俗，乡建院规划设计团队在村头精心设计修建了一个"敬字炉"，专供村民们焚烧"带字"的纸片。"敬字炉"的修建，沿袭了村里人对知识的敬重，为孩子们积极学习掌握知识本领报效社会，提供了鲜活的教育实例。如今，"敬字炉"将和村里其他几座新建筑一起奔赴威尼斯，把这一中国传统风俗展现在世人面前。

说到敬畏文化，不能不提村里一处叫"墨仓"的新建筑。这里原本是一片荒废的空场，有一座废弃牛棚。设计团队把这里打造成一个涵盖图书阅览、书法展示、吃茶休闲的公共空间，取名"墨仓"。

蓝白蜡染布铺就的桌子旁，社造团队常和村民、孩子们，以及外来的参观、调研者，共同探索挖掘保护正在逐渐消失的村落文化，给村民和游客提供一处养怡精神的休闲场所。

"墨仓"里一块黑板上写着这里的活动内容，"研习书法、惜字书馆、蒲公英学堂、清风茶室、乡村画室、溶洞之旅"等，吸引人们流连中关村的山水之外，感受这里浓浓的乡村民情。

"墨仓"承载着中关村传统文化，更承载着乡村振兴的希望。

2017年11月11日，一个冬日温暖的好日子，由清华大学建筑学院、桐梓县政府、乡建院共同举办的"中国乡村复兴论坛·桐梓站"游学探讨活动在中关村举行。来自北京、上海、江苏、浙江、山东、河南、河北、云南、四川、内蒙、青海、广东、湖北、贵州等14个省市自治区的县市级领导、国内建筑设计旅游规划及实践、乡村创客等方面的专家学者，中国旅游报、中华时报等30余家媒体记者，共370多人相聚中关村，感受复苏中的原生态乡村建设成果，感受中关村独特魅力，共同探讨如何努力打造乡村建设与精准扶贫的"新时代"，寻求乡村复兴的"新生态"，探讨交流中国乡村复兴之路。

论坛间歇，与会嘉宾畅游原生态的村庄，兴致勃勃地在"青草儿童乐园"玩滚铁环、荡秋千、推石磨，重拾曾经的记忆。在清澈的小河边、人行桥，"墨仓"茶室，围桌小憩，品茶畅聊，尽享乡村神韵。

中关村在悄悄变化。乡建院社造团队在慢慢成长。

从台湾桃园一路走来，在东帝汶、埃及以及大陆广州、成都等社工项目中留下足迹的台湾"80后"女生艾玛，就像她喜爱的蒲公英一样，一路播撒乡村振兴希望的种子。

直到约艾玛谈，试着走进她的世界之前，我根本不明白什么是社区营造，更不清楚这个板块在乡村振兴中的作用。乡建院2017年初成立社造团队时，不知道决策者中多少人清晰自己的决定。

艾玛告诉我，社造首先是"人的营造"。

和她谈过，又在山西岢岚宋家沟接触社造团队的尤彦兵、魏玲，好像有点明白些什么了。

做乡村文化、教育，抓的就是那个叫乡村"根子"的东西。现在很多乡村建设、改造、盖新民宿，但项目中那些可以称做"根子"的东西在哪里？有多少人考虑？仅靠现在乡村的留守老人、留守妇女、留守儿童，守得住根吗？有一天外出打工的青壮年突然发现，自己在城里再拼搏也找不到"根"的时候，他们重回乡村，还能找到让他们梦中牵萦的根吗？比如城里人大讲的诚信，比如家族中的互相关照互相依托，比如人与人之间起码的信任。当然，包括那些叫做"乡愁"的念想。那时，他们去哪里寻根，他们的精神只能寄托在冰冷的水泥、砖瓦之中吗？

我们这个民族呢？五千年传承下来的"孝文化""友爱""诚信"等做人做事的起码水准呢？基础呢？当城市里对"杀熟"见怪不怪，"啃老"成为时髦，"欺骗"成为一种信仰，社会稳定和健康发展的根基在哪里?

共产党从乡村走出来,在乡村中成长壮大。进了城,似乎开始慢慢丢掉一些乡村"土"的东西。当台湾地区的国民党都拾起共产党的一套,搞土改分田地给农民,在农村搞合作化性质的农协,根基稳固,从逃难孤岛到跃升为亚洲四小龙时,我们在离开乡村。

城市社区需要营造,乡村更需要营造,尤其是"人的营造"。宋家沟的孩子们有空喜欢去社造团队办公室学写毛笔字,中关村的孩子们下课跑到儿童乐园荡秋千,重庆巴山湖的孩子们跟着社造大哥哥大姐姐们学习做"鱼仙"的动漫。孩子们心中扎下的是潜移默化的文化教育,本乡本土的文化教育,是物质以外的可以称做"精神追求"的东西。这些,恰恰是城里正在渐渐丢失的、消失的。

被誉为乡建院"特种部队"的社区营造团队在村里做着事无巨细的工作,组织文艺活动、教孩子们美术音乐、引导村民做垃圾分类和环境整治、挖掘当地传统文化元素、协助村支两委开展村民管理等。这些不起眼的小事,实则是引导村民形成自组织,自己管理自己,激活村庄内生动力,让村民们用自己双手和头脑经营自己的家园,提升村庄的"软实力",从而解决乡村社区中根本性的共同体自我管理问题。

乡村振兴离不开社区营造。

第六节　微山杨村

"微山湖哎,阳光闪耀,片片白帆好像云儿飘"。山东有个微山湖,微山湖中有个微山岛。微山岛是个有故事的地方,这里的故事一讲就是3000年。岛上有座殷微子墓,微子,名启,殷帝乙长子,殷纣

王的庶兄。"微"是其封国，"子"是爵位，故称"微子"。殷灭，微子后被封宋地，以为宋公，建宋国，都于商丘。微子死后葬于宋国留邑山上，即称"微山"。隋代开凿的大运河从山边经过，漕运兴旺几千年。明初数百年黄河决口泛滥，泥沙淤塞，山周围即为湖泊，湖称"微山湖"，小山变岛，称"微山岛"。微山岛有故事，有传承，每年清明，分散在海内外的殷氏、宋氏等后人来微山岛殷微子墓祭奠先祖。

故事传承3000多年，到了2018年夏天，十几万亩野生荷花叶片随风翻舞，"香水荷花"等名贵品种引进，微山湖的荷花引来无数游客，微山岛的故事也有了新篇章。

八月初的一天，我们来到微山岛上的杨村。杨村坐落在环岛公路旁，离码头三四公里，下船离码头绕行环岛公路必经杨村。进村大牌楼上，"杨村"两个字在阳光下熠熠生辉，令人对这个村子充满期待。进村文化广场旁一排房子，推开第一间好像是会议室的大门，四排长条桌前，几个妇女、孩子手握毛笔认真涂画着，听到门开，甚至没人抬头，依然埋头作画，像是习惯了外来人的"闯入"。一个妇女和两个小女孩拿着小楷笔在废旧报纸上画"竖道"。笔持的紧，竖道画的有力，竖道间距相差不多，力道相似，不是一两天的功夫。一问，画竖道已经练了一个月。其他几位手握两只大楷毛笔，替换着在描出的线条空白处填涂颜色。绿色荷叶，粉红荷花，层层叠叠，留白有序。边上一位穿红衣服的中年妇女一会儿指点涂色的妇女掌控色度深浅，一会儿指出画竖道的女孩握笔中指不到位，看来红衣妇女是这里的老师。旁边一幅幅裱好装框的工笔画成品，荷塘、荷花、荷叶加上鲤鱼成了主角。线条、着色有点儿老道。杨村的农民画，里面肯定有故事。

杨村，位于微山岛镇东北，全村1409人，459户，分成4个村民小组，有共产党员37人，党员不少。全村500亩耕地，平均每人3分多一点儿。村里大部分青壮年外出打工，少许人以种养殖为生。南水北调东线动工，怕污染湖水，原先放在湖里的"笼养鱼虾"为主的养殖业大大减少，断了一部分以养殖为生的农家的生路。

2014年前的杨村，村内集体财务不公开不透明，村民打架斗殴、酗酒闹事、打麻将纠纷等层出不穷，村干部处理不公，威信丧失，村民多人多次联名集体上告上访，甚至闹到山东省督导组。村集体没有稳定的经济收入，成了"空壳村"。村支两委连个正经办公场所都没有，窝在两间小房子里开会，统计举手的票数还得来回跑两个屋。三十年来的单干，村庄发展无规划，致富无产业，脱贫无信心。杨村成了全县倒数第一的后进村。

微山镇党委盯上了后进杨村，盯上了在外面有稳定工作的殷昭祥。

殷昭祥很自豪自己出生在一个有红色基因的家庭。父亲殷延忠是30年代的老党员，抗战时期是杨村第一个党小组长，解放后曾任微山镇第一任党委书记，积劳成疾去世很早。母亲曾是童养媳，新中国成立后自由了，参加工作，曾任杨村党支部书记，20世纪60年代的全国"三八红旗手"。殷昭祥哥哥有残疾，住在养老康复中心，每月要2200元，两个侄子上学、工作、结婚都是他张罗。殷昭祥以前在船运公司上班，每月有几千元收入，除了家用，照顾哥哥一家也有经济力量。突然被镇里抽调回村，丢掉工作失去工资，每月仅有村干部的1000来元补贴，还要面对村里的烂摊子，殷昭祥有些想法。父亲去世早，没给他们几个孩子留下什么财产，母亲工作忙，照顾不到孩子。印象中家里仅有村里的三间旧草房。日子过的艰难，殷昭祥动过请组织照顾盖几间房子的念头，被老革命父亲、全国"三八红旗手"母亲拒绝。从此殷昭祥知道，不能为个人的事向党组织伸手。

现在党组织召唤他，要把杨村大小1400来口人交给他。想想父

母，想想全村父老乡亲，殷昭祥回村了。

2014年12月村里换届选举，殷昭祥全票当选村党支部书记兼村委会主任。

殷支书上任得给新组成的村支两委安个"家"，他找朋友捐助盖了一排新房，一间是村委会办公室，另一间是会议室，从此村里开村民会不再两间小房子跑来跑去数人头了。

村委会办公室两面墙上挂满的老照片有历史感：1951年3月31日时任县长签发的有着山东省土地房产证编号的村民"土地房产所有证"，1953年微山杨村速成班师生合影，1960年3月8日微山县出席省妇女建设社会主义积极分子代表大会合影照片，20世纪70至80年代村党员参观各种革命纪念馆的合影，有2014年底村支两委换届选举后新班子成员每年党的生日举办活动的纪念照。杨村村支两委，红色基因，传承有序。

有着红色基因传承的殷昭祥成了村支两委的核心班长，成了全村1400多人的主心骨。怎么把分田单干后的村民重新组织起来，聚拢人心，团结在村支两委周围，尽快把后进村变成先进村，成了殷昭祥和村支两委班子面临的第一个难题。

2015年县农工办张红军主任组织各个乡镇村的书记来到河南信阳平桥区郝堂村参观学习。实地考察，理论研讨，殷昭祥认可了乡建院的乡村发展理念和实操方法。在县委县政府以及微山镇的大力支持下，杨村引来乡建院团队，开始组建"杨村鑫缘旅游专业合作社"。合作社以内置金融理论方法，秉承乡建院"资金互助促发展，利息收入敬老人"的合作发展理念，在全村开展宣传培训。

用农民自己的钱帮助他们发展生产，改善生活环境，提高生活质量，是乡建村庄内置金融合作社的初衷。刚开始，村民第一次听到这种合作社都摇头，大多数人站在一边观看，毕竟要掏出自家的真金白银，毕竟交给"别人"去经营，万一亏了血本无归怎么办？

殷昭祥带头站出来，村支两委全体五名成员一起当"乡贤"，其他入社乡贤每人拿2万元三年不分红，殷昭祥和村支两委成员每人拿10万元三年不分红！随后，殷昭祥带着村支两委分头说服群众，同时给出期限：要入社的七天之内签协议拿出钱，七天后关上合作社大门。很快，村支两委每人10万元、全村52位村民每人拿出2万元当了"乡贤"，57位60岁以上老人每人3000元入社成了"长者社员"。一周内114位村支两委成员、乡贤、长者入社，合作社筹集到131万元本金。政府没有给杨村合作社任何资金，全部是村民自己拿钱成立合作社，村民完全用自己的钱组织自己的"银行"，在乡建院团队帮助其他地方做的近百个合作社中并不多见。一般政府支持做内置金融合作社会给一点种子资金，十万百万都有，杨村做合作社，政府没掏一分钱，完全靠村支两委成员和村民自己。

乡建院胡晓芹团队帮助合作社成员共同讨论制定章程，选出理事会、监事会。按照章程，为规避风险，每位乡贤可担保贷款4万元，村民每人最高贷款10万元，只限于本村村民发展生产。半年贷款利息1.2分，贷款一年利息1分。合作社总资金产生的利润55%用来壮大发展合作社经济，45%用来敬老爱老扶贫帮困。村民们以自己的房产、田地做抵押，从合作社贷款发展种养殖业，买车跑运输，搞乡村旅游，村子里热火起来。

2016年8月，杨村"鑫缘旅游专业合作社"正式成立。这家由杨村村支两委组织领导，乡建院团队帮助指导的村民自己的合作社，没要政府一分钱，依靠国家相关政策，依靠乡建院乡村发展理念，依靠李昌平创建的农村内置金融运营体系，经过三十年大包干分田单干后，

杨村分散着的村民，重新组织在合作社，组织在村支两委周围。杨村村民跟着村支两委跟着殷昭祥，开始走上一条乡村发展共同致富的新路。

合作社成立当年就贷出十几笔钱，短短几个月到年底时，给长者社员发红包大会上，县委县政府、镇领导等一众人来到杨村，亲自给每位长者社员发了200元红包，还有一袋白面一桶油。2017年底，合作社成立一年半，红包"加厚"到800元，还有白面和油，另加一箱牛奶。"红包"的变化，让村民看到重新组织起来的希望。

在村支两委办公室，我们看到厚厚五大盒合作社原始资料。成立不到两年的合作社，原始资料这么齐全完整清楚，在我们走访过的其他村庄内置金融合作社也是拔尖的。

有一张印着几十个红手印的纸吸引了我，白纸上写着"全体发起人、本届正式社员签字或盖章"，下面是几十个社员的签名和红手印。第一名殷昭祥、第二名王庆坡（村支两委成员兼会计）……字迹清晰度不同，不像是同一时间签写的，应该有先来后到，成熟一个发展一个签一个。红手印深浅不同，按手印时社员的心情也不一样吧。分开三十多年，重新入社重新当社员，他们是否还记得自己上一次当社员的情景？重新入社重新当社员，是他们尝够了"分散"之后的酸甜苦辣各种滋味后自己的断然选择。

看着这些红手印，不能不让人想起1978年安徽凤阳小岗村著名的"18个红手印"。那张红手印是"分"的开始，由集体社员向个体单干的开始。现在评价那时的"分"字，似乎还早，有些事，让历史沉淀过后再评说吧。同样的红手印，同样的自我选择，同样的历史庄严。杨村农民的红手印把"分"变成"合"，把个体变成新的集体成员。

领头人殷昭祥及村支两委成员的签名、红手印，是骄傲的，对未来充满期望、自信、坚定。村民们的签名红手印是信任，同样对未来充满期待。

另一张纸上"杨村内置金融合作社自愿入社承诺书"写着：本人自愿加入杨村内置金融合作社，与任何组织个人无关，承认合作社章程，履行社员义务，坚持利益同享、风险共担、入社自愿、退社自由的总原则。承诺人：殷昭祥；签字（红手印）；2016年7月15日。每个社员一份，合作社留存一份。

乡建院团队帮助合作社制定了严格的互助金借款申请审批流程：

借款人提交书面借款申请－互助金使用评议小组对借款申请进行初审－互助金使用评议小组牵头对借款人进行前期调查，完成简易调查报告，互助金使用评议小组评审投票—理事长审批—签订借款合同—财务部办理放贷手续—借款人凭互助金借款凭证到托管银行办理取现或转账。

在合作社原始资料中，发现一张有意思的表格《夫妻共同还款人承诺书》，上面的"共同还款人"是指借款人的配偶。承诺书第三条清晰地写着，"本人自愿作为'连带共同债务人'对借款人×××与贵社签订的编号为××××××产生的全部债务（含贷款本金、利息、逾期罚息、违约金、损失赔偿金、实现债权的费用等）"。"本人承诺与借款人承担连带赔偿责任或其他民事责任"。承诺人签名按手印。

借款人的配偶同时承担所有责任，是防范规避风险的一个重要措施，防止出现借款人配偶不掌握借贷信息，一旦出现债务问题纠缠不清甚至拒不还贷等问题。在农村"闭环"环境中明晰这样的条文，也是乡建院团队与合作社的一个小小创举吧。

村民申请贷款，也不是什么项目都能批准。合作社成立之后村民对贷款资金需求量很大，有人提出贷款买生活用的小汽车，评审小组

审查时，一致认为这项申请不符合"发展生产"的贷款原则，而且无法使贷款增值直接影响还贷。大家觉得这个项目不可靠，不能批准放贷。类似情况中，评审小组都做到了严格把关，防止还贷风险。

合作社成立两年帮助村发展生产、调整村民自家生产结构，利息利润回敬长者社员，凝聚了全村人心，也发扬了敬老爱老的孝道文化。2017年合作社共发放互助资金贷款15笔，累计金额104万元，收益11.8万元。按照章程为长者社员发放养老红包4.6万元（每人800元），留存风险金、备用金等7.2万元。两年来，村集体已有十几万的收益，再不是过去连间办公室也没有的"空壳村"。

有了农民自己的小银行，村民们从刚开始的不解、怀疑、观望，到积极参与，一些当初没入社的村民纷纷找殷书记要求入社。殷昭祥总是笑眯眯地说，不急，不急。合作社毕竟是新鲜事，有很多问题要待时间的检验，殷书记有意放慢脚步，一步一步，扎实再扎实。合作社已经得到绝大多数村民的信任，村支两委也在其中提升了威信，村民们慢慢集中到村支两委周围，心甘情愿地跟着村支两委走组织起来的共同致富之路，殷昭祥和他的同事们更有信心了。

完成了组织村民的第一步，仅仅是杨村发展的开始，殷昭祥带领大家开始做全村产业调整。南水北调东线工程建设以来，对微山湖、大运河水质要求越来越高，禁止湖里"网养"鱼虾。村里一些人没事做，一些妇女迷恋麻将，恨不得一天24小时守在麻将桌前，个别青少年也被带着迷上麻将。

在县农工办主任张红军的帮助下，村支两委联系深圳一家做培训及民宿运营企业"大舍小瓦"来村里，组织妇女儿童学习工笔画，把家乡的荷叶、荷花、鲤鱼等做在画上，企业负责派人教授作画、收购销售。村画室成立了，把妇女孩子们从麻将桌前拉下来，拿起画笔学习作画，陶冶情操，也给家里带来收入（图2-7）。

村支两委利用合作社的经济力量，开始做"大手笔"项目，集中收储了9套村民闲置房屋，以20年为期，租给"大舍小瓦"公司。公司负责人郭晓冰女士来微山岛调研了全部14个村庄，最后决定落脚杨村，除了自然环境，最看重的就是杨村合作社的市场运作以及村支两委的组织执行力。殷昭祥他们想，既然把村民重新组织起来了，必须走一条"企业+集体+农户"的

图2-7 杨村农民工笔画

发展之路，村民个体力量太弱小，不足以抗衡企业以及市场化经济的冲击。由村集体合作社代表村民个体利益与外来企业合作，是乡村发展的新路。杨村现有100来间闲置房屋，合作社收储了不到1/10，与外来企业合作的前景很大。村民把闲置房交给合作社代为管理租赁，只管收取利润，不必操心民宿改造、对外经营等自己不擅长的事。合作社在其中收取一定管理费，企业也避免了与无数单个农户打交道时的许多不确定因素。村民、村集体、企业三方共赢，三方共乐。

如今"大舍小瓦"将与合作社签约的几间闲置房改造成有"殷商"及宋国文化元素的民宿，并将成熟的培训体系引入，民宿与培训共进。我们到的那天，新民宿已经迎来第一批客人。

这只是乡村改造的第一步，合作社将分期分批收储村民手里的其他闲置房屋，交给专业团队改造经营。

合作社运行两年来，把村民手里的闲散资金、闲置房屋为代表的闲散资产、村庄旅游资源等整合、激活，管理起来，经营起来，为村民、村集体、企业带来共同发展机遇。

2014年12月杨村两委换届选举近4年，村民组织起来了，集体经济壮大了，村支两委加强了，乡村振兴平台搭建起来了，更多更精彩的戏码要上演了。县农工办把杨村列入美丽乡村项目建设，整合协调了2000万元的专项资金，用于村庄道路硬化、景观绿化、全村亮化、污水处理、管网铺设等基础设施建设，家家户户门口道路硬化，再不是以前大雨过后几天出不了门的烂泥地。硬化的道路成了村内的场院，暑至，家家户户晒荷叶。一片干荷叶能卖8毛钱，企业收购制作荷叶茶，又是一笔村民收入。文化广场亮起来了，每到傍晚，妇女们来这里跳广场舞，还跳到镇里县里参加比赛，心可齐了。全村人多地少，光靠那点地养不了一家老小，不少农户从合作社贷款做乡村旅游，购买大车跑运输，组织包工队等。村民日子越来越红火。

微山杨村，有故事有传承的杨村，乡村振兴有一条清晰的主线：

村支两委换届选举后的加强—村支两委在乡建院团队帮助下成立村庄内置金融合作社，把村民组织起来发展生产—引进美丽乡村建设项目—外来企业进入，与合作社共同致力于村庄产业结构调整，文化旅游产业进村—村民精神物质生活大变化，乡村养老、孝道文化、乡贤文化发扬光大—村民更加信任村支两委，走共同致富共同发展的乡村振兴之路。

非常赞同济宁市委原副秘书长、农工办主任崔悦亮说的，乡村振兴落地的关键有二，一是县委，二是村支部。县里引路，村里实操。杨村即是诠释。

第七节　春到宋家沟

"你好！"习近平总书记拉住张贵明老人的手。

张贵明紧紧握住总书记的手，迭声说，"总书记好！""总书记好！"

画面定格在2017年6月21日下午四点多钟，山西忻州市岢岚县宋家沟村。2天后，这段画面随着央视《新闻联播》传遍四方。

宋家沟，山西忻州岢岚县一个扶贫攻坚易地搬迁集中安置村，就此走进全国人民视野。

岢岚县委书记王志东，县政协副主席、宋家沟会战前线总指挥高常青，张贵明老人，宋家沟的乡亲们，以及协助县里做乡村建设的乡建院彭涛团队等，多次提到这个难忘的日子，多次讲述这个难忘的画面，多次回忆起习总书记在宋家沟村发出的动员令"大家和党中央一起，撸起袖子加油干"时，都是感慨万分。

一、一言难尽宋家沟

宋家沟所在的岢岚县位于晋西北黄土高原中部，忻州市的版图大县、人口小县。全县土地面积1984平方公里，其中耕地78万亩，森林覆盖率18.51%，境内以山地丘陵为主。平均海拔1443米，年平均气温6.2摄氏度，降水量约450毫米。全县辖2镇10乡202个行政村，人口8.4万，其中农业人口6.7万，常住人口不到5万。岢岚县是传统农业县，属国务院确定的吕梁山集中连片特困地区和全省扶贫开发重点县。

岢岚县是革命老区，抗战时期是山西临时省委诞生地，中国共产党领导的全国19个根据地之一，晋绥根据地发祥地。贺龙、关向应、续范亭、程子华等老一辈革命家曾在这里战斗。1942年晋绥六分区党委驻宋家沟村一带。1948年春，中国革命发生重大转折，党中央、毛

主席离开陕北，东渡黄河，转战西柏坡。4月4日，毛泽东、周恩来、任弼时三位中央领导率中央机关赴河北途径岢岚县，听取当地回报。毛泽东曾在两日内三次盛赞岢岚县，进县城时曾连说，"岢岚是个好地方"。

被毛泽东同志盛赞过的岢岚县，后来因生态环境状况恶劣，出现了产业单一，农业生产长期受困，城镇化进程滞后，经济水平低下，能源土地资源紧缺等自身制约性问题。全县人口尤其是常住人口偏少，全县有1/3以上的自然村剩下不到50人，有的乡镇常住人口仅剩千把人。岢岚县成了国家级集中连片特困地区，也成了山西省易地扶贫搬迁攻坚战的主战场之一。

岢岚县委县政府先后制定了《岢岚县县域乡村建设规划（2016—2030）》《岢岚县开展农村建筑特色风貌整治工作实施方案》等，并做了《岢岚县县域乡村调研报告》及《岢岚县县域乡村综合整治工程建设项目可行性研究报告》等田野调查。针对全县贫困人口分散，1/3自然村常住人口不足50人等情况，县里制定的总体规划"脱贫攻坚"部署中明确，抓好整村搬迁，形成"1（县城）+8（中心集镇）+N（村庄）"的城乡一体化融合发展格局，对115个深度贫困村1719户4008人，进行整体搬迁，实际搬迁4300人。

一系列乡村建设项目落地实施中，县委镇政府选定宋家沟乡所在的宋家沟村作为易地扶贫搬迁的一个集中安置点。

宋家沟村位于岢岚县城东12公里处，209国道和忻保高速公路沿村南而过，下高速不过十来分钟就进村，是全县的东大门。村庄位于河谷地带，北侧为荷叶坪山余脉，临近全国唯一遗存的宋代长城。2016年乡村整治前，全村户籍244户，人口583人，60岁以上210人，占常住人口的60%，村庄老龄化、贫困化情况严重。

按照《岢岚县县域乡村建设规划（2016—2030）》，宋家沟村委专项整治型B类村组行，建设内容涵盖扶贫移民安置建设，特色建筑风貌整治，公共基础设施建设，垃圾污水及畜禽粪便治理，新建公厕、公共浴室，村庄绿化、亮化，河道整治和饮用水安全等。

同时，村庄改造后，要满足2017年搬迁145户265人来宋家沟居住生活生产的要求。这部分易地扶贫搬迁居民要利用专项资金建房，按每人20平方米的标准建设移民安置房，政府统一为其装修和配置家具。

在全县总体布局上，宋家沟属于"1+8=N"易地扶贫搬迁安置中的"8"，即中心集镇安置点。而在战略部署上，宋家沟这个集中安置点在县委书记王志东心目中分量颇重。此时的宋家沟还有一个特殊承担。县里规划方案中，即将开发离宋家沟不远处的宋长城。岢岚县境内的这段长城，是迄今为止知道的全国唯一一段宋代长城。岢岚县自古就是太原到雁门关及内蒙古、陕西的交通要道，境内这段宋长城至今已有一千多年历史，东部便建在离宋家沟十几公里远的荷叶坪山上。这段宋长城与荷叶坪高山草甸、森林公园浑然一体，是一个历史文化与自然风光有机结合的颇有开发价值的旅游观光地。

县里规划中很重要的一个元素即是这种历史文化与自然风光相结合的乡村旅游，而从太原等地高速路下来进宋长城旅游，必经宋家沟村。

宋家沟站在了全县易地扶贫搬迁安置以及开发乡村旅游的前沿。

2016年12月10日，国务院扶贫办规划财务司副司长郑友清率队来岢岚县调研指导工作。座谈会上，规财司领导建议，按照"搬得出、稳得住、能脱贫、能发展、能致富"的易地扶贫搬迁总体思路，探索出符合县情实际的梯次搬迁、整村推进的模式。王志东书记也表了态，

扛起脱贫攻坚责任担当，与贫困群众一起，圆满完成好全县脱贫攻坚各项任务。

态表了，决心下了，任务摆在面前，全县贫困群众、各级干部，以及一些负责接收易地扶贫搬迁安置点的村民，都把眼光盯住县委县政府，盯住王志东书记。

县域内乡村怎么建设，深度贫困地区村民如何下山进镇进城异地安置的总体规划，即顶层设计已经完成。王志东书记及县里主要领导对此没有丝毫动摇，摆在他们面前最急迫的问题是如何落地，如何具体操作。

之前，县里也请过几个专业设计团队，也都表示能拿出很漂亮的规划设计图册。但这些"漂亮本本"落地实施中会遇到什么问题，能否满足村民生活生产需求，落地过程中如果要临时改变，团队能否蹲在现场共同攻克难关。现实的"落地要求"，给这些大城市来到规划设计团队带来不少难题。解决不了，他们选择放弃。另外，安置点选定后，以什么样的理念做整体设计，要让贫困群众搬得进来、住的舒服、有活可干，有稳定的收入来源，中间还有土地流转、各专项资金使用等问题，都占据着王志东书记及县里主要领导人的大脑。

王志东书记是有心人，他在微信朋友圈里偶然发现几张河北阜平县黑崖沟乡村整治的照片，富有冀中风格的乡村民居引起他的注意，再看文字，项目的规划设计建设主体方是乡建院团队。他马上找来乡建院有关资料研究，同时发现当月即2016年12月26日，乡建院在河南信阳市郝堂村有每个月例行的"乡村复兴讲坛"。王书记立刻派县政协副主席、县美丽乡村建设总指挥高常青带几个人去郝堂村参加当月的讲坛。

"郝堂·乡村复兴讲坛"是乡建院2016年3月开始创办，每月底在郝堂村举行。这是一个乡建院着力打造的乡建思想交流和切磋落地实操方法的有效平台。讲坛开班两年多，已连续举办超过30场，全国各地赶来的学员5000多人。讲坛邀请中央党校教授、三农问题专家学者、项目实施地的村干部以及乡建院规划设计、内置金融、社区营造等团队负责人分享乡建心得。奋战在乡村振兴第一线的各县市乡镇村干部，以及关注相关理论研究及落地实操的人们参与研讨。乡建院院长、著名三农问题专家李昌平亲自授课，分享他三十多年从事三农理论研究及带领乡建院团队落地实操的理念经验。

2016年12月26日"郝堂·乡村复兴讲坛"上，高常青他们接触到乡建院"乡村持续发展工作室"彭涛团队，知道王志东书记关注过的河北阜平县黑崖沟建设项目，就有这个团队参加。

这个时间点，是要记入岢岚县易地扶贫搬迁、农村建筑特色风貌整治大事记中的。按照山西省忻州市的规划，农村建筑特色风貌整治工作与易地扶贫搬迁结合在一起，尤其在贫困群众异地安置点建设上，这两个方面的工作有高度结合。这种结合，恰恰是宋家沟项目要做出来的。而在这个时间节点上，有乡建院的身影。

和乡建院"搭上关系"半个月后的2017年1月12—13日，王志东书记亲率包括高常青副主席在内的几位县领导，以及县财政、住建、农委、水利、环保、林业、扶贫部门及几个乡镇党委书记组成的新农村建设考察组一行，赴河北阜平县乡建院所做的龙泉关镇黑崖沟、骆驼湾村考察调研。

考察中，王志东书记等听取了乡建院薛振冰副院长及彭涛、李明初等人，以及两个村子的第一书记关于新农村建设发展理念、规划设计特色、项目实操运营、内置金融合作社、环境整治等方面的讲解。王书记对乡建院团队在乡村建设中的激情、对乡建发展的探索、对推

动未来乡村变化所做的工作予以充分肯定和赞扬。他对考察组成员发出"坐而论道不如起而行之"的号召，一场新战役即将在宋家沟在岢岚县打响。

二、创奇迹的180天

采访宋家沟项目时，常听县里领导及承担任务的乡建院"乡村持续发展工作室"彭涛团队讲到"180天""77天"。在他们的工作笔记以及项目实施进度表上，"时间"二字内涵很丰富，分量极重。所谓"180天"，即指从2016年12月26日高长青副主席一行在郝堂村与乡建院初见的"缘分"开始，到习总书记2017年6月21日来到宋家沟，半年，180天。还有个"77天"，应该是从乡建院进驻项目点并开始考察，规划设计到基本完工的"抢工期"的时间。不管是"180天"还是"77天"，对岢岚县、乡建院来说，都是不可忘却的，都是创奇迹的。

我想按照这些难忘的时间节点来记述这段不凡的过程。

（一）2017年2月

早在一个多月前的2016年12月26日郝堂村见面时，高常青副主席便代表县里邀请乡建院团队赴岢岚县调研考察，因当时团队在其他地区项目点上走不开，加上春节放假、乡建院年会等，2017年2月中旬乡建院团队才来到岢岚县。

王志东书记可没有白白"浪费"春节前的宝贵时光，他带领县里一行人赴河北阜平县黑崖沟考察。亲眼所见、亲耳所闻，乡建院的乡建理念、运行机制及乡建内涵等，都引起了王志东书记等人的"共鸣"，这为后来的宋家沟项目、岢岚全县域项目实施，打下思想认识基础。没有这种"共鸣""共识"，宋家沟乃至全县域的项目不可能顺利进行，也就没有创奇迹的"180天"，没有村民们的认可，没有习总书记的赞扬。

2017年2月14日，乡建院"乡村持续发展工作室"彭涛团队来到岢岚县，来到宋家沟。

三天调研中，乡建院和县里达成几个共识：

"先做减法，再做加法"的新搬迁模式。优先梳理可调配的使用空间，再进行安置。先做减法，就是先把能空出来的土地、房子清理好。第一是梳理公共空间，把公共空间和老百姓的院落空间进行分开，优先开始施工公共空间和节点。此项不牵涉到村民个人利益，可快速推进，同时做出设计施工样板，让村民们直观地"跟踪"项目落地的全过程，做到对乡建院的规划设计、施工、监理质量，以及政府的决心信心"一目了然"。第二是入户改造私人空间，尤其是选出部分不安全住房进行改造，避免大规模拆除重建。第三则是民房和公共建筑的风格统一。

"深入调研，现场测绘，村庄权属核实"。针对当前大部分村庄出现的权属不清晰、基础地形图缺乏的状况，乡建院和政府共同深入调研，完成村庄权属的摸底工作。在岢岚县已经做了大量宅基地界线确权等基础性工作后，进一步完善村庄宅基地数据实地核对、居住院落权属、公共街巷测绘核实等。宋家沟村共核实统计316个编号，其中95个是公共空间，221个居住空间，总面积38215.07平方米，总用地面积183943.01平方米，其中公共空间用地面积106014平方米，占总用地的58%。基准数据及村庄权属的核实，为规划设计及落地施工都打下科学、坚实的基础。上述一些细致工作是在3月份规划设计阶段完善充实的。

三天调研后，乡建院乡村持续发展工作室拿出初步的项目意见书。很有意思的是，乡建院团队来宋家沟等村镇考察调研的第二天，

即2月15日，王志东书记带领县里几位领导及职能部门负责人又一次来到宋家沟，直接听取了乡建院团队刚刚调研一天并不成熟更谈不上完善的"前期考察调研情况"汇报，"迫不及待"地针对项目规划设计、资金统筹、政策使用、项目推进等具体工作提出指导性意见和建议。

请注意，这里有几个重要信息：

其一，县里等不及"全部、完整"的规划设计，哪怕仅仅是考察调研一天的情况下，就急着听汇报，就此可以看出王志东书记对项目建设的期望值之高，开始给乡建院团队"有形"的压力。

其二，项目刚刚提出，规划设计还没有落在纸上，王书记作为全县一把手，已经把整合协调各方资金，尤其是相关专项资金的"资金统筹"职责，清晰地摆在自己、其他县领导及乡建院团队面前。贫困地区资金经费紧张是常态，也是各种"美好"愿景落地的瓶颈，看多了乡建建设中"资金统筹"的困境和无奈，宋家沟项目还未正式启动，王书记便将此揽入自己及其他县领导的"职责"范围之内，令人敬重，也着实为他捏了把汗。

其三，政策使用不多说了，县里早已出台十几项关于"脱贫攻坚惠民政策"，从"教育扶贫""民政救助""住房保障农村危房改造""健康医疗""农业农机支持保护""就业培训"等规定，林林总总，做了大量"基础性"政策准备。

其四，"项目推进"直接放在王书记案头，也就是说，乡建院团队在宋家沟在岢岚县做的所有项目，作为县里一把手，会亲自跟进、推进。

宋家沟乃至岢岚县全县的此轮乡村建设，只许成功，不许出任何岔子。至少，在王书记的态度中，看到了县委、县政府这样的决心。

调研报告上交县里的第二天，即2月18日晚上，县里打电话告知，已经批准了项目规划意见书，请乡建院团队尽快进驻宋家沟。

2月19日，乡建院团队先遣组彭自新、李明初、贾海鹏一行三人来到宋家沟，开始项目规划设计。此时团队负责人彭涛在安徽另一个项目上，暂时下不来，几天后也赶到宋家沟。

2月25日第一期规划设计报告送到县里，并开始对接施工队进驻。

（二）2017年3月

3月3日，宋家沟项目（准确地说应该是岢岚县项目第一阶段）正式开始破土动工。

2月19日团队进驻调研到3月3日开始施工，中间仅有十来天，宋家沟旧村改造及易地扶贫搬迁安置点项目建设全部规划设计来不及完善，意味着宋家沟乃至后来的县域其他点线面的项目，几乎都是在"边规划设计、边施工、边调整"之中稳步推进，彭涛称其为"动态规划，动态落地"。

宋家沟项目已落实，乡建院团队大部分骨干力量相继入驻。他们的工作方法是现场测绘、现场汇报、现场指导施工队。这些"现场"综合在一起，构成彭涛团队以及乡建院其他团队的基本工作方法。他们向县里以及市里汇报都是在现场，摊开图纸，指着施工工地，讲解、看现场、再回到图纸，统一思想。包括县乡镇村四级领导、乡建院以及施工方都要统一。彭涛他们说，要把乡建院的设计图纸装到施工队的脑子里，让他们在施工现场用乡建院规划设计理念去教育、影响、说服村干部和村民。

宋家沟的规划意图，是彭涛他们和县里一些主要领导共同商讨出来的。根据县里介绍的具体情况以及前期准备工作，乡建院团队提了一个大致思路，达成一致，落地中再行调整，没有问题就先干，边干边调整设计，指导落地施工。后来，省委骆惠宁书记在全省一次农村工作会议上肯定了这一做法，叫做"边谋划，边规划，边干事"（图2-8）。

彭涛团队在做规划设计时，还有一个技术特点，即"一村一册，一户一图"。村庄功能区位不同，地理环境、人口结构等都有差异，根据每个村的特点制定起规划设计图册，而不是搞"千村一面"，本来就是乡建院团队受村民及农村基层干部欢迎的特点之一。村里每家每户情况各异，很多村民的宅基地

图2-8　王志东书记和彭涛等在一线办公

边界都不清晰，各家各户未来的生产、经营设想也不同，有的想经营餐馆、农家乐，有的想卖土特产，有的想做剪纸等本地传统民俗文化传播。住宅和经营内容功能不同，设计出来的图纸当然要满足每家每户村民的意愿需求。李昌平院长早在郝堂村建设初期就说过，村庄是村民的，房子是村民自家住的，规划设计当然要听村民的意见。乡建院这一设计理念和大多数城市规划设计院做乡村，做出"排排坐"的统一房屋设计完全不同，后者的设计理念在大多数村庄、村民那里根本行不通。乡建院的所有项目都遵循"一村一册一户一图"的设计理念，村民们高兴，村干部放心，游客看着新鲜养眼。新乡建，必有新理念。

忻州市李俊明书记本就是住建部门干部出身，是住建内行，一下子就懂了乡建院的"苦心"，立刻把"一村一册一户一图"这一技术特点在现场会上放大传播。

（三）4月15日

4月15日这个时间节点，对打赢宋家沟战役有特殊意义。

相识郝堂村已经3个半月，宋家沟战役开打也有一个来月，进展还顺利，问题仍很多。关键是，从这个时间节点开始，此役已有新的节奏，加快，加快，更快。

采访中，很多当事人不能确定自己是哪个时间以什么样的方式知道"上面"有要人来宋家沟视察的消息，只是感觉到来自"上面"的压力越来越大。

"上面"的压力还好说，来自"下面"的情况，更是沉甸甸压在忻州市委书记李俊明心头。

忻州市是全国18个集中连片贫困地区之一，全市14个县（市区）中，竟有11个属于国家扶贫开发工作重点县，即国家级贫困县，占全省35个国家级贫困县的31.4%。忻州市11个国家级贫困县中，6个县分别属于燕山—太行山、吕梁山连片特困地区，扶贫攻坚成了忻州市"头号民生工程"。贫困面积大，贫困人口多，贫困深度深，脱贫难度大，使这个地区的扶贫攻坚战十分艰巨。

当岢岚县携手乡建院开始探索解决在以农村建筑特色风貌整治为特点的美丽乡村建设中，选择宋家沟为突破口，探索整村搬迁、易地扶贫搬迁安置的新模式。4月6日，乡建院李昌平院长，乡建院顾问、中央党校徐祥临教授、院总规划师房木生，院长助理胡晓芹、孟斯等一行来到岢岚县，和县里领导一起到宋家沟现场调研，并和王志东书记、高常青副主席等就乡村建设与治理等问题进行了座谈。李昌平院长全面介绍了乡建院相关理念和在各地的实操性实践。王书记以岢岚县农村建筑特色风貌整治与脱贫攻坚紧密结合，打造岢岚县美丽乡村的战略意图及建设步骤。双方商定以宋家沟为突破口，在全县域破解

农村发展难题，加快岢岚县农村综合改造和脱贫攻坚步伐。

李俊明书记敏锐地抓住这些新信息，宋家沟项目开工仅一个星期，便来到现场查看规划设计图纸，检查施工情况，听取县里及乡建院的现场汇报。李书记对乡建院的"组织农村、建设农村、经营农村、治理农村"非常赞同，对乡建院在宋家沟以及后续的村庄改造工程中，尊重并挖掘当地民居建设中的"青砖黄墙木檐石料"等建筑风格，尤其是在乡村民居规划设计时，展示出来的"一村一册一户一图"非常感兴趣。李俊明书记、王志东书记等边走边看，边和乡建院团队现场工作人员商讨。那时起，乡建院特殊的理念实操，已印在他脑海中。

一个月后的4月11日，李俊明书记又来到宋家沟，就农村建筑特色风貌整治及脱贫攻坚等工作实地调研。此时的宋家沟，施工已全面展开。红石基、青砖柱、黄泥墙、灰瓦顶等晋西北农村传统建筑元素得到最大程度的保留展现。住建系统出身的李书记实地详细查看民宅山墙立面、道路铺装、旧宅改造、过村河道治理等工程进展情况，询问村民感受，对照效果图听取了乡建院彭涛、房木生、胡晓芹等人的介绍。他充分肯定了乡建院的做法，并要求把乡建院创新的"一村一册一户一图"，写进忻州市整体规划，在全市扶贫攻坚及农村建筑特色风貌整治工作中全面推广。

这次调研中，李书记决定五天后的4月15日，在宋家沟举行"忻州市农村建筑特色风貌整治工作现场会"。

4月11~15日，四天四夜。

高常青后来说，这四天四夜他基本上没合眼，一直扎在工地。彭涛说，他也同样。

四天四夜，除了抓现场施工，县里和乡建院团队一起要整理总结宋家沟项目的前期规划设计、落地施工中的理念、方法、进度等，计划准备6块展板以及大量文字说明、图纸、资料，作为总指挥的高常青"压力山大"。王书记一天来一次检查，县里四大班子主要负责人连来三天。高常青说，他急过、骂过、训过，更揽了数不清的"破事""杂事"，末了，给出一句话，"我们这些人还是能做出事"。站在展板前，站在宋家沟新村大街上，细细琢磨高常青这番话，心中一热。什么样的情怀担当让这位普通干部把心扑在村民身上，扑在农村建设一线，四天四夜基本没合眼，和大家共同创造出宋家沟这个奇迹。想起他前些时候发我的微信，"困难重重但希望永在，基层的苦没有老百姓的生活苦。我们一直在致力于共享幸福，我们永远也不可能是最好的，但我们有能力越来越好，我们为什么不能让老百姓活的更有尊严？这就是我活在岢岚县的价值所在。"我的心不由自主和他、和他们一起火热起来，在宋家沟，在岢岚大地。

4月15日，忻州市农村建筑特色风貌整治工作现场会在岢岚县召开。市委李俊明书记等市领导，市住建、规划等部门负责人，各县（市区）主要领导，县市区住建局长及五台山管委会相关负责人等参加会议。

经验介绍环节有两位主要发言人，高常青副主席代表岢岚县介绍了农村建筑特色风貌整治工作的经验做法。他说，全县域第一阶段的农村建筑特色风貌整治落实在9个乡40个村，筹措资金10776万元，重点围绕宋家沟、明家沟、乔家湾等6个村子，以公共基础设施建设、垃圾分类、污水处理、河道整治、饮用水安全等为主要整治内容。彭涛介绍了乡建院的理念、规划设计特点以及落地实操经验。

高常青副主席和彭涛介绍中，都特别强调了落地实操中的一大特点：突出"一线工作法"。主要领导同志现场工作，现场解决问题，实行三天一督查、一周一观摩的"三七"工作法，同时建立奖罚同步推

动机制，实施样板现行示范带动，规划设计团队现场指导，就地解决设计方案及施工中的难题。

政府和乡建院的高度配合，无条件支持乡建院团队的规划设计和落地实操，是本次现场会的亮点之一，也是宋家沟战役乃至该村至县城沿线12个村、王家岔乡等后续阶段工作实施中的主要亮点。

高度配合，充分信任，源于彼此乡建理念的高度认同，共识重叠。岢岚县委县政府选择了乡建院，乡建院遇到岢岚县，受益的是全县域的老百姓，尤其是易地扶贫搬迁安置的贫困户们。

另一震动现场与会人员的，是"一线工作法"。以前岢岚县也找过其他大城市的规划设计团队，也能做出很漂亮的图册。但在落地实操上，却碰到很多问题，漂亮的图册"变不成"老百姓喜爱的房屋建筑和其他落地项目。乡建院团队在全国18个省市自治区做了100多个项目，最大的特点之一即是能把图册"变成"老百姓住得上的房屋，用得上的公共设施。无论是前期调研、规划设计，还是后期落地施工，乡建院团队总是和村民、村干部、县乡镇干部一起商量，听取他们的意见，分析他们的所需，一点一滴落到"图册"上，再一点一滴落到地上。一线调研，一线规划设计，一线落地施工，完全的"一线工作法"，不是那些城市规划设计院能做到的。村民的房屋新建、旧房改造，希望具备什么功能，做民宿餐饮还是自家居住；村里公共设施做什么用，凉亭、茶室、广场、展览室，一点点展现在图纸上，展现在全村老百姓面前。施工中遇到问题，可以根据实际情况连夜修改图纸，不耽误第二天施工。村民、村干部提出新要求，当场一起研究一起修图一起施工。"一线工作法"成了让村民、村干部满意，县乡镇干部放心的宝典之一。

现场会也实施了"一线工作法"，李俊明书记带领与会人员到宋家沟现场观摩，听取设计施工人员的汇报，随机走访村民了解他们的感受，听听他们的意见。

"4.15"现场会，开启了宋家沟战役的第二阶段。随后，宋家沟至县城沿线其他的11个村子，以及其他村子的乡建，同时展开。

三、决战岢岚

4月15日到5月28日，一个半月。4月15日到6月中旬，两个月。一个半月后完成宋家沟项目。两个月内，完成了宋家沟至县城沿线全部12个村子整治。

现场会前几天，李昌平院长等来岢岚时，与县里主要领导达成共识，在岢岚县域打一场以农村建筑特色风貌整治为特点的扶贫攻坚战。随着宋家沟等多个项目开始落地，乡建院派出了更多精英骨干，彭涛团队把全部力量压上，其他规划设计团队、内置金融、社区营造等团队50多人，在院总规划师房木生、院长助理胡晓芹带领下，也加入攻坚大军。

做农村项目难，落地实操最难。项目落地中的难中之难，便是和村民打交道。

乡村建设的主体之一是村民，他们的日常生活、未来希望，都落在自己的住房、院落、村子里以及土地、山林、村子周围环境中。脚跟前的自家住房，眼瞅着的村落建设，都是他们生活、生存、发展的根本。

要拆除村民的旧房，他不愿意，管什么全村规划，我个人利益最重要。要我拆迁，拿钱来，钱数不满意，别想动我的一砖一瓦。

6月份的岢岚将进入雨季，黄土高原下一场雨一个星期也进不去村。4、5月是施工的黄金时期。"4.15"现场会一开，战略一确定，上

千人的施工队伍压进宋家沟，还有几百人涌进沿线其他11个村子，乡镇干部头都大了。高常青几乎天天扎在施工现场。这个找他要主意，那边和村民谈不下去也来找他。"压力大啊!"可不是一般的感叹，12个村子的问题实实在在压在高常青头上。

乡建院团队几十人加上近2000人的施工队分散在沿线15公里的12个村里，施工工序调整，设计图纸修改定稿，人员调配，一会儿一个电话，一会儿跑一个村子，还有个别不理解的村民"拦路"。项目大，进度快，村干部跟不上了，个别村民跟不上了，矛盾来了。有几户村民个人利益得不到完全满足开始"闹事"，施工队进院就被赶出来，村干部做工作又被"轰出来"，闹的厉害了，个别村民甚至公开破坏好几处公共设施施工工地。人治法治，关键是法治。抓一个现行，行政拘留一夜，认罪了，老实了。高常青和各级干部把任务分片，一个乡干部包一片，进户进家做村民的工作。针对个别人的无理取闹，软硬兼施，反正是为村子建设，为全体村民，也是为这些"捣蛋鬼"的个人利益。还是那句话，这些人还是能做出事的。

有段时间施工进度慢了下来，高常青和彭涛分析情况后，拿出"落地"的奖惩办法。一个星期规定一个进度，超期完成质量好的评出一、二、三等奖，一等奖2万元，二等奖1.5万元，三等奖1万元。现场评比，现场兑现。完不成任务或是质量出了问题，返工不算还要罚款，最后一名罚2万元，倒数第二名罚1.5万元，倒数第三名罚1万元。办法实行了两周，看看动真格了，上百支施工队认认真真保质保量按时完成进度。6月中旬前，包括宋家沟在内的沿线12个村子整治建设工程全部完成。

资金问题是乡村建设的重中之重。按照《岢岚县县域乡村建设规划（2016—2030）》中明确的B类村庄整治要求，宋家沟村建设内容涵盖13个方面：易地扶贫搬迁安置、农村建设特色风貌整治、公共基础设施建设、垃圾分类污水处理、河道整治、饮用水安全等。

宋家沟项目以及第二期沿线其他11个村子的建设，整合了9种政策资金渠道，2种社会资金渠道。政策资金包括基础配套设施、公共设施配套及易地搬迁建房补贴资金，宅基地复垦增减挂钩资金，农村危房改造资金，地质灾害资金，垃圾分类资金，美丽乡村一事一议以奖代补资金，改善农村人居环境政府筹资贷款等。社会资金包括村民自筹资金和企业自筹资金。

其中，公共基础设施属于招投标工程，包括市政基础设施和公共景观节点，属于环境美化类，采取政策性资金和政府贷款资金结合的方式。

民房属于村内组织工程范围，包括空旧危房和安全住房。空旧住房分三类：拆除类采取补偿办法，货币补偿或宅基地置换，货币补偿采取普惠性政策每平方米补助140元。新建类需签订协议，用于安置移民，采取易地安置政策结合普惠性政策进行补助。改造提升类需签协议，用于安置本村危房户，采取"普惠政策+危改政策+自筹资金"、"自筹资金+贷款贴息+公有住房安置"多种方法补助。

不同资金渠道使用方式不同，宋家沟项目将建设内容分类，明确村内组织工程、招投标工程及自建部分，实现易地扶贫搬迁安置不举债的目标。以搬迁1户3口人60平方米住房为例，易地搬迁资金部分建房补贴人均2.5万元，配套基础设施人均补助0.75万元，配套公共服务设施人均补助0.63万元，三项资金相加人均补3.88万元，3口之家资金合计补11.64万元。第二部分建设费用分四部分：建筑按1200元/平方米，60平方米共7.2万元；装修300元/平方米，60平方米是1.8万元；家具2000元/人，3口人0.6万元；院子、围墙、大门、杂物间300元/平方

米，60平方米1.8万元。政府花12万元左右，便能安置一户3口之家住上60平方米的搬迁安置新房，3口之家补助共11.64万元，个人基本不花钱。

很多人来到宋家沟都会关注一个问题，这个被习总书记肯定的易地扶贫搬迁安置集中点，这个被山西省领导称之为"既有传统乡村文化特点又有现代化元素的美丽村庄"，政府到底花了多少钱，投入多少巨资，这样的资金投入能复制到其他地区吗？

岢岚县的回答清清楚楚：政府花了5200万，桩桩笔笔资金花在明处，经得起人民群众和领导的检查。宋家沟易地扶贫搬迁集中安置项目，收储闲置废弃房屋81处，5854平方米，宅基地17020平方米，作为移民安置用地，分6个区域安置，总用地25.5亩，建筑面积5300平方米，安置县域深度贫困地区移民313人。对全村206户原村民、15处公共建筑，共29200平方米的旧房进行提升改造。移民搬迁按人口和人均建筑面积20平方米的标准住房安置。对符合国家危房改造政策的原村民落实有关政策，每平方米住房补助140元。对无力出资且不愿贷款的无改造价值住危房的村民，以及易地扶贫搬迁来的孤寡老人，政府为每人免费提供1间20平方米左右的安全住房，可终生居住，但个人无处置权。

宋家沟统筹资金5200万元，大概分几个部分：统筹易地扶贫搬迁资金976万元，政策资金如农村危房改造等项目756.8万元，政府融资资金如改善农村人居环境贷款等3094.4万元，村民自筹324万元，企业单位自筹148.8万元。宋家沟以及后来许多村庄的易地扶贫搬迁集中安置点的建设模式，对于县域整体脱贫攻坚产生了较为深远的样板影响。

四、让村子"活"起来

乡建院乡村持续发展工作室总监彭涛是个"有心人"，宋家沟以及沿线12个村子规划设计逐次展开的同时，他开始考虑一些自己规划设计专业之外的问题。调研及现场实操中，一些村干部常问到村庄发展产业调整，村民们也十分关心旧房改造、易地搬迁后的生产前景等问题，更有不少村民发愁多养羊、种蔬菜大棚、跑运输等缺乏资金。这些都是村庄建设发展中不能忽视的重要问题，村民村干部关注的切身实际。

乡建院在发展实践中，总结出一系列自己的乡建理念和经验办法，"组织乡村、建设乡村、经营乡村、治理乡村"的综合乡建理念，对彭涛影响很大。四个元素综合考虑，才是乡村振兴发展的灵魂。李昌平院长创建的内置金融乡村金融体系以及在乡建院初露头角的社区营造等元素，被彭涛协助乡建院其他团队引到宋家沟及岢岚项目中。

早在2017年3月中旬宋家沟项目启动不久，乡建院内置金融团队便进入调研，随后李昌平院长等人在岢岚县域村庄调研，并和县领导、乡镇干部座谈，把乡村内置金融理念和当地扶贫攻坚整合在一起。

2017年4月21日，岢岚县与乡建院签订了金融扶贫互助村社体系建设框架协议，拉开双方在乡村金融扶贫方面深度合作的序幕。

签署协议的头天，2017年4月20日，岢岚县第一家内置金融合作社"岢岚县宋家沟连心惠农扶贫互助专业合作社"成立。一周后，合作社办理第一笔互助金借贷，金额不大，仅1200元，却在宋家沟、岢岚县改变了农民在金融机构无抵押物借不到款的窘境。

合作社成立第一批社员60来户，其中贫困户16户，以1000~5000元不等的资金入股。初创时合作社资金124万元，其中社员入股24万元，

政府财政投入100万元。合作社成立之后短短半年时间贷出110万元，主要用于村民发展生产，种大棚蔬菜、养羊、建筑包工、跑运输等。

2018年1月成立不到一年的合作社第一次分红，80岁以上老年社员每人发200元。村里有位老八路遗孀，还有3个五六十年代的老村干部，每人都发了200元。其余十几位60岁以上老年社员，都按章程分了红，还领了一袋米一桶油。外地搬迁来的贫困户，也给予200元的补贴。

合作社与外来企业投资的宋家沟沙棘饮料生产厂合作，企业用人不单个对村民，用工全靠合作社推荐调配。合作社理事长告诉我们，先仅易地扶贫搬迁户去打工，贫困户优先。农民有合作社做靠山，企业减少对个体的某些矛盾，合作社还有收益，三方满意，三方获益。今年夏天去宋家沟时，得知企业很快就要开工，合作社为其挑选的村民也已上岗。

宋家沟合作社有了利润，做了些公益方面的事。比如慰问老八路遗孀，给村里的老村长一些生活补贴。除了这些公益好事，当然也听到一些"意见"，有个别说怪话的。理事会商量，这些人都是为宋家沟发展出过力作过贡献的老党员老干部，现在他们老了，生活有困难，合作社看到了不能不管，这样的敬老，给全村人尤其是青年人、孩子们树立了敬老爱老的榜样，树立新村风，同样是造福后代。

村民贷款需要找担保，理事会规定，担保人一定要是"拿工资吃公家饭的"。我们有些不解，其他地方的内置金融合作社只要村里老年社员担保就行，这里为什么要强调"公家人"呢？理事长说，宋家沟是贫困村，村里旧农户贫困人口较多，加上新搬迁来的移民户，大多数家庭并不富裕，还带着贫困户的帽子，让这样的人去为他人贷款担保，假如不能按时还贷，受损失的是合作社，是全社村民，尤其是老年社员。有财政收入的人担保，可以从客观上防止还不了贷款的事发生，这也算贫困地区建内置金融农民互助合作社的经验吧。

乡建院帮助不远处的王家岔乡也建了"心连心惠农乡村旅游专业合作社"。王家岔乡境内有全国唯一遗存的一段宋长城，还有荷叶坪森林旅游资源，都处在半开发状态，旅游前景看好。王家岔乡也是县里易地扶贫搬迁集中安置点之一，搬迁来很多是老人，还有一些深山里的智障者，这些人的集中养老生存生活都要靠政府靠村集体。迁移来的极度贫困人口也给王家岔乡合作社带来新的压力。一些搬迁来的青壮年，大多只能从事种养殖，不会做其他营生，也没有资金做生意。村里土地资源有限，人口搬迁，土地应该随之流转。结果是人过来了，流转的土地一时半刻到不了位派不上用场。合作社刚刚成立，问题不少，利润收益不丰厚。借着乡建院在乡里做全域乡建，尤其是宋长城及荷叶坪旅游项目规划设计落地，村民和村干部看到了希望。

王家岔乡合作社墙上有段毛主席语录，"因为我们是为人民服务的，所以，我们如果有缺点，就不怕别人批评指出。不管是什么人，谁指出都行。只要你说的对，我们就改正。你说的办法对人民有好处，我们就照你的办"。为人民服务在贫困地区如王家岔、宋家沟，有些难度。但它立在这里，成了镜子，总有人看到照着去做。

乡建院社区营造团队驻宋家沟项目小组尤彦兵大学毕业没几年，小伙子话不多，有些腼腆，人缘却很好。村里人见了他会说，"小尤，别走了，在村里给你找个对象落户吧"。小尤脸一红，岔开话。看的多了，能感觉到小伙子不只人待在村里，心也留在宋家沟了。

社区营造做的都是些"小事""软事"，组织村民做垃圾分类、妇女成立剪纸小组、组织舞蹈队跳广场舞。孩子们喜欢挤在乡建院驻村的"协作者中心"，写毛笔字画图画。村民们有事总是爱找小尤、智艳帮忙，小尤他们很热心。

妇女们在哪里，哪里就是笑声话语声一片。早上吆喝着一起去跳广场舞，晚上吃了饭聚在广场唱唱歌，白天得空去"协作者中心"聊聊剪纸心得。

宋家沟村主街东西走向，有个好听的名字"宋前街"，看到这个名字就知道这是个有故事的村。宋家沟的"宋"是宋朝的"宋"，不是姓宋的宋，村里没有一户人家姓宋。据说早在宋朝初期，附近王家岔山上修了段宋长城，便有宋军驻在这里，不过那时还叫"顺家沟"，取顺顺利利过日子的"彩头"。宋军一驻扎，改为"宋家沟"，弘扬宋军威武，直至今日。

宋家沟、宋长城承载了太多历史太多文化。宋家沟村里民俗文化传统很浓，过年的枣花馍馍、小鸟动物花馍，还有剪纸。剪纸是村里女孩、大嫂大娘对美的心灵寄托，是美好生活的创造表现。灵动的悟性在她们手下翻滚，凝结成一幅幅剪纸。粮缸上贴"鱼"，象征家有余粮；水缸上贴"鱼"，如鱼得水，源源不竭；结婚枕头、挂面、衣领、袖边上贴"龙凤呈祥""二龙戏珠""麒麟送子""双鱼戏莲"，取个吉祥之意。

一年多前宋家沟姐妹们和其他许多地区大多数农村一样，很少有人再拿起剪刀了，不是没工夫，实在是没心情了。乡建院社区营造团队进村后，闲聊中发现村里还有少数大嫂大娘保留了这门传统手艺，和姐妹们一商量，推出剪纸"三仙女"，爱跳舞心灵手巧的任明云、农家乐老板郑仙仙（她还会做绣花鞋垫，挂满半面墙，吸引很多游客驻足）、喜欢自己创花样的吴爱兰。一花独秀、三花开放不是春，村里成立"巧娘"剪纸小组。小尤、智艳想到市场，用"市场"这个杠杆撬动村里妇女们剪纸手艺的发展。2018年春节之前，他们帮助联系到一批140幅剪纸作品的买家，组织第一批8个人创作图案完成订单。小尤、智艳帮助她们确定价格、送样审查、定稿复印、分发大家。仅此一项，熟练的姐妹一天能挣100多元。

第一笔订单成功了，村里看热闹的妇女纷纷要求成为"巧娘"，更多的姐妹拿起剪子，坐在自家炕头上就能挣到钱。县妇联带着其他村的妇女来取经，省妇联带着其他县市的姐妹来观摩，宋家沟的妇女们能不开心吗？

"巧娘"剪纸小组和村里广场舞队，一静一动，成了宋家沟姐妹们自己的组织，成了她们走出家门关心他人、关心集体、关心外面"大事"的新平台，成了承载她们更多笑容的新天地。"一静一动"的妇女组织，也为村庄发展的勃勃生机带来"内生动力"，一种自己把握命运的希望。

"协作者中心"桌上有几张孩子们写的大字，用"艺术"角度看远远达不到"艺术"的水平，看到的是孩子们一颗颗"用心"的心，村里留守儿童的一颗心。"山不在高，有仙则名"。宋家沟这座"山里"，有一群可爱的孩子。小尤、智艳、魏玲他们这些乡建院小伙伴眼里，孩子的"心"就是一个村子的希望。把孩子们组织起来，陪他们写毛笔字、画画、做剪纸，开启村里孩子们追求"美"的心灵构建。"美"扎进孩子们心里，未来将充满五颜六色的缤纷。孩子们下课了，习惯地走进"协作者中心"，拿起桌上的毛笔写点儿什么，或者和小尤哥哥他们做剪纸玩游戏。这里成了他们心灵的家。

渐渐，孩子们脸上沉寂多年的呆滞冷漠甚至不安消失了，展开原本就是这个年龄的孩子该有的无暇笑容。孩子们笑了，他们的父母、爷爷奶奶跟着笑了。

宋家沟项目一年了，村里人最大的变化之一，就是脸上的皱纹渐渐展开了。借合作社的钱跑运输、种大棚蔬菜、养羊、开农家乐，青

壮年不发愁没活儿干，老人们参加合作社成了社员，有人管了，他们走出家门，在村庄主街上、三棵树广场围坐一小堆一小堆，闲聊着村里的新鲜事，你家孩子做什么营生，他家孩子种大棚收成怎么样。暖暖的太阳照着，脸上黑红黑红的。看着他们，不知怎么想起郝堂村十年前绝望自杀的几位老人，如果他们能熬到郝堂村的今天，也会在太阳下晒的心里舒畅，脸上一定是笑着的。

孩子、老人、妇女、青壮年展开的笑脸，就是对宋家沟村一年变化的最好印证。看着村里人的变化，小尤他们也笑了。

中国当代农村改革开放开拓者之一的杜润生，十五年前曾为李昌平的《我向总理说实话》一书作序，文中感慨地说，"我们欠农民的太多了"。这个"欠"里，就有欠农民们发自内心的笑脸。

社区营造团队驻村一年多了，眼看和县里签的协议已经到期，彭涛并不想让项目小组如期撤离宋家沟。只要来村里，彭涛都会和小尤他们聊聊村里合作社、"巧娘"小组，还有孩子们，这些都是彭涛规划设计专业以外的事。是彭涛把乡建院内置金融、社区营造团队引进宋家沟、引进岢岚县，他心里，这是一盘整棋。

规划设计落地实操是彭涛手里的"硬件"，合作社、社区营造是另一只手的"软件"，一个都不能少。"组织乡村、建设乡村、经营乡村、治理乡村"的乡建整体发展理念，是乡建院的"传家宝"，更是彭涛的"宝典"之一。他这么想，也摸索着做。

前不久彭涛又回了次宋家沟，已经记不清这是项目完成后第几次回来了。他写了一段话给我，"回宋家沟很多次，这一次特别不一样。这次要对宋家沟做一次全面的回访，说实话事情完成后自己也是第一次这么系统的回访。村庄里的人越来越自信，这次见到的村民有的认识我，有的不认识。但看到他们都不像刚来时见到我那样有一种稀奇的感觉。现在村民从容了，笑脸相迎"。

彭涛也感受到了村民发自内心的从容的笑。

五、宋家沟的夏天

"我宣布，6.21宋家沟乡村旅游季（第一季）、3A景区授牌及乡村旅游研学基地挂牌仪式现在开始！"主持人话音刚落，欢腾的锣鼓声在宋家沟三棵树广场响起。

"三棵树广场"顾名思义有三颗大树，2017年春天乡建院团队刚进宋家沟时，就把这里规划成村民活动的中心广场。广场一侧有三棵大树，枝叶繁茂。这样的大树在南方很普通，但在黄土高坡的宋家沟却是村民的宝。彭涛他们在三棵树旁建了个长廊，村民们可以傍着大树坐在长廊闲聊休息，看着村里大嫂大妈们穿着五颜六色漂亮衣服跳广场舞（图2-9）。

2018年6月21日，是习近平总书记视察宋家沟一周年的日子，三棵树广场涌来几千号人，除了宋家沟本村的，好多是县里其他乡镇、甚至外县赶来的。大家要看看一年前习总书记视察过的山村到底啥模样。一大早不到七点，警察就封锁了村子所有进出口，大小汽车一律不准进村，任你哪方神圣，都要走着进村，走在进村几公里长的街道上，多感受些村民们的喜庆之气。一连四天的庆祝活动，警察们从早上7点到晚上11点都将守着路口维持秩序。他们辛苦，村民们也辛苦，昔日破旧的宋家沟，一年多前的春天开始转身变形，要飞起来了。

田大叔乐了，大早上起来就在自家铺面门口支上摊子，自己生产的小米、羊眼豆、干豆角、红芸豆摊开，乐呵呵接待游客。田大叔大名田爱虎，早年在外地工作，退休了回老家宋家沟，去年引种了"沁州黄"好品种，好吃，但产量低，一亩也就打个600来斤。去年收了

图2-9　欢腾的宋家沟

3000多斤小米，除了自家吃，乡建院团队帮助打出"有乡"牌子，网上卖火了，刚过了春节就全部售光，如今连自家留着吃的也卖出去了。田大叔笑着说，今年已经多种了，还有几家看着心动，也从田大叔这里弄了些种子。几家人田里还没收割，已经有熟客提前打招呼预定，看来乡建院又要帮着田大叔和村民忙上一阵子了。忙归忙，田大叔高兴，村民们笑了，乡建院的小伙伴跟着开心。

　　李大叔也乐了。李大叔家就在三棵树广场旁边，开了个卖凉粉的小店，老婆、女儿在后院赶着做凉粉，他在大门口卖。老李原在外面打工，年纪越来越大，干不动了，听说老家宋家沟改造，回来守着一家人卖凉粉。去年6月宋家沟开始有了外面来的游客，老李去年卖了1

万多块钱，虽说比不上外面打工挣钱，但在家门口卖的凉粉行市看着涨，今年肯定比去年强。我问他今天上午卖了多少钱，老李笑了，不多，才200多块。庆祝活动4天，老李不得卖个两千多啊。在村里卖凉粉有市有价，老李今年收入一定比去年强。今年是旅游节的第一季，明年是第二季，后年……

大嫂也笑了。大嫂叫靳焕女，她家从主街向北边进一条小路，挨着"协作者中心"不远，也成了中心里的常客。时不时和姐妹们在中心碰头开个小会，商量下一个广场舞选什么曲子，明早上几点开始练习。跳广场舞的姐妹们建了微信群，相约着一起跳舞唱歌，一起参加县里做的活动。昨天下午我们刚到村里，就被广场上一群跳舞的妇女吸引。大嫂站在队伍前面，随着伴奏音乐吹着哨子，一会儿比划动作，一会儿严肃地指点队伍里的某个人，口中哨音引着改变舞蹈队形，俨然一个指挥官。一遍舞下来，大嫂显然不大满意，评说了几句，又开始排练。我问她，明天你们参加庆典开幕式？大嫂沉下脸，说县里做大活动，已经安排了专业人演出，不让她们村的舞蹈队上场。大嫂马上又说，年初我们在县里参加广场舞比赛获了个优秀奖，县妇联奖了台便携式广场扩音器，就是她们现在用的这台。得了奖姐妹们高兴，可在谁家给扩音器充电呢？大嫂又揽了下来，自告奋勇说我家那位支持我跳舞，上我家充电吧。

我不喜欢城里广场的舞蹈群，太吵，扰民。我喜欢村里跳广场舞的姐妹们。这些年我跑过不少村子，凡凋敝了的乡下，村里冷冷清清，妇女们大多关在自家屋里，自扫门前雪都困难。但凡组织起来的村子，广场舞队可少不了。早晚活动活动，赶上村里大日子，姐妹们跳的更来劲。几个月前在湖北鄂州张远村，赶上村合作社分红大会，会后全村聚餐。张远村的姐妹们一口气为村民跳了五支广场舞，换了

三套演出行头，一套比一套漂亮养眼。

跳广场舞是要笑的，大嫂带的宋家沟广场舞队，有些姐妹表情严肃了点，可能看着我们这些"外来人"有点紧张。大嫂马上说，都笑起来，笑起来！姐妹们真听招呼，都笑了，那种内心生发出来的笑。

村里的姐妹们笑了，老人孩子笑了，青壮年笑了，外来游客也笑了。人们拥挤在宋家沟街上，散落在村里。县里请来的锣鼓队、宋朝服饰的历史情景表演队，间插着穿过大街，游客们纷纷拍照，发个微信一下子传到周边村镇、县城，更远的地方。

两天后见岢岚新闻报道，开幕式活动预计做四天，头两天小小的宋家沟竟涌进2.8万人！四天活动下来，不知多少人在宋家沟感受乡村振兴给当地带来的巨变。

岢岚县这个晋北黄土高原上的小县，全县人口不过8.5万人，常住人口不到5万人，两天竟有2.8万人来宋家沟，恐怕不止岢岚县，周边县市甚至太原省城都有人来吧。宋家沟村这个忻州市首个乡村旅游3A级景区，这两天旅游收入达17.6万元。

宋家沟乡村旅游季开幕式上王志东书记讲到，希望大家要铭记6月21日这一天，把习总书记的思想、党中央脱贫攻坚的好政策，变成"撸起袖子加油干"的干劲，让我们的生活芝麻开花节节高，一天更比一天好。在脱贫攻坚的路上，绝不会让一个群众掉队，绝不落下一村一户一人。

去年宋家沟及岢岚县域农村建筑特色风貌整治时，高常青就是前线总指挥，这几天的旅游季开幕式活动，他仍然是总指挥。眼看着宋家沟巨变，岢岚县巨变，他比别人更多一番感慨。他微信给我：我们岢岚县地下无煤、无矿，历史农耕，贫瘠久远，有青山绿水，还有长期也脱离不了贫困的老百姓。搬出来，稳不住。我们顶着成为历史罪人的风险，长痛不如短痛，破釜沉舟，壮士断腕，鞠躬尽瘁，就是要彻底改变贫穷。如果还让老百姓处于深山野沟原始状态，我们就是罪人。党中央就是要实现让老百姓住上好房子，接受好教育，改变成好习惯，过上好日子的以人民为中心的发展思想。人民群众对美好生活的向往就是我们的奋斗目标。我们义无反顾、责无旁贷。困难重重，但希望永在，基层条件艰苦没有老百姓的生活苦。我们一直在致力于共享幸福，我们永远也不能是最好的，但我们有能力越来越好，我们为什么不能让老百姓活的更有尊严？这就是我活在岢岚县的价值所在。

对宋家沟落笔这么多，我自己也没想到。不只是因为三个月里我两次来宋家沟，也不是因为这里是一年前习总书记到过的村子。我是带着问题来宋家沟的。

四十多年前我曾在太行山东麓当兵，对山里老百姓的艰难日子耿耿于怀。当时不理解建国二十多年来的太行老区人民为什么一天的口粮不到1斤毛粮！干一天活儿工分仅8分钱！妇女还挣不到这个数。不理解半斤粮票五毛钱的"派饭"，在老乡那里成了大事，还得四处借粮给来吃"派饭"的军人尽点儿心意。山里麦子长不到1尺半，坡上的水渠年年修年年塌，就是引不来人民渴望的清水。

同样的山区，同样的山村，解放六十多年的山西岢岚县，竟有超过2/3的人常年在外地打工，县里贫困人口占了大多数。走进习总书记去过的阳坪乡赵家洼，破败的土窑洞，裂着大缝的木门，坍塌了的土坯院墙。最主要是村里的地，一看就是没有肥力没什么希望的那种，看着是土，长不上多少庄稼。

高常青副主席说这就是"一方水土养不活一方人"的时候，我心里痛痛的。太行东端西端的山村，一样贫困，一样令人心疼。空喊"人

定胜天"的年代，老百姓窝在原地，继承着世代的贫穷。分了地散了人心的三十多年里，山里村民们走向何处？扶贫攻坚战在山西在忻州在岢岚不是一般的硬仗，不是拿出一般性政策条文，喊几句口号，派几个工作组下乡包村，任命几个乡村"第一书记"就能解开的硬结。

我为岢岚县而来，为这里的老百姓而来，为岢岚县乡镇村领导和普通易地扶贫搬迁移民而来。看了，听了，想了，便有话要说，便有文字出来。虽不及所思所想之万一，也是我真情流露。为乡建院在岢岚县的努力，为村民看得到的未来，为岢岚县上下一众做实事替百姓着想的干部，有什么就说出来。

第三章

乡建路上

2011年4月，我们一行人走进河南信阳市平桥区职业教育集团公共实训基地。

这所建在农村人力资源富足之地的实训基地，把目光投注农村广大年轻人，突破他们进城务工技术缺乏收入低下的瓶颈，吸引国内外著名企业落户建立实训课堂，成了承接农村年轻人梦想和国内外一些企业所需人才之间的"平桥"。

按照时任平桥区区长、后任区委书记王继军的说法，要为农村年轻人就业寻找一条新的职业培训道路。

进实训基地大门，道路两旁一块块农田和果园中，矗立着一尊雕像，夕阳之下，汉白玉雕像微微泛着光，静谧、沉重。

我不禁好奇地问同行的平桥区科技局局长禹明善，这是谁的雕像？

"晏阳初"，禹局长说。

我不熟悉的名字，起码在此次踏进信阳市平桥区之前，从未听过这个名字。

"一位民国时期的乡村教育家"，禹局长补充一句。

乡村教育，百年前的乡村教育。

随后，我在禹局长办公室书架上搜索到介绍晏阳初、梁漱溟、黄炎培等乡村教育大家的书籍。

一扇百年乡村教育与乡村建设之门打开。

第一节　百年乡建

20世纪20年代至30年代，一批致力于中国变革的志士仁人不约而同将目光投向广袤的中国农村，投向几亿俯首在军阀混战和脚下那片苦难土地上的农民。

这一历史时期，中国共产党和革命知识分子从乡建改良派道路中汲取经验教训，以马克思理论与中国社会实情相结合，开始探索适合中国国情的革命之路。正是在中国乡村运动"黄金十年"期间，中国共产党调整自己的政治路线，从单纯倚重城市工人暴动起义，转向开辟广袤农村战场，发动最广大的农民群众，开创一条"以农村包围城市，最终取得全国胜利"的民族解放之路。井冈红旗从贫穷落后的中国中部罗霄山脉，飘扬到祖国除台湾省以外的所有国土。

在北方，北京往南230多公里的河北定县（现为定州），县城向西约15公里，有个曾闻名全国的村庄翟城村，这里曾有中国最早的村民组织，有中国乡村建设领军人物之一的晏阳初带来的"平教会"。翟城，传奇式村庄，注定在中国百年乡建史上留下重要印记，成为新一代乡建人膜拜的圣殿。

20世纪初，翟城村乡贤米鉴三及其子、留学日本回来的米迪刚，在村里创办新式学校，着重于民众识字和公民教育。定县县长孙发绪受到启发，推广翟城实验，把定县建成了模范县。翟城、定县先后成为地方改良的有力样板，也为晏阳初及"平教会"打下社会基础。

曾留学美国的晏阳初博士1923年在北京创办"中华平民教育促进会"（简称"平教会"），并于1929年受米鉴三父子力邀，举家从北京迁居河北定县，"平教会"总部机关与全体成员及家属随即也前往定县。当时一批又一批留学生、大学生、教授、学者和医务工作者，为了探

索一条用教育改造社会的道路，离开生活舒适的大城市，纷纷奔赴条件艰苦的农村，参加晏阳初等人的"定县实验"，形成世人瞩目的"博士下乡"与农民为伍的新形势。

晏阳初说，"自北京迁到定县，不是地理上几百里的距离，实在跨越了十几个世纪的时间"。

他和"平教会"团队帮助当地农民发展种养殖业，有了当地农民引以为傲的"定县猪""定县来亨鸡"等优良品种，改善了当地农民生活。

在翟城、定县乡村建设实践基础上，晏阳初总结出了著名的"晏阳初九条"：

（1）民为邦本，本固邦宁；

（2）深入民间，认识问题研究问题，协助平民解决问题；

（3）要与平民打成一片；

（4）向平民学习；

（5）与平民共同商讨乡建工作；

（6）不要坚持自己的成见，应当因时因地因人而施；

（7）不迁就社会，应该赶上社会；

（8）乡建是方法，发扬平民的潜在力，使他们自力更生；

（9）言必行，行必果。

近十年时间里，晏阳初在定县从事乡村教育、平民教育，为定县留下大量有形无形的财产。20世纪70年代遍及中国农村的"赤脚医生"以及相关的培养，部分承袭了晏阳初在定县的实践经验；据80年代统计，定县（今定州市）是河北省内唯一一个无文盲县，包括农民。90年代后期在很多农村推行的村官直选等政治体制改革的试点，也有当年定县经验的影子（图3-1）。

晏阳初后移居美国，致力于向全世界推广他的乡村教育理念，并担任联合国教科教文组织顾问，在世界许多欠发达国家推行类似的乡村教育计划，得到相应国家的广泛尊敬，被誉为"世界平民教育运动之父"。

然而，直到20世纪80年代，晏阳初才渐渐为他家乡的人们，尤其是新中国成立后出生人们所知。一些从事农村问题研究的社会学者如温铁

图3-1 晏阳初画像

军等人，将晏阳初在中国大陆中断了的乡村教育、乡村建设道路继续下去，成立了晏阳初平民教育乡村建设委员会、晏阳初乡村建设学院、晏阳初研究会等社会组织，开始新一轮乡村建设的研究探索和落地实施。

著名学者、社会活动家梁漱溟一直以"儒家"置身现实生活，将儒家思想与实践不断融合，提出将现实文化中先进之处，与中国儒家伦理道德相结合。为此，他将这些理论思考运用于乡村建设实践。

1931年3月，梁漱溟在山东邹平县成立"山东乡村建设研究院"，引导一条"乡村建设运动实是图谋中国社会积极建设的运动"，"必走乡村建设之路者，即谓必走振兴农业以引发工业之路；换言之，即必从复兴农村入手"。研究院致力于"研究乡村自治及一切乡村建设问题，并培养乡村自治及乡村服务人才，以期知道本省乡村建设之实践"。

他明确提出了区别于政党和其他政治派别的乡建理论并积极践行，乃至成为他政治思想的重要组成部分。乡村建设有赖于乡民的自觉自愿，"农民自觉，就是要乡下人明白在乡村的事情要自己干，乡村建设之事，必皆为本地人自己为归"。他以为，乡村建设中广大农民只有拥有这种高度的自觉意识，才能有动力和压力推动乡村建设与发展。梁漱溟坚信，乡村建设需要外部力量的引导和帮助，这是为知识

分子下乡指明了方向。

八十多年前梁漱溟先生的观点同样适用于21世纪解决"三农"问题，而且，有一些新乡建人已经在努力实践中。

同时期致力于推动乡建的社会知名人士还有黄炎培、陶行知、卢作孚等人。定县县长孙发绪调任山西省长后，将定县乡村教育和"平教会"经验推广到山西全省。后阎锡山也曾继续在山西推广平民教育和乡村建设。

新四军著名将领彭雪枫五叔彭禹廷，在家乡河南镇平县培训小学教师，建养老院，创办村治学院、平均田赋等，成了"宛西自治"运动领袖，曾被当时的乡村建设派奉为"样板"。他本人在乡建派中享有较高声誉。

以晏阳初的定县经验、梁漱溟的邹平等地乡村建设实践为代表的中国"黄金十年"乡建运动，终因1937年抗战全面爆发而终结。

说百年前的平民教育乡村建设是被"逼出来"的一点儿也不过分，无论是米鉴三父子在家乡做的"自救"，还是晏阳初、梁漱溟等从城市下乡的"救济"，缘由只有一个，"由于近年来的乡村破坏而激起来的是救济乡村运动（梁漱溟：《乡村建设理论》1937年）"。而另一位当时的乡村运动实践者、江苏省立教育院院长高阳则以为自己所推动之实践，"像江河的来源一样，不止一个。不过它有一个主要的来源，就是由于民族自救或救国的要求"。

20世纪20至30年代中国社会尤其是乡村混乱、败坏、崩溃到何程度，不用笔者再多着墨。只说这外来者"救济"而加入乡建运动行列的，多是对时政不满甚至愤慨而毅然投入其中。河南镇平彭禹廷深受冯玉祥器重，却断然辞职返乡，推动以"自卫、自治、自富"为特点的"宛西自治"。创办河南村治学院，就是在他1927年因母丧回乡，却在途中"阻于匪乱，滞留十八日，始得动身，及抵里，其母已殡，由是于匪盗之横暴，切齿腐心"。而且，不断有乡中长者来诉匪情惨状，有人跪下请求，老婆婆哭诉哀告，闹成一片。这是一个"自救"而投身"黄金十年乡村建设运动"的典型。

现在看来，这些实验在理论与实践上都有不同程度的缺陷，有历史原因、个人因素，更有当时中国社会贫弱累积、各种社会矛盾错综复杂等客观因素，但他们的贡献却为世人所肯定。首先，他们认定农村为我国社会的基本，欲从改进农村下手，以改进整个社会。其次，他们确实在农村中实践不谓艰苦为农民谋福利，亦令人起敬。他们的探索，更为中国共产党人和革命知识分子提供有益的启示：中国社会既然不能走改良主义道路，就必然走革命之路。

谈到国民党在大陆失败的原因时，很多人会提到国民党没有开展土改，没有争取农民，从而失去了农民的支持。相反，共产党在20世纪40年代后期轰轰烈烈搞大规模土改，打土豪分田地，农民翻身做主人，农民分到了土地，参加革命保卫胜利果实。才有几十万东北分得土地的农民参军入关，东北野战军（四野）从1946年出关时的11万人，三年内发展到百万大军，辽沈战役、平津战役，从东北一路打到海南岛。而在华中战场上，200多万翻身农民推起小车支援淮海战役，解放军取得战略性的胜利。

国民党并不是不想搞土改，也看到了几亿农民这支关系到国家政治走向的中国社会阶层力量。孙中山先生的"耕者有其田"理想众所周知，1912年国民党成立之初其《党纲》就明确提出通过平均地权，实现各耕者有其田的民生主义土地政策。蒋介石政府1930年颁布《土地法》，并声称该法是"国民政府为谋中国土地问题之解决，特依国民党政纲之规定与孙中山先生遗教制定的"。但在这部法中，明确规定了

地主对土地的私有权，不再坚持"平均地权"，背离了孙中山先生民生主义的思想。

20世纪40年代末解放战争时期，共产党在解放区实行新的土地政策，掀起大规模土地改革运动。国民党深知中共的土地政策对于广大农民的革命动员作用，因而一直在研究对策，其基本方针，是以国家政策实现和平的有偿的地权转换，扶植自耕农，实现耕者有其田。国民党积极地实施了一系列政策，包括重新修订《土地法》，针对解放区土改的《绥靖区土地处理办法》等。国民党甚至在1947年成立了土地改革协会，并于1948年2月通过了《土地改革方案》。

这个方案在序言中说，"中国土地改革协会有鉴于我国当前土地问题之严重，已成为一切祸乱的根源，和民族生死存亡的关键，而政府现行有关土地的政策与法令，并不足以根本解决这个问题，如果不急求彻底而普遍的改革，实有非常恐怖的后果"。

由此可以看出，国民党政府中确有一些人非常重视农民及土地问题，并试图通过彻底的土地改革，解决农民问题，来安定社会，拉拢广大农民，以此对抗中共在解放区掀起的土地改革。

既然已经把土地和农民问题提到关乎国民党生存的重要地位，但践行了吗？结果呢？连当时全文转载该方案的美国《基督教科学箴言报》都说，此项改革方案，甚为重要，应视中国政府能否实行，以为美国对华继续援助之条件。就是说，该报提醒美国政府，把对国民党政府的经济援助，放在其是否切实进行土地改革这个大前提之下考虑。

国民党在实施这些法规之时，实行了"二五减租"等办法。"二五减租"源自1926年国民党的《最近政纲》中规定，"减轻佃农田租百分之二十五"，统称"二五减租"。但因蒋介石1927年"4.12"反革命大屠杀，中国共产党人及其拥护者的广大农民群众，被推向其反面，"二五减租"政策磕磕绊绊，除了在浙江省做出一点儿样子外，全省大部分地区以及全国其他省份均未实行。在中国广大农村中，地主阶级占据了绝大多数土地，代表地主阶级利益的国民党，怎么可能向"自己人"开刀，从地主手里"拿来"土地分给贫困的农户、佃户？国民党仅存的包括"二五减租"在内的改良主义火星如流星般转瞬而逝，飞灰湮灭。国民党的阶级属性决定其在大陆实行的这番土地改革必然失败，这一结果是历史必然。

败退台湾地区一隅之后，蒋介石痛下决心，在台湾地区从北到南开始做"温和的、和平的"土改，其核心是"赎买"。政府利用土地债券从地主手里买地，再让农民用数年时间分期付款的方式从政府手里低价买地。农民得到土地，地主得到资金。农民"耕者有其田"，地主用资金转向工商业，资金转化为资本，加快全台湾地区工业化进程，从而推动了台湾地区经济起飞。

台湾海峡对面，中华人民共和国成立后，中国共产党率领广大农民在自己的土地上展开轰轰烈烈的农民运动，每一场运动形式上的变化，都引来农民以及与之相关人们思想理念、精神感受、组织体系以及实际利益的巨大震动，引起社会震动。

20世纪50年代开始中国农民与土地结合的合作化运动，从土地改革分得的小块土地整合为合作社生产队大集体所有，从单个农民整合成大集团体制下的一员，这一变革曾解放农村生产力，解放农民封闭已久的精神世界，释放出农村这片土地上巨大的鲜活能量，支撑着整个共和国社会主义建设初期的经济与政治基础。

二十多年后，农民们发现这种"集合"的形式变得陌生，离他们对改善生活的期盼越来越远，他们开始想变化另一种生活生产方式。在改革开放大环境中，在寻求变革的政治体制支持下，他们摸索新的

创新，新的乡建之路。小岗村出现了，联产承包制出现了，分田分地分山林分水塘，合作化的农民变成单个小农，大片的集体土地分割成碎片状的个人耕作。

变革释放出的能量在相当长时间里成了大部分农村发展的主要动力，也带来相当长时期的繁荣。

乡建之路在中国大地上，拐了个弯。

也有另一种坚持。

近一年来"南街村"三个字以及它代表的另一种乡建现象，闯进微信朋友圈，闯进人们视野，居然被网友们誉为"全国十大名村"。人们眼中，它成了农村集体经济的代名词。

人们涌入南街村，看看这个至今坚持毛泽东时代的集体化道路，村民仍然过着和几十年前一样集体经济下的生活，实现了农民的共同富裕、经济平稳发展、社会和谐、安居乐业小康生活的村庄。庄稼丰收，马路宽阔，村容整洁，鲜花遍地，农田伴着工厂、商店、职工楼、村民楼、办公楼，一座充满现代化气息的乡村都市。至今它的网站首页图标处，一群笑容满面人们的身后，有一本红色的《毛泽东选集》。

媒体给予结论，"南街人生活很幸福"。当然，也有媒体预言南街村神话将很快破灭。

同样坚持集体化道路的还有当年著名的山西昔阳县大寨，当年的大寨大队成了大寨村、大寨集团，从单纯农业经济走向了农工商一体化发展道路。近20年来经济总收入增长近200倍，500多人的小山村成了名副其实的亿元村等。

坚持走集体化道路村庄的名单还很长：河南新乡刘庄、陕西韩城市阳山庄、湖北的洪林村、江苏江阴长江村、广东深圳南岭村等，当然还有今天的"网红"陕西袁家村等。

无论喜欢不喜欢，接受不接受，南街村等代表着一条探索中的新时期乡建之路。

然而，中国的三农问题越来越严重。有专家认为未来中国社会发展中，中国将有10%的村庄最终成为城市的一部分，大约60%的村庄会逐渐凋敝，转型为生态养殖区或农机化大农庄，只有30%的村庄会保留下来，走在新乡建大道上。

村庄变迁，家园变化，农民呢？几千年来生活在村庄的农民呢？

一位自称"南瓜博士"的前央视记者刘楠，曾探访多个村庄，"我看到，衰败的村庄图景，的确真真伫立那里"。震惊之余，思索之后，她发问，"曾经撬动历史的那些鲜活奔放的乡村力量，课本上熟悉的'工农联盟'，难道都沉默如斯？无踪无迹？也许只是我们对那些乡村血脉中不同凡响的韧性视而不见？"

结论当然是否定的。

这段时间，中国还有相当多的思者、行者，认真思考中国土地上的农民、农村、农业问题。陈桂棣、春桃夫妇"当我们拿出了今天的作家已经少有的热情与冷静，走近中国的农民时，我们感到了前所未有的震撼与隐痛"。"两位作者用了两年时间，对他们所在的安徽省五十个县的农村，做了深入的地毯式的采访，研究和收集了大量有关的文献和资料，也从中央到地方，采访了一些省外的单位和个人，政要和学者，而后投入写作。从动笔，到付梓，凡两阅寒暑，三易其稿（作家何西来语）。"

著名作家何西来在为陈桂棣、春桃夫妇所著《中国农村调查》一书所做的《序》中，这样写道："自从2000年湖北监利县棋盘乡党委书记李昌平在给国务院领导的信中说了'农民真苦、农村真穷、农业真

危险'的话，深深触动了时任总理朱镕基同志的心，并引起了党中央的高度重视。自那以后，'三农'问题，成立党的各项工作的重中之重，也成为国人关注的焦点。然而，对于多数人来说，并不清楚'三农'问题到底严峻、紧迫、危险到何种程度。这一情况至今，仍然变化不大。"

此时是2003年12月。而这本以详实的田野调查和认真思考写出的《中国农村调查》在"并非尾声"的尾声中，发出呼喊，"今天，中国农村的改革，毫无疑问已经到了一个最关键、又是最困难的时期：身后无退路，脚下是雷区，改革触及了深层次的所有制问题，触及了经济体制与政治体制相结合的问题，难度都是空前的"。

说到当代乡村建设理论研究及社会实践，不能不提到一位重量级人物——温铁军。这位中国新乡村建设"导师级"人物对李昌平、孙君等新一代乡村建设思考者践行者、对禹明善等扎根农村第一线的探索者，都有巨大的影响。

温铁军是中国著名"三农"问题专家，经济学家。他在谈到中国新农村建设之时，总是把社会经济发展作为其历史背景来阐述。他说，中国20世纪20至30年代民国经济史上被称作"黄金经建十年"（中国近代乡村建设史上便被称作"黄金乡建十年"）。在中国这样一个资源相对短缺、人口相对膨胀的国家，工业化发展需要集中资源，同时导致社会矛盾的复杂性变化，甚至出现尖锐化倾向。民族工业的发展，以晏阳初、梁漱溟、黄炎培、卢作孚等一批中国早期的学者和企业家，做了大量有关工作，在安定乡村、推进村民自治、推进合作社和村民教育等方面，在中国早期工业化进程中有着积极意义。

改革开放之初的80年代，中国又一次出现工业化加速发展的历史阶段，资源重新分配，出现了新的不平衡，包括城乡之间、区域之间的各种社会矛盾越来越突出。

正是在这种社会大背景下，温铁军及其他一些致力于解决中国农村问题的专家学者以及实践者们，从80年代后期开始，在国家一些职能部门的组织、指导下，开展农村改革探索试验，"几乎涵盖了农村社会经济发展的所有方面"。但在这一时期，三农问题还没有进入广大社会人士的"法眼"，甚至三农这个特定词汇还没有出现，更不可能如今这般"网红"。

创办于2003年的"晏阳初乡村建设学院"，在晏阳初当年携"平教会"在定县做实践的旧址翟城村，温铁军亲任院长。选定这个地方，自有继承晏阳初"定县实验"的目的，也着力于研究解决20世纪80至90年代以来中国农村存在的一些根本性问题。学院创办时，村里还有一些当年听过晏阳初先生授课的村民，晏阳初的故事在翟城村在定县家喻户晓人人皆知。

几个月后学院第一期培训班开班，主题是"农村合作经济与乡村建设"，60多名学员，15天培训。他们的口号是"向着贫困落后开炮""启迪民智，培植民力"。他们记住了，农村合作社有前途。虽然几年后学院因种种客观问题没有坚持下来，但培养的多批学员回到家乡，成了各地探索新乡村建设的中坚力量。

作为主要发起人，温铁军等人于2004年在北京郊区成立"梁漱溟乡村建设中心"，其中一个重要项目就是做"农村可持续发展青年人才培养计划"。它承担了培养全国200多所高校大学生社团组织到农村去新的"上山下乡"，包括培养驻村一年的大学生志愿者。同时，也培养了一批又一批农村返乡青年的工作。中心为中国新乡村建设培养了大批人才，其中有些人来到乡建院，成为乡建第一线的一员。

在一次对韩国留学生的演讲中，温铁军对全球政治经济风险做了

一番深入的剖析之后，讲到乡村建设，他说，"做人都要防范风险，最终无外乎是每个人都睡一张床吃一碗饭，这个基本安全在哪？当然不在北京的金融街，也不在美国的华尔街，那是制造疯狂的，是掠夺世界的。我们最终的安身立命的地方在乡村。因为比较清楚全球危机是怎么一回事，那中国作为维持了几千年生存的国家来说，怎么继续维持下去？还是要稳定乡村社会，稳定农业，才有生存条件"。

农民问题，土地问题，中国农民与土地的关系，成了中国共产党不断探索的主要社会问题，成了寻找中国革命道路完成民族解放大业的基本问题之一，成了新时期探索中国三农发展之路的基本问题，成了党中央及各级党委、政府部门工作的"重中之重"。

百年乡建，艰难探索。前辈后者，志士仁人。

汇聚到21世纪的今天，乡村建设有几个重要元素值得更多人深思。

革命性的小岗村轨迹里，看到最多的是农民与土地关系转型，体制机制调整下的农民与土地关系的变革。小岗改革三十多年后，除了这些根本性问题，延伸出来的，还有农民社会地位、基层组织、集体经济、农村金融、产业调整与发展、文化传统、资本下乡以及外来力量与农村本土资源的协调整合等。

这些变量元素影响着中国社会发展的根基稳固，影响着今天的中国"三农"，影响着中国发展战略导向，影响着未来发展进程。

2017年10月习近平总书记在党的十九大报告中发出乡村振兴的战略号召，随后不久的中央农村工作会议确立了实施乡村振兴战略的20字方针，即：实施乡村振兴战略，要按照"产业兴旺、生态宜居、乡风文明、治理有效、生活富裕"的总要求，让农业成为有奔头的产业，让农民成为有吸引力的职业，让农村成为安居乐业的美丽家园。这是针对十九大提出的当前新的社会主要矛盾变化做出的战略性选择。

　　从本世纪初的社会主义新农村建设，几年前的美丽乡村建设，乡村精准扶贫，到党的十九大提出的乡村振兴战略，中国乡建之路一直在蓬勃延伸，无数中国乡建人一直在这条大路上迅跑。

　　百年乡建，百年探索。又想起毛泽东同志九十多年前在《湖南农民运动考察报告》中发出的历史性预言："目前农民运动的兴起是一个极大的问题。很短时间内，将有几万万农民从中国中部、南部、北部各省起来，其势如暴风骤雨，迅猛异常，无论什么大的力量都将压抑不住。他们将冲决一切束缚他们的罗网，朝着一切解放的路上迅跑。"九十多年前的预言，预示着一场席卷中国大地的农民革命。九十多年后重温这段话，感受到的依然是几万万农民中蕴藏着的巨大力量，"无论什么大的力量都将压抑不住"的巨大力量。这股巨大力量不是"革命"，而是"创新"。改变他们自己命运的渴望，改变中国乡村、农业现状的渴望。当渴望付诸行动，便成了"创新"，四十年前"分"了后走到今天"合"的必然创新！这一"创新"与九十多年前引起中国历史进程翻天覆地变化的"革命"，形式有异，内核完全相同。都是在解决一个中国历史进程中的根本性问题：农民与土地。

　　农民与土地。农民在社会中的地位，土地在社会发展中的重要。"农民加土地"或者说"农民与土地"，即诸社会问题中之根本的根本，基础的基础。百年前的晏阳初、梁漱溟、黄炎培等人，以及当时的国民政府、后来的台湾地区政府，看到了，实践了。中国共产党人更是秉承这一中华民族立命之宗旨，认识、探索、践行、发展。

　　新一代乡建人不可能不深思这些问题。

　　探索，是几代乡建人的梦想与实践。

　　探索的，不仅仅是一条条乡建之路。

　　探索者中，有一支特殊的队伍。

第二节　集结郝堂

　　昔日凋敝的郝堂村涅槃为今日的美丽乡村，不能不提到四位关键人物，没有他们，不会有今日的郝堂村，不会有今天的乡建院，不会有一条不同于其他乡村建设的崭新乡建之路。李昌平、王继军、孙君、禹明善，准备了十年，更长？必然，偶然？什么样的乡村情结，什么样的社会责任，什么样的理想信念。当他们四位集结郝堂村，便有了今天的郝堂故事。

一、李昌平

　　2000年3月2日深夜，湖北监利县棋盘乡党委书记、37岁的李昌平坐在桌前，铺一叠信纸，纸上抬头两个大字："总理"。他要给时任国务院总理朱镕基写一封信，一封将要震动国务院领导和中国"三农界"的一封信。

　　"我叫李昌平，今年37岁，经济学硕士，在乡镇已有17年，现任湖北省监利县棋盘乡党委书记。我怀着对党的无限忠诚、对农民的深切同情，含着泪水给您写信。我要对您说的是：现在农民真苦，农村真穷，农业真危险"。

　　泪水涌了上来。

　　一年后回忆这天晚上的场景，李昌平含泪写道：

　　"我的祖祖辈辈都是农民，我在农村工作了17年，我管理了农民17年。

　　我目睹了农民分田分地、当家做主的喜悦和弃田撂荒、背井离乡的无奈。

　　我经历过太多的悲伤：有多少农民的孩子考上了大学，因为穷而失学，他们哭，他们的父母给我下跪，求我救助，我已经记不清了；有多少农民的孩子上不起小学、初中、高中，他们哭，他们的爷爷奶奶给我下跪，求我开恩，我记不清了；有多少孩子因亲人生了病住不起医院给我下跪，求我发慈悲，我记不清了；有多少贫困老实的农民，因为有冤无处申，他们给我下跪，求我伸张正义，我记不清了。

这样的事情实在太多了……"

此刻，灯下，泪落的太多了，血早已沸腾，笔尖在信纸上飞舞，洋洋洒洒，一吐对党和人民负责的衷肠。李昌平写道："农村的现状，一、盲流如洪水。二、负担如泰山。三、债台如'珠峰'。四、干部如'蝗虫'。五、责任制如'枷锁'。六、政策如'谎言'。七、假话如'真理'。我在农村工作已经17年，先后担任过四个乡镇的书记，从来没有像现在这样沉重过。我不知道全国的情况，至少我说的情况在湖北省有一定的代表性。现在农民太苦了！农村工作太难了！农业潜在的危机太大了！

站在一个基层干部的角度，我建议中央从四个方面解决'三农问题'。"

李昌平给出四点建议：（1）坚决刹住浮夸风。（2）切实减轻农民负担。（3）强化群众监督，严治腐败，确保政令畅通，取信于民。（4）鼓励改革创新，加强调查研究，坚持从群众中来到群众中去的政策路线，制定结合实际的农村政策。

信写好后，李昌平放了几天。

他的犹豫当然有个人在体制内生存的担忧，将要迎来为此付出巨大代价的风波，不能没有心理准备。

此时正是春天，上级下达新指示，当地农民人均负担将再增加200元左右。200元在2000年农民那里绝不是小数目。去年稻谷每斤0.4元，

图3-2　李昌平在郝堂

200元相当于农民要多收多交500斤稻谷，人多地少的湖北农村，哪儿去增收这么多稻谷呢?

李昌平把这些都写进给朱总理的信里，"农民不论种不种田都必须缴纳人头费、宅基地费、自留地费，丧失劳动能力的80岁老爷爷老奶奶和刚刚出生的婴儿也一视同仁交几百元的人头负担。由于种田亏本，田无人种，负担只有往人头上加，有的村的人头负担高过500多元/人（相当2500~3000斤稻谷——笔者注）。我经常碰到老人拉着我的手痛哭流泪盼早死，小孩跪在我面前要上学的悲伤场面"。

而他，李昌平，监利县棋盘乡党委书记，当地农民乡亲的父母官，"我除了失声痛哭外，无法表达我的心情，痛苦与无奈，一切尽在哭泣中"。

　　无奈之下，他在信中向朱镕基总理哭诉，"今年农民的负担还要加，您说这是怎么回事啊！少壮去打工，剩下童与孤，又见负担长，唯望天地哭！"

　　像李昌平这样有良心的乡镇党委书记，有知性的以农民、集体及国家利益唯上的乡村基层党员干部，当不在少数！我曾亲耳听到不止一名熟悉的乡镇基层干部说，李昌平不向总理写信，我也会写的，其他有良知的乡镇基层干部也会写。

　　信写好后压在李昌平办公桌抽屉里，他有些犹豫，为自己，更为家人。那几天，发生了两件事，最终促使他义无反顾地把信发了出去。

　　第一件事，县里决定，2000年的农民负担与上年基本持平，但个别项目有所增长。这意味着，李昌平所任党委书记的棋盘乡和全县农民人均又要多负担200元钱，即多交500斤稻谷。

　　另一件事，县委要棋盘乡在全县大会上做典型发言，介绍该乡2000年经济发展的宏伟构想。"棋盘乡的材料是早就写好的，只要我照着念"，李昌平回忆道，"面对全县实况转播的镜头，我红着脸念完了材料。通篇的牛皮大话吹过之后，我感觉自己就像做贼一样，做了一件十分缺德的事，心里难过极了"。大会散后，李昌平在乡镇党委书记分组讨论会上，一改大会发言的"基调"，把监利县当前农村存在的一系列突出问题摆了出来。呼吁大家正视问题，特别是要研究并解决农民负担过重引发的恶性循环问题。

　　他的发言引起大部分乡镇党委书记的共鸣，但很快被主持讨论的人扭转了讨论方向。显然是要回避问题，希望少说问题，多唱赞歌。很快，有领导出面定调，这位领导表情严肃，语气强硬，不但回避李昌平提出的农村各种问题，还不时针对李昌平的讨论发言站起身敲打桌子，领导说自己表态是"正气十足"。

　　这两件事发生，李昌平知道"我没有理由不把给总理的信发出去了"。他不再犹豫徘徊，几天后的3月8日，他跑到县城邮局，寄出给朱镕基总理的信。

　　此时，春耕大忙，正是中央领导及各级政府部门关注农村、农业之际。

　　信发出去了，李昌平并不能干等着，作为棋盘乡党委书记，他开始按照自己的思路，和班子成员一起动手准备开始搞改革。

　　第一，组织"农业班子"，起草《棋盘乡土地使用权流转的若干规定》，在于解决弃田撂荒问题，力求做到使外出的人走得舒心，在家种田的人种的安心。

　　第二，组织"财政班子"，起草《棋盘乡高利贷管理办法》、《棋盘乡农民负担管理办法》和《棋盘乡财务管理办法》，旨在切实减轻农民负担。

　　第三，组建"组织建设班子"，制定《棋盘管干部"两考"管理办法》，尽快拿出一个精简机构和人员，民主管理干部的方案，减轻农民负担。

　　"我想在棋盘乡开展一系列深层次的改革，不管这场改革将是成功还是以失败而告终，我都要坚定地再试上一盘。这步棋我必须要走！我一定要走！我没有别的选择！"

　　信发出的第21天，监利县领导得知一个惊天大消息：棋盘乡一农民向中央写信，反映监利县农民负担过重、粮食保护价不落实等问题，中央已派人下来暗访，请当地关注此事。

　　李昌平的信发出不久，国务院成立调查组，派农业部贺军伟、潘文博两位处长来监利县微服私访。4月底，"说实话"的信发出不到两个月后，两位处长的调查报告呈送到总理案头。1万多字的调查报告在肯定了李昌平反映的事情基本属实的基础上，列出更多反映三农问题触目惊心的事件和精准的调查数据，调查报告的结论："李昌平同志实事求是地反映了当前农业、农民和农村存在的问题，情况的确严重，令人担忧。"这些问题"必须采取坚决有效的政策措施加以解决"。

半个月后，《农民日报》记者何红卫冲破地方对李昌平上书中央事情的新闻封锁，以《一位乡党委书记的心里话》为题，对信的内容进行了报道。《农民日报》同时配发编者按，开辟专栏，开展"落实党的政策，解决实际问题"的大讨论，在全国农村和基层干部中引起了强烈反响。

贺处长告诉李昌平，中央正着手研究解决农村突出问题的办法。

他在电话中关切地询问了李昌平的处境，鼓励他在棋盘乡大胆改革，并说年底还会来调查。

随后的几个月，上至省里下至监利县的方方面面，开始了对李昌平的"特殊关照"，各种各样改革成果的经验铺天盖地，只为证明那封信的不真实。而且，随着李昌平在棋盘乡大刀阔斧的改革，县里也做出姿态，确定解决"当前农村存在的突出问题"的七项重点工作：减轻农民负担；利用各种途径消化村级不良债务；精简机构和人员；撤销一切不适应生产力发展的机构；坚决按保护价敞开收购农民余粮；厉行节约，严格控制使用小车；加大农业结构调整力度，加强财源建设。

这些规定主要目的之一即减轻农民负担，这也是李昌平信中反映当前农村存在的最突出问题之一。但这些规定、意见、措施，直接指向干部群体，直接"剥夺"了他们赖以为"傲"的诸如放高利贷、安插亲友，甚至领导干部个人使用的"专项经费"等切身利益。

县里改革一出台，风向突变，李昌平几乎成了全县干部的"对立面"，断了人家的"额外财路"，断了人家的特权，有些人对李昌平恨

之入骨。一些力量对李昌平采取实质性步骤，紧锣密鼓地调查他在几个乡镇工作的"经济问题"。一时谣言四起，压力倍增。各种势力通过电话、书信、朋友带话等各种方式威胁，甚至李昌平家人也遭到来自四面八方的冷嘲热讽和社会压力。

此时，另一场噩耗悄然将至。8月9日体检中查出李昌平可能患有"转移性肝肿瘤"恶疾。临去北京治病的当夜，李昌平给时年10岁的女儿写了一封长信，"孩子，爸爸要远行了，……爸爸请你原谅，爸爸这一生没有什么钱财留给你，留下的只有无价的正义和良心！"

在北京徘徊在生死之间时，李昌平又遇到一件事，据说央视《焦点访谈》栏目记者正在去监利县的途中，县领导如临大敌。此前不久，《南方周末》头版头条报道了李昌平给总理写信引发监利县改革的事情，县里一位领导下令在当地查封报纸，扣押自费发放报纸的当事人，并亲自主持会议，专题研究如何肃清《南方周末》的"流毒"。

两大媒体引发监利县"地震"之时，北京301医院8位顶尖专家对李昌平病情进行会诊，得出"良性淋巴细胞瘤"的结论。

回到监利，只剩一条路可走。

李昌平说，"我想做一个好官，我努力了，可我失败了。

9月16日，星期六晚上，我从棋盘出发，直奔县城，一路上，我边开车边流泪。我把车子停在长江堤上，面对滚滚东逝的长江放纵自己，放声大哭起来，我要让泪水洗去我内心的痛苦、忧伤、孤独和悲凉……

晚上九点，我将一份辞职报告送到县委洪六副书记手上：

县委并转市委：

根据中央几个改革精神，我请求辞去棋盘乡党委书记的职务，下海找饭吃。请予批准。

申请人：李昌平

2000年9月16日

从洪六副书记家出来，我拨通了农业部贺军伟处长的电话，告诉他自己已辞职，即将南下打工。贺处长沉默了好长时间说不出话来。……好半天，电话里传来贺处长激动的声音：'昌平，我真的很伤心，请记住，北京有你的朋友和同志叫贺军伟。'贺军伟的话足以让我感动一辈子!"

时间久长近二十年过去了，人们早已淡忘了取消农业税之前那段"农民真苦，农村真穷，农业真危险"的时日，忘记了有那么一批扎根中国土地上的乡镇、村庄基层干部，为农民、农村、农业大声疾呼的"位卑未敢忘忧国"的清晰身影。

还是那句话，发现问题并不难，针砭时政也成了时髦话题，发几句牢骚，编几个段子，朋友圈一发，完事。

谁愿意扑下身子，扎到土地上，和农民、农村基层干部一起找到解决这些问题的办法，烧上一把火，除却旧弊，趟一条新路，像我尊敬的一位区委书记所说，"为民族留下退避之地"。

我敬重李昌平，敬重这样一大批未敢忘忧且在乡建路上不断思考、探路的人们。

二、王继军

最欣赏王继军的三句话"农村是有价值的，农民是有尊严的，农业是有前途的"。他自己说，是因为对李昌平著名的三句话"农民真苦，农村真穷，农业真危险"有保留。王继军的三句话出自2012年前

185

后，"郝堂·茶人家"项目开启后的第二年，应该是针对郝堂项目初见成效有感而发，不是对着李昌平，二者相差十几年的看法，社会环境早已变化没可比性。

王继军，时任河南信阳市平桥区区长，2011年"郝堂·茶人家"项目开启半年后，出任平桥区委书记。河南许昌人，哲学博士。原省编办来信阳的挂职干部，原定挂职期满，他没有"回归"省直机关，选择留在平桥，一干就是二十年。

二十年信阳政治生涯，他应该有自己的自豪和遗憾，我们关注的，只是围绕后来的郝堂乡村建设，挖掘一些他头脑中的东西，和落在地上"做出来"的实践。

当社会上几乎大多数人都对城镇化感兴趣时，王继军关注的重点移到农村，也许因为河南是农业大省，信阳、平桥更是农村人口占大多数的地区。他曾说过，"为什么我们城市化过程中出现那么多难以解决的问题，与我们对农村的认识出现偏差有关。如果建设城市的过程中，同时也能够注重农村的话，那么农民也不会急于到他不能很好生存的城市中去"。努力争取到将平桥区列为市里的农村可持续发展试验区，乃至整合各方力量做成一个全国闻名的"郝堂村"，该是对他此番话的一个实践诠释。这个实践，他和他的同事们（包括禹明善），准备了十多年。

王继军在平桥的实践，尤其是从信阳罗山等县任职后重回平桥区的2007年开始，后十年实践围绕的主题是"社会建设"，他解释为"社会进步体系建设"。2011年平桥区第四次党代会，他出任区委书记，会议主题便是"加强社会建设，促进社会进步"。当时，全国2900多个县区党委换届报告，平桥区是唯一在报告中使用"社会建设"概念的。

而五年前的2006年10月中央十六届六中全会上，即把"社会建设"摆到与"政治建设、经济建设、文化建设"同等重要的地位。那时起，王继军区长就在研究"社会建设"问题，他以为，市场经济体系下出现的一系列社会问题一些社会现象，暴露出人们在获得经济利益之后，自身的社会保障和社会地位却每况愈下，对社会越来越失望也就把包括道德、规范、价值、理想等本应在一个"共同体"中客观存在的东西不当一回事了。

作为一个地区的主管，既然看到问题，就要做点儿什么，解决问题。王继军开始行动。

（一）社会进步体系建设的第一阶段

平桥区区长王继军的"社会进步体系建设"步伐，迈得十分清晰，虽然艰难，许多时候得不到理解，甚至引来某些铺天盖地的"负面报道"，他还是坚持做下去。

1. 知识经济与现代思想论坛

平桥区各级干部案头书柜里，大多有六本一套蓝色封面的《启蒙与开放》。平桥区委书记王继军主编的这套数百万字的六本书，记录着十年间160多位专家学者在平桥区"知识经济与现代思想论坛（简称"思想论坛"）"做的报告。

20世纪90年代后期，平桥区正处于"撤县建市"时期，王继军从河南省编办来信阳平桥区（那时还叫"信阳县"）挂职科技副县长（副区长）。上任不久，便在区委区政府支持下，于改革开放20周年的1998年，创办了"思想论坛"。当时的想法是准备请100名各学科国内顶尖的专家、教授、学者讲授现代理论知识，传播先进的思想和文化。

王继军很理性，"我不能期望每一个人都对理论感兴趣，更不能期望每一次讲座都产生很大影响或明显的效果。我只是告诫自己，把论

坛办下去已构成我事业的重要组成部分。区长是我的职业，有一份职责在里面。论坛是我的事业，有一份挚爱在里面"。

十几年间论坛的受众者：平桥区乡镇村干部、大学生村官，以及区委区政府的官员们。后来，论坛得到信阳市委领导的认可，信阳市委市直机关处以上干部也加入受众之列。

十几年间的授课者包括：

原中国市场经济研究会会长王珏；

曾任中国社会科学院农村经济研究所所长、著名农业专家陈吉元；

国务院发展研究中心学术委员会副主任吴敬琏；

原中宣部部长、国务院农村发展研究中心副主任朱厚泽；

著名作家二月河；

中国人民大学教授、晏阳初乡村建设学院理事长兼院长、著名三农专家温铁军；

老舍之子、文学家舒乙；

还有李昌平、孙君等160多人。

从市场经济到农村发展、从生态文明到文化艺术，改革开放的方方面面，一股股清流涌进干部们心河。

论坛开办十年后的2008年，为纪念改革开放30周年，平桥区委决定分期出版论坛授课数百万字厚厚六本《启蒙与开放》系列丛书，发给全区干部学习。

累积十几年的授课已经深深根植于受众者内心深处，潜移默化着他们的思维方式和言行举止，是对全区各级干部的思想准备，准备在改革开放的新时期迈出新步伐。这种铺垫与奠基，正是成就郝堂新乡建的基石之一。

后来王继军曾和朋友说，论坛的直接成果之一，即是没有和李昌平、孙君"擦肩而过"。

2009年4月17日，论坛邀请李昌平做"农业发展阶段新农村建设及其策略"的报告。李昌平报告中讲到新农村建设的第一个突破口——突破土地、金融和社会保障。王继军说，"这是给我们一个理论支撑"。

李昌平讲课的前两天，2009年4月15日上午，信阳市领导请王继军去，告诉他市里已经决定确定平桥区为"农村改革发展综合实验区"的新型先试县区，这与王继军的"社会进步体系建设"不谋而合，真要把路子捋一捋，弄清怎么做，走什么新路子的时候，李昌平来到平桥。李昌平讲到农村发展"金融瓶颈"以及如何解决的探讨实践问题，深深触动了王继军。

几次畅谈后，王继军下决心请李昌平老师来平桥做落地实操的新乡村建设，就从李昌平老师创立的内置金融合作社、从年初发展瓶颈的乡村金融做起。区科技局局长、农村可持续发展试验区办公室主任禹明善先与李昌平详谈，不久，王继军代表平桥区政府与李昌平正式签订协议，请其做区政府顾问（图3.2-1）。

王继军请李昌平留下来，去平桥各地方走走，选定一两个村子做他创导的"农村内置金融合作社"的试点。

李昌平留了下来，一留就是十年，走进平桥农村，走进郝堂村，创办郝堂村"夕阳红养老资金互助合作社"。

合作社创建一年半后，李昌平请孙君来平桥。王继军请孙君在思想论坛上讲讲他的湖北谷城县五山镇堰河村的"五山经验"。

随后，就有了王继军、禹明善与李昌平、孙君等合作的"郝堂·茶人家"乡村建设项目。

2. 平桥区村卫生室

《新京报》2009年6月11日以"信阳全市3000个乡村强推别墅级卫生

室"为题，批评了包括平桥在内的信阳市"强推别墅级乡村卫生室"，并特别说明建设图纸统一"来自信阳市平桥区"，而且，该行动"是对信阳市平桥区普及标准化卫生室经验的推广"。当时，全国各大网络媒体，英国、日本等国外媒体也相应报道此事。

严格说，"强推"村卫生室建设，不是王继军的首创，时任平桥区委书记张明春说，"改变农民贫困的命运，就得先改变村卫生室"。张书记曾走访区内贫困人口家庭，做过统计，全区"63%的贫困家庭都是因病致贫，或因病返贫"。

不管《新京报》等多家媒体几乎众口一致地"诘问"平桥区、信阳市的"别墅级村卫生室"，先看看张明春书记、王继军区长做的几件事。

平桥区2007年开始谋划解决农民看病难、看病贵，农村卫生室留不住人才的问题，计划两年完成。此事落地有二，一是全区村村建卫生室，另一是把全区506名村医分期分批送到郑州大学第一附属医院进行一个学期的培训。同时给村医买了养老保险、责任事故险，彻底解除村医的后顾之忧。

做这项工作目的之一，是为"减少农民开支"。与各地大喊"增加农民收入"相比，"减少农民开支"不啻是另一种保护农民切身利益的办法。村卫生室建立后，农民大多不再外出求医，大病重病有卫生室与县区医院联系，直送就诊治疗。我们在郝堂村卫生室，看到整洁干净的诊室，就诊台、基本医疗器具及常用药都是区里统一配送。完整的全村村民医疗档案，院内墙上"新农合村民报销"表格数字一清二楚。平桥区统一的标准：每个村卫生室投资15万~16万元，建筑面积126平方米，占地300多平方米。从这几个数字上看，村级卫生室能是"别墅级"的吗？我们在郝堂村看到的村级卫生室不过是几间普通的平房，外立面、内装饰，还赶不上村里稍好些的农舍"规格"。而全区乡村卫生室与郝堂村的都是一个图纸，建筑大同小异。村医学习的人均培训费7000元，全部由区政府出资。王继军对村医说，"你们再不好好给农民看病，一是你们真没良心了，二是农民真没活路了"。

至于"强推建别墅级卫生室"的大帽子，一次接受采访再次受到记者诘问时，王继军给记者提了个问题，"为什么我们的干部可以在高干病房看病，高干病房一次又一次地改造升级，单间变套间还嫌不够，还要搞恒温恒湿。而农民老百姓为什么只能在破茅屋里看病？！农民的就医环境改善了，你无法替天行道心里就不舒服不是？你是抱着一个什么样的心态来问我这个问题、报道这个问题？你想当救世主？你看到老百姓越穷，你的救世主观念越重，你越感到是站在道德的高地为人民说话？如果这样，你的心里是阴暗的、丑陋的"。

自这番话报道出去后，关于这件事的负面报道几乎没有了。王继军说，把村卫生室建成别墅级整洁、宽敞、方便，经得起时间、历史和群众检验。

3. 乡镇图书馆

与村卫生室一样，平桥区2009年开始构建的乡镇图书馆，建设初期也曾遭到多家媒体甚至主流媒体的质疑。《人民日报》《光明日报》《中华读书报》等平面媒体，人民网、凤凰网、新浪网等网络媒体都做过报道，大多数是质疑，70%做了负面报道。质疑声中一句话很突出，"政府'烧钱'建形象工程"。

平桥区乡镇图书馆，一张图纸下来，每座建筑面积821.26平方米，外形像一本打开的书，灰色基调，在乡镇众多建筑群中格外抢眼。平桥区共建了18个乡镇图书馆，花了4000多万元。这笔投入相当于中西部地区一个省全年对图书馆的投入。

面对媒体的"轰炸"，平桥区未作任何正面回应，"因为不值得回应，如果回应，就把我们的决策水平降低到质疑者的认识水平上来了"。王继军和一位记者交谈时说，"图书馆里不可能有很多人，正因为读书人少，正因为没有人读书，才建图书馆。如果图书馆像菜市场一样人来人往，效益可观的话，还用我们建吗?""我们做的是二三十年以后的事情，我深信二三十年后，平桥区的乡镇图书馆一定会培育出为祖国作出杰出贡献的人物"。

我们不对平桥区花4000多万元建18个乡镇图书馆作评价，讲一件事，20世纪上半叶美国经济大萧条时期，罗斯福总统挤出钱来在全国建了11万座图书馆。

图书馆不仅是看书的地方，还是一个信息交流、民主议政的公共开放空间。如有疑问，可去郝堂村图书馆一观。

建村卫生室解决身体健康问题，建乡镇图书馆解决精神健康问题。

4. 职业教育与实训基地

2011年4月，参加"郝堂·茶人家"项目论证会一行人走进平桥区实训基地。迎面两尊雕像，看着眼生。平桥区科技局局长禹明善说，一尊是晏阳初，一尊是黄炎培，两位民国时期著名教育家，尤其是乡村教育。

当今社会最大问题之一是就业，有工作意味着有收入，有收入就能改善生活，浅显的道理。可在农村大量初中、高中毕业升不了学，这些失业的年轻人闲晃无事，社会就要麻烦了。

2008年开始部署的平桥区职业教育尤其是建实训基地，请来省内外甚至国外著名企业落户实训基地，几个月或稍长时间下来，初中、高中毕业生学到"实操"的本事，培训结束可以直接进那些大企业工作。青年人学习知识本领顺利就业，企业也避免了新入职员工操作不顺利的困境。

平桥区做到了职业教育和技能培训双免费，农村贫困人家的孩子，在基地免费受教育学本事。王继军在省委书记卢展工、省人大等组织的座谈会上，三次讲到平桥的职业教育。时任河南省长郭庚茂参观实训基地后予以肯定，并要求全省推广。

王继军在全省大会上发言，我有一个梦想，就是让平桥初中毕业升不了高中，高中毕业升不了大学的孩子都能免费上中职、高职。城乡退伍军人、城镇零就业家庭人员，只要愿意，政府就出钱培训。

平桥区实训基地播散着乡村教育的希望之火。

（二）践行郝堂

平桥区的思想论坛、村卫生室、乡镇图书馆、实训基地，其重要意义之一，在于为创建国家级美丽乡村示范村郝堂，做了精神物质上的准备，厚重的铺垫。

为什么会有一个郝堂？为什么平桥区会出一个郝堂？

无数记者媒体人几乎都会问王继军这个问题。

王继军回答，郝堂是在平桥区社会建设中的探索实践。

他说，建一个让大家去看看的村子。

他还说，农村是民族的退避之地，如何建设这个退避之地，用什么方式、方法来建，请看郝堂。

我参加了2011年4月24日平桥区"郝堂·茶人家"项目论证会，和王继军区长在内的区、乡镇、村干部们、村民代表听了李昌平、孙君、陶康华教授等专家学者的意见建议。

满满的信息充盈之后，王继军区长发言："真的非常感动，一个小小平桥引来了这么多专家学者，来为平桥的发展献计献策。听了大家发言之后，我感到大家已经对这个项目达成共识，这个共识源于一个

共同的梦——建设我们美好的乡村家园！这是我们共同合作的基础。我曾跟很多人说，一定要相信这个世界上有无私奉献的人，有乐于奉献的人。今天在座的各位都是为社会发展进步无私奉献的人，真诚奉献的人！我相信，我们今天的努力，我们今天的奉献，是对中国甚至世界的可持续发展在铺路、在探索，这确实需要一种胸怀，一种抱负，一种志向。我在这里代表平桥人民谢谢各位专家！下一步，平桥要做的就是把各位专家的意见与郝堂村的实际结合起来。为此，我们愿意付出百倍努力，一定要把这个项目做的像大家在梦中梦到的那样！"

　　说罢，王继军站起身，向所有在座的人们，深深地鞠了一个躬。

图3-3　《郝堂·茶人家》论证会考察人员

全场震惊!

我看看在座的李昌平,看看所有嘉宾及当地干部、村民代表,一种称做"神圣"的东西充满所有人眼中。不是每个人都有乡村情结,都有美丽乡村之梦,更不是每个人都有机会能把自己的乡村情结乡村梦"做出来"。

三、孙君

1999年一个很偶然的机会,毕业于中央美院的画家孙君,"跨界"民间环保组织,成了著名民间环保组织北京地球村环境教育中心(简称"北京地球村")一名环保志愿者。十一年后他将以这个身份踏进郝堂村(图3-4)。

20世纪90年代留学美国的哲学博士廖晓义女士回国后,创办了北京地球村,在北京延庆县碓臼石村做起乡村环境教育。"我离课本越来越远,离田野越来越近。我感觉自己始终像一个孩子,在找寻精神家园,又像一粒草籽,找寻生命的大地(廖晓义语)"。

碓臼石村的实践,吸引了很多志愿者,包括画家孙君,和廖晓义一起在碓臼石村共同品味着与廖晓义同样的生命感受。

20世90年代末中国民间环保组织诞生不过六七年,大多数组织把精力放在启蒙城市人的环保意识时,廖晓义和她的团队开始

图3-4 孙君在现场

关注农村，从对农民进行环境教育入手，试图把当时还属先进、时髦的环保理念，变成农民、农村的生活常态。"试图"二字不是贬义，只是不知道当时城里人也搞不清的环境教育，应该以什么样的形式能让农民自觉接受。

不管怎样，廖晓义和她的团队在乡村坚持下来，从延庆碓臼石村到今天的四川、重庆、湖北的"乐和家园"，近二十年，始终坚持在乡村做环境教育及乡土民俗文化的传播工作。这是后话，她会与我们的主人公相见于郝堂村，用不一样的理念去碰撞，目的都是为了农民、农村。

1999年前后北京地球村在延庆碓臼石村租了2800亩山林作为环境教育基地，正式开始地球村的乡村实践。孙君作为地球村生态环保宣传画的创作者，参与到这个环境教育为主体的乡村实践。

孙君和其他环保志愿者从垃圾分类入手，教育农民把"垃圾"当做搁置错位的"资源"，从而力图改变当地农民的生活、生产行为方式。村里建了"资源分类中心"，家家户户有了分类的桶或池子，后来村里还做了简易的污水处理系统，"使村民在日常生活中接受可持续的环境教育，提高环境意识"。把村子打造成一个有着特色环境、特色农业、特色文化、特色餐饮的中国环保主义者的绿色"乌托邦"。

后来，孙君回忆其2000年前后在碓臼石村的日子，"我与我的同事就住在那里，对那里的山区、河流进行保护，对村里的道路、房进行改造，教他们做垃圾分类，教他们《弟子规》，从事剪纸，做农家饭，开展农家乐。他们每人年收入从1999年的1500元提高到2001年的2800元。这让这个村子名声远扬，甚至受到外国游客的赞誉，我同时也被大家称为'村长'"。

没两年，北京地球村志愿者撤走了，碓臼石村立刻"静下来"，游客越来越少，村民年收入又下降到不足2000元。

谁是乡村的主人，孙君弄清了。

碓臼石乡村实践失败了，孙君对新农村建设充满更多期待。他开始在全国乡村奔走，寻找一块能证明自己乡村实践理念和价值的村庄、项目点。

他跑了全国各地256个村子。

没什么人搭理。

2003年晚些的时候，孙君参加湖北襄樊市（现为襄阳市）组织的"南水北调情系京津襄手牵手"活动，结识了襄樊市谷城县五山镇党委书记余宝军。余宝军请孙君去五山镇给村干部们讲讲环境保护，讲讲新农村建设。那时孙君的身份是民间环保组织"北京绿十字文化传播中心"发起人。

五山镇所有镇、乡村干部都来听课。堰河村支书闵洪彦，人称"闵黑子"，不爱听城里人讲乡下的事，远远坐在会议室最后一排，随时准备打瞌睡。

孙君讲了一会儿，闵黑子觉得还能听下去，慢慢往前挪了几排。听着听着，他挪到第一排，紧盯着孙君老师。

听完课，闵黑子凑到孙君身边，"你搞新农村建设，能帮着把我们村的茶叶卖出去吗？我们那里的春茶很好，可30元一斤都没人买"。

孙君说："这好办，你们先把村里的垃圾分类做起来，把村子茶园搞干净了，人家收茶的来了一看，这个村子茶园干净，茶一定不错，肯定会买你们的茶。"

闵黑子说："你到我们村去吧，去做新农村。"

堰河村位于五山镇以西3公里，当时全村225户，910口人，耕地550亩，茶园700亩，年人均收入2000多元，当地茶叶一般卖到30多元

一斤。

在镇党委支持下，堰河村开始"生态文明新农村建设"。切入点选在哪儿？

孙君说："从垃圾分类做起吧。"

"垃圾分类？"

余宝军、闵黑子和其他乡镇、村干部，以及所有村民面面相觑。2003年夏秋之际，城里人还没搞清垃圾分类这个文明词呢，鄂西北这个偏僻的小山村能做垃圾分类？

好山好水出好茶，茶叶对生态环境要求很高，这是大家后来才悟出这个道理的。余宝军、闵黑子和村民们既然接受孙君进村做试点，就毫无保留地接受了他的理念。

余宝军亲自主持村民动员大会，他说，村里要做三件事：垃圾分类；建绿色茶园；处理全村生活以及集中养猪的污水。我们只要做好这三件事，就有可能致富，致富是头等大事。

会开的很热闹，余宝军书记还给大家唱了两首歌，村民热烈鼓掌。几年后余宝军告诉我，当时堰河村的村民和其他村子一样，看干部的眼神都是怪怪的，冷漠、怀疑、不信任。现在你在去堰河，注意到没有，现在堰河人，不，我们整个五山镇村民的眼睛里流露出一种平和、温情，看见我们都是笑眯眯的。这种眼神的变化，只有我们基层干部感受最深。

全村动起来了。

有一户人家没行动，家里院子里还是很脏乱。孙君去他家串门说："你这儿有空地种点花吧。"过了几天孙君又去了，院子空地上栽了些山上移来的野花，再看看四周的垃圾没了。这家人不好意思地说，"这么漂亮的花，旁边再有垃圾就不好看了"。

"美和丑不能共存,你为他打开'美'的一扇门,他自己就关闭了'丑'的那扇窗",孙君很高兴。

我说:"孙君,你很聪明,也有点狡猾。"

孙君很认真地说:"在农村做事,你不能对村干部、村民指手画脚,很多话只能说一半,让他们自己能明白自然就会主动去做。"

这种让农民自己想明白主动去做的方法,孙君延续到以后做乡村中去,王台村、问安镇,直到河南信阳平桥区的郝堂村。

堰河村的垃圾分类虽有反复,终归坚持下来。随手分好垃圾成了他们的生活习惯,连村里的孩子们都说,"乱扔垃圾的不是我们堰河人!城里人才乱扔垃圾"。

闵黑子和村民们眼看着靠自己把村子弄干净了,"分"了十几年来第一次看到大家"合起来"的力量,他们要求做更多的事了。

五山镇党委、政府和孙君以及北京绿十字专家团队,开始在堰河村做"生态文明新村建设规划",从垃圾分类入手,探索一产转三产,发展起农家乐,创茶叶品牌,增加村民收入,提高生活品质,一步步走过来。原先闵黑子对"茶经济"的纠结,终于有了"解扣"的希望。清洁环境,改良茶叶品种,以茶为绿色经济切入口,从绿色生活走向绿色生产。堰河茶从几十元一斤没人买,到后来茶王大赛,评选出的茶王一斤竟卖到1980元!

一个初夏午间,我们几个朋友坐在堰河村口山坡上银杏山庄后院小竹凳上,山风拂过,身边不时走过上山采茶的妇女、学生,五颜六色的服装点缀在绿绿的茶树中间,舞动着丰收的韵律。竹桌上一杯杯清茶,大家都奇怪为什么城里买的茶沏出来浑浊,不像这般清澈。老板娘骄傲了,我们这儿山好水好环境好,茶就好了。

堰河村新农村建设作出成绩,余宝军在全五山镇其他几个村子推

广，也从垃圾分类做起。很快，他们和孙君团队一起总结出《五山经验》。

2004年12月12日下午，北京大学资源大厦"天下讲坛"，专题是：五山乡村实践与梦想。

余宝军、孙君分享了自己在五山、堰河的探索改革心路。闵洪彦支书一口浓浓的鄂西北山区方言不大好懂，可与会者还是记住了他掷地有声的一句话，"我说话没水平，但我今天讲的话没水分"。

那一夜，孙君失眠了。

他想起一个人，一个20世纪20至30年代被誉为与爱因斯坦齐名、被誉为世界上影响最大的十个人之一的晏阳初先生。当初，自己为了追随晏阳初先生的理念，曾16次去河北定县翟城村，去晏阳初和"平教会"当年做平民教育和乡村建设的地方，访问当年接受过晏阳初先生教诲的老人，以及他们的后人，一遍遍听他们讲当年晏阳初和他的追随者们在翟城村、在定县大大小小的故事。

今夜，他为自己沿晏阳初先生的脚步，坚守在新农村建设的路上前行而骄傲。

孙君后来画了一幅油画，一个戴着草帽挂条毛巾笑眯眯的老农充满画面，他取名《堰河村的老牛倌》。我怎么看怎么觉得老牛倌那么像孙君呢？难不成这是他的自画像？

孙君一直没正面回答我。

成立乡建院以后，这幅油画有时会出现在乡建院办公室。

四、禹明善

禹明善爱读书，从当乡村教师到坐上平桥区研究室主任、区委办公室副主任位子，他书柜里的书总是随着职务变化、兴趣爱好不断增加。20世纪80年代做乡村教师时，他的梦想是做名好老师，书柜里多是些教育史、教育心理学方面的书。读了书，工作中琢磨，也写了些体会之类的文章，被平桥区（那时还叫信阳县）教育局看中，借调上来些材料。写着写着，被县政府发现，借调县政府，还是写材料。写着写着，被爱思考问题爱读书的县长发现。跟着县长下乡调研，越来越多的关注农村，研究农村，思考农村（图3-5）。

出任区办公室副主任时，结识了刚从省编办挂职锻炼任科技副县长的王继军。县长、禹明善、王继军，年龄相仿，思考关注的问题相近，便一起坐坐分享阅读乐趣，讨论"形而上"的问题。三个人社会

图3-5 禹明善在村里

理想浓，想做些改变社会的实事，于是成了朋友。这是在2000~2002年间，王继军还没有出任区政府一把手，还不能把他对社会问题的思考变成"要把社会当回事"的践行。

变化在2002年，王继军挂职期满不想回省城，去了信阳市下面的罗山、固始任县委副书记。

禹明善来到平桥区五里店办事处任党委书记，就是那个郝堂村所在的办事处。命运的变化，也让他的书柜藏书悄然变化。增加了许多在读民国教育史时"结识"的晏阳初、梁漱溟、陶行知、黄炎培等人的书。顺着"教育史"读下去，知道这些民国时期的乡村教育大家，还是著名的社会活动家，社会改革者。这些人渐渐在禹明善心里扎下根，碰撞上他身在农村乡镇党委书记的身份。从晏阳初、梁漱溟等人，慢慢捋到现今乡村建设研究第一线的温铁军、邱建生、何慧丽等老师，也知道了李昌平、孙君。李昌平《我向总理说实话》深深打动禹明善，自己碰到的农村现实问题、思考中的一些疑惑，李昌平书中几乎都讲到了。沉重的农民赋税，凋敝的农村现状，越走越窄的农业发展道路，平桥和李昌平家乡湖北监利县都是一样。李昌平说出了他心里憋了很久的话，以致多年后他遇到李昌平、遇到乡建院，他突然冒出句，"李昌平不给总理写信，我也要写的"。看着他一脸认真，我默默点头。

禹明善不仅爱读书爱思考，更喜欢刨根问底，不找到答疑解惑的办法，不会善罢甘休。

任五里店办事处党委书记期间，他几乎把大部分时间用在研究农村问题上。他去过浙江安吉等新农村建设典型，去过南街村、大寨村，去过孙君做的五山镇堰河村五次。每次去堰河村都是带着问题，都希望能恰巧碰到孙君老师。可能是缘分没到，命运注定他们一定相聚郝堂村，郝堂村才是他们的"缘"。偶然的机会他看到孙君的乡村建设随笔，真正的随笔，候机室、候车室，随时随地写几笔的文字。孙君很勤奋，几乎天天以"随笔"的形式记录一天做乡建的大小事情。什么时候出发去堰河村，去宜昌市枝江县关山庙等地，搭什么车子，遇到什么人，和村干部说了啥，孙君都会忠实记在随身带的本子上。后来，这些"随笔"样的文章集结成著名的《农道》《农理》等书。禹明善跑堰河村，看孙君的"随笔"，开始和孙君老师"神交"。他曾带着一些乡镇村干部跑到堰河村学习，干部们说，什么时候我们也做个堰河这样的村子。

这个时期，他还读了温铁军的《黄河边的中国》，陈桂棣、春桃的《中国农民调查》等。他关注温铁军不只是他的书，还有他和同行者们在河北定县晏阳初当年做乡村教育的翟城村建立的"晏阳初乡村建设学院"的实践。有一次听说温铁军老师将在武汉华中科技大学讲课，他便开车两个来小时赶过去听了一堂课，再连夜赶回平桥。

后来温铁军、邱建生他们在定县做的学院被迫关门，并听到温铁军对年轻人说，"在我这一代有生之年是看不到解决中国三农问题希望了，要看你们的了"。禹明善心头蒙上厚厚的灰色。

2007年7月初王继军调回平桥任区长，来到五里店看望禹明善。两个都想做一番"社会建设"大事的人，手又握在一起。不久，禹明善调到区里任科技局局长兼任区农村可持续发展试验区办公室主任，他们开始策划村卫生室、乡镇图书馆、实训基地等落在"地上"的实事。

平桥区"思想论坛"开办不久，他们不约而同想到李昌平，可找不到李老师的联系方式，不知道李昌平在何处。一次，著名三农问题专家于建嵘老师来"思想论坛"讲课后，禹明善陪同吃饭，他问于老

师是否认识李昌平。于老师当着他们的面拨通了李昌平的电话。李昌平老师很爽快答应来论坛讲课。两周后，李昌平来了。这是2009年4月中旬，可以记到郝堂村大事记里的日子。

李昌平讲课中"建设农村先建新金融"的论述，打动了王继军、禹明善。禹明善专程跑到北京找李昌平畅谈，共同的乡村建设情结使他们在许多理念、价值观，尤其是实操落地方法上达成共识。禹明善邀请李昌平来平桥做个课题，把解决乡村发展进入瓶颈的问题来一番理论与实践相结合的实地探讨。有意向后，禹明善向王继军汇报，马上得到肯定，并由王继军区长出面，正式邀请李昌平来平桥区。

禹明善陪同李昌平在平桥区域跑了几天，看了几个村子，最后到了禹明善曾经管辖过的郝堂村。其实那天禹明善先带李老师去了旁边的佛山村，那里的村支书很能干也很有想法，可惜那天佛山村支书村主任都不在家。

来到郝堂村，村支书也不在，只看到一脸愁容的村主任胡静。

禹明善前几年任五里店党委书记时，郝堂村是他的"势力范围"，胡静是下属。

禹明善问："你怎么了，一脸不高兴。"

胡静低着头说："村里刚有个老人上吊自杀了。"沉默了一小会儿，胡静接着说，"真想为村里的老人做点事，把他们都管起来，可是村里没钱啊"。

李昌平说："你们可以去贷款啊。"

胡静很无奈，"我去了，村里的土地、山林、宅基地都不能做抵押，银行不给贷"。

李昌平说："钱不是问题。"

胡静一愣，"农村做事，钱是大问题"。

李昌平说："我帮你们。"

胡静眼睛亮了，这个老师不一样，愿意帮我们农村人。

李昌平给她支招，去找几位乡贤借些钱，胡静作为村干部也要参加，然后，帮郝堂村建了一个农民自己的资金互助合作社。几个月后，合作社第一次给老年社员分红。一年半后"郝堂·茶人家"项目落地。

禹明善眼前灰色的蒙雾被拨开了。

2011年春，李昌平"农民真苦，农村真穷，农业真危险"的著名论断提出11年，亲手创办的"郝堂夕阳红养老资金互助合作社"成立一年半，孙君在湖北谷城五山镇堰河村的经验登上北京大学讲堂，王继军的平桥社会建设打下精神物质双重基础，禹明善上任农村可持续发展实验区办公室主任走到乡村建设实操第一线，"郝堂·茶人家"项目四个最关键人物集结郝堂村，这片美丽乡村的大作，即将掀开新篇章。

所有的一切交集在郝堂村，那就让大家共同努力，在郝堂村这个乡村建设大舞台上，把郝堂村梦想变成现实。

我很欣赏王继军谈到社会建设时给予"社"的解释。按照《说文解字》对"社"字的解读，"社"的偏旁"礻"代表氏族，血缘关系。右边的"土"是氏族在其上耕耘收获的崇拜图腾。"社"就是一个集团、一个集合，很神圣的公共性质的东西。江山社稷，演变为国家。当"社"遇到"会"，便是有共同价值、理想、目标的人在一起组成的共同体，就是客观存在不容忽视的"社会"。

王继军的结论：要把社会当回事。

小岗村"分散"之后，乡村内部的"小闭环小社会"解体，附其之上的共同价值、目标、理想，包括乡规民约随之丧失。

《人民日报》2015年12月25日整版报道郝堂村时有句话，"三十年前看小岗，三十年后看郝堂"。

郝堂看什么？看其重建村社共同体，重塑村民、村干部共同价值观、奋斗目标，重垒乡村精神支柱，重寻寄托着民族文化精神传承的乡愁，重拾乡村社会建设。

这是郝堂人的贡献，李昌平、孙君等乡建人的贡献，更是王继军和他同事们的贡献。

还是王继军那三句话，农村是有价值的，农民是有尊严的，农业是有前途的。

第三节　四两拨千斤的农村内置金融

80多年前梁漱溟先生在他的《乡村建设理论》中说过，"要乡村产业振兴不单是技术改良问题，金融问题要比技术问题还在先，进步技术的采用要用它。而金融说到实在处，只是一个信用问题。农民有了组织，就有保证，信用就增加"。带着探索的理念和良好愿望，梁漱溟先生在他自己的实验区域尝试落地。然而，20世纪30年代梁先生所处动乱的社会大环境，怎么可能让城市金融在偏僻农村落户？怎么可能把农民真正组织起来，激发他们源于家族血缘的信用，又怎么可能让美好的愿望变成社会现实。

农村金融一直是乡村发展的核心问题之一。三十年前"小岗革命"之后分散的农村，金融问题有个怪现象，一方面，农民手里十数亿亩土地和水面，十数亿亩山林荒坡，成为巨大的静态生产要素。另一方面，在大资本大企业一统农村金融体系的情况下，分散、个体的农民想发展生产贷点儿款，却是普遍的难上加难。本来农民的需求再少也应该是金融企业盯准的目标。理论上存在，操作层面却是难倒众家大型国企银行。农民贷款需求量小且散，一个农民大多贷几万元甚至更少。发放100个农民1000万元的贷款，需要银行派出多少信贷员？面对企业千万元的贷款，一个信贷员便能操作、监管。分散的农民个体和企业相比，银行更青睐谁，一目了然。农村所需小额贷款难的问题，有关职能部门已经看到，2009年中央一号文件就强调，"农村金融就是建立现代农业的核心"。随之，各种政策倾斜，鼓励发展面向农村农民的小额贷款。这种社会层面政策导向的外部金融体系，为"外置金融"。

"外置金融"有两个问题，其一，银行不接受农民手里数量庞大的土地水面山林等"静态资产"作为抵押物，"静态资产"无法成为农民发展生产急需的金融杠杆，无法把"静态资金"转换为促进生产发展改善自己生活环境的"动态金融资产"。这一看得见却客观存在极难打破的"瓶颈"，束缚的到底是什么？

"郝堂夕阳红养老资金互助合作社"成立四年多的时候，《经济参考报》几位记者曾在郝堂村所在的河南信阳平桥区调研。他们既了解了郝堂村的"内置金融"合作社，也调研了当时平桥区按照上级指示针对农村农民的小额贷款信用社等的"外置金融"情况。

他们了解到，作为新农村可持续发展试验区的平桥区（包括信阳市），进行了以"金融机构下乡+土地确权抵押"为主要内容的"外置金融"的改革试验。在平桥区陆庙街道办事处，"陆庙新型农村社区信用担保中心"主任陈长德向记者介绍，当地的政策为鼓励银行金融机构与农民能"坐在一条板凳上"，先由信阳市相关部门对山林、土地、水面、宅基地等"五证确权"，以期实现银行抵押等，再由当地财政出资成立担保中心替借贷农民担保。

出发点很好，更是看到农村金融制约农村发展建设瓶颈这一核心问题。但实际效果却不尽如人意。土地确权完成了，政策文件下发了，银行机构依然缺乏真为农民贷款的积极性。当然有我们上面提到的银行成本收益不成比例、信息不对称、风险难管控等问题，分散而且数量众多的小额贷款农户，几户出问题银行都麻烦。还有土地抵押物变现问题，不发达地区的土地、山林、宅基地等，零零碎碎，价值偏低，又看不到增值的希望，银行不喜欢这样的抵押物。

结果是，本来应该为分散农户贷款服务的"担保中心"，成了银行和中小企业"拉手"的平台。陆庙街道担保中心成立近三年内，担保贷款170笔，企业贷款金额占90%以上，包括酒厂、石材厂等，这些贷款企业规模大多在2000万~3000万元之间。农民呢，占不到10%的份额。"担保中心"还是成立初衷的"银行与农民之间的板凳"吗？

《经济参考报》记者对"郝堂夕阳红养老资金互助合作社"调查的结果却是另一番景致。农民们自己推举出的合作社理事会、监事会，以及在李昌平等帮助下自己建立起的章程，保障着农民在合作社中的根本利益，促进了村庄生产发展、生活环境质量的改善。合作社成立三年半，资金总量从成立时的34万元，成十倍增加到340万元，全村170多个60岁以上老人加入合作社，老人入社率高达80%。每年合作社利润，除了留足集体发展、风险抵押金等，保证入社老年社员的分红收入。三年半来，合作社为村民累计发放贷款超过500万元，有力地促进了郝堂村农民生产发展。更为重要的是，林权证、土地证等在农民手里沉寂的"静态资产"，激活为变量的"动态资金"，土地金融被激活，农民及村庄掌控的资源、资产、资金也被激活了。农民抵押山林、田地，贷款发展种养殖业，发展乡村旅游产业，农民手里的"资源、资产"活了，村庄发展有了"资金"，瓶颈被打破了，农民和村庄一起从破败的"空心村"站起身来，成为中原大地耀眼的美丽乡村建设示范村。

再看湖北鄂州梁子湖区张远村，三四年合作社发展下来，既解决了农户土地承包抵押贷款难，让资产变活钱；又解决了村支两委弱化边缘化的问题；还体现了乡村文化、传统孝道和共同体主体性。

张远村"梁子湖区中兴土地综合服务合作社"从2014年成立时的189万元，发展到2017年底的656万元股金。2017年初发放贷款586万元，年底全部收回，年利润收入76.8万元，同期增长72%。老年社员从成立初的101位，逐渐增加到168位，2017年底分红时，最早入社的老年社员分到1100元，新入社的老年社员也分到800元。合作社运行近四年来，共累计发放贷款1372万元，有力地支持了村民发展种养殖业、乡村旅游、建筑等产业。与此同时，合作社流转了村里大部分耕地，承包给有经验的农户和外来企业，使土地"价值"从原来的每年每亩200多元，"增值"到每年每亩400元。农民获益，农机企业生产经营规模化、现代化，合作社有利润，充分释放内存土地的生产价值，做到农户、合作社、企业三方共赢。

用张远村党支部书记、合作社理事长张才学的话说，合作社为村民提供了创业发展的资金支持，清除了村民创业和经营缺资金的难题，大力推动了村庄的经济发展，解决了村民日常生活的燃眉之急，增加了村民的经济收入，使张远村一批村民从普通泥腿子变成小老板。

2016年8月，在乡建院的帮助下，山东济宁市微山县杨村"鑫源旅游专业合作社"成立，以规范的章程、严格的管理、积极的业态，使之成立两年后发展便令人瞩目。在这个政府没出一分钱、完全由村支两委组织、村民参加的内置金融合作社里，由131万元资本起家，发放贷款扶持村民种养殖、做乡村旅游、跑运输、做手工艺品等发展生产

之外，利用合作社资金，收储村里闲置房屋上百间，分期分批出租给有经营乡村旅游丰富经验的外来企业。第一期以20年租期与深圳"大舍小瓦"民宿培训公司合作，做出既有当地历史文化元素，又有乡村环境特色的"隋唐民宿"院落。在人多地少的地区，探索出一条集体收储村民闲置房屋，与外来企业共同发展乡村旅游的"个人+集体+企业"的经营发展模式。

从2009年的"郝堂夕阳红养老资金互助合作社"开始，李昌平带领乡建院在湖北张远村、小朱湾，贵州桐梓中关村，山东微山县杨村，山西岢岚宋家沟等地，配合当地政府、村支两委、村民们，相继做了几十个"内置金融合作社"。这些合作社前后做了近十年，虽然各地客观情况不同，但基本模式、内置金融的核心内涵没有很大差别。政府支持、村干部、乡贤有积极性，村民们尤其是老年社员拥护，成立合作社发展的根基。村民扩大生产、收入增加，村庄健康发展，使更多人看到"内置金融"合作社的发展前景。

其一，合作社运作产生的利润，发展壮大了集体经济。郝堂村成立合作社之前，村集体经济岌岌可危，村主任胡静想为老人们做点养老实事，村里拿不出钱，外面贷不到款，巧妇难为无米之炊。合作社成立了，有了利润，按照大家伙儿制定的章程，利润的30%作为积累资金，15%为风险金，15%作为管理费，其余40%用于老年社员分红。村集体腰包鼓了，收储村里闲置土地、山林、房屋，流转村集体建设用地，流转的土地种了荷花、莲藕，建设用地上盖起了村小学、养老中心，建了村庄主街。游客们涌入，看到一个欣欣向荣、万物勃发的新农村。

张远村书记、合作社理事长留了个心眼，在理事会里坚持留下部分利润不分配，也不外放贷款，准备做村里的集体建设项目。合作社有了钱，每年支援村集体5万元，用于村里一些基础设施维修保养，张远村骄傲地从周围大片大片的"空壳村（村集体经济"空壳"）"中脱颖而出。手中有钱，心里不慌，张远村支两委的腰杆硬了。

其二，留守老人养老问题得到解决，村里老人看到了希望。老年社员从合作社分了红，得到的可不仅仅是几百元钱。前段时间有陕西战友聚会庆祝入伍50周年，召集人费了很大劲，天南地北来了很多战友祝福。可是陕西当地的老战友却有不少人没能来。明明想见见一别40多年未曾谋面的老战友，又是守着家门口不花路费住宿费，但还是不能参加聚会。问了原因，才知道一些家住农村70岁左右的老战友，不敢张口向儿孙要钱，摸摸自己口袋，实在掏不出区区100元聚餐活动经费，不能和老战友欢聚一堂，只能守着自己老屋落泪。对他们来说，掏不起这100元代表着没有自尊。

张远村腊月二十三分红时，拿到红包的老人们看上去很平静，打开红包轻捻着纸票子。他们已经习惯了每年分红，习惯了这种自己的钱"下崽"的好事。"平静"代表着"习惯"，代表着自尊，分红成了他们生活中一件普普通通的小事。分红也不平静，内心的喜悦早已变做对红包作用的分派。有了这1000元钱，过年可以理直气壮地给孙儿们发红包了，走亲戚看朋友能带上点儿像样的礼物了，不需要再看儿孙们的脸色，不再回避亲戚朋友的邀请。守在乡村的老人们，握着自己"挣"来的钱，底气足啊。

红包里装的不仅仅是钱，还有老人们的念想。过去的村庄老人们关心自家门里的事，守着几间房子数日子。成立合作社，他们的钱入股了，老人们打开封闭已久的家门，走上街头巷尾，他们聚在一起有了新话题。你入社了吗，快点入啊，年底咱们一起拿红包。知道贷款给谁了吗？包了几百亩山林的小子，年底能还贷吗？合作社成了老人

们的"命运共同体",成了他们的"亲儿子",成了他们精神家园的一部分。在这里,老人们找回了尊严,找回了自信,找回了自我,找回了留守在乡村的生存价值。

其三,名副其实的乡贤们回来了。郝堂、张远村、小朱湾、中关村、杨村、宋家沟、斗门镇等成立的合作社,入股的重要组成部分是乡贤,有的地方干脆直称"敬老社员"。他们在外面打工挣了点钱,拿出2万~3万元入社,头三年不要利息,利息敬了村里的老年社员。三年后参加分红,60岁直接成为老年社员享受分红。闹了个好名声,自己和家庭在村里人心中的地位也"升高"了。"光宗耀祖"在农村任何人心目中都有着大大小小的期望。入股合作社,利息敬老人,真真切切为村里老人做点儿事,为村里中青年人创业做点儿事,为村庄集体经济发展做点儿事,乡贤们心里舒坦。

有了光荣的敬老之名,也得有点儿实惠,按照合作社章程,乡贤们可以在合作社优先贷款发展生产。张远村的乡贤贷款成立的古建筑包工队,名声打到省外。郝堂村第一批入社的乡贤们,有几位早就做了农家乐,赶着郝堂美丽乡村建设的热潮,有了乡贤之名,再来做个小老板,守着家门口挣大钱。

留守老人过的惬意,乡贤们挣得名誉、金钱,中年人回想贷款发展乡村旅游、种养殖,妇女儿童生活得到保障,外出的人们放心了,留在村里的人们满意了,和谐发展。这不就是"记得住的乡愁",不就是保留下的农村根基吗?

合作社最根本的作用之一是激活了村庄的内生动力,让村里原本死寂般的资源、资产、资金活泛起来,变成强化村庄基层党组织、证券组织,集合农民走共同富裕之路的根本。我们将在下一章专门讨论这个问题。

从最早成立的"郝堂夕阳红养老资金互助合作社"算起，已有近十个年头了，乡建院协助当地在全国做了几十个合作社，有做的好的，也有差强人意的，合作社有分红有喜悦，也有问题和苦恼。

郝堂村合作社从开始时的34万元股金，四年后发展十倍到340万元，至今十个年头也只控制在几百万元。"郝堂·茶人家"项目开启7年，村庄早已从看不到人影"鸡都不跟着走了"的凋敝小村，变成今天人头攒动、节假日开着小车不在村口堵上半个小时根本进不去的美丽乡村。满满的农家小院不提前预定根本吃不上饭。村里热闹了，想做事的人多了，机会相对来说不像前几年那么多了，贷款需求自然减少。合作社资金存量与发放贷款变量相比较，如何取得新的平衡，摆在了合作社理事们的面前。郝堂村今天的情况，相信不久在其他地方合作社也会遇到，未雨绸缪也许是众多合作社理事们必定要考虑的主要问题之一。

合作社有章程，都是村民和村干部在乡建院的帮助下集体讨论出来的，这些"条条框框"制约每个社员、村干部的言行。但在实施过程中，还是会出现新问题。合作社金池涨了，村里人看着眼红，有人想多贷点款，反正比城里银行贷款利息低，有人想拖些时日还贷，以为自己是社员，可以有点儿"特权"。新问题出现很客观，解决起来没那么顺当。毛泽东同志早就说过，"严重的问题是教育农民"。合作社承担村庄经济发展、村民共同富裕的职责之时，也承担着组织农民、教育农民，平衡农民之间、农民与集体之间各种矛盾关系。有的村庄合作社掌舵人已经看到，并着手解决，有的合作社当家人还没转过弯来。不急，慢慢来，教育农民，平衡利益关系毕竟不是"只争朝夕"的事。

乡建院帮助村里建合作社，也有义务关心帮助它的后续发展，"扶

上马送一程"不能是空话。前段时间,原乡建院内置金融团队的李昌金老师去贵州调研了乡建院帮助组建的几个合作社,发现了一些问题,回来写了颇有分量的调查报告,里面提到的坚持合作社不能监控管理者的个人水准与合作社健康发展的关系等重要问题,应成为各地合作社领导层关注的重点。

调查报告中多次提到政府和村社合作社的关系。当初成立合作社时,政府都给予大力支持,一般都会出资几十万放在合作社金池里。政府不参与分红,利润本金都用于村民社员发展,做大合作社的集体经济。但在后期运营中,政府大多对这些合作社采取不闻不问不予指导放任自流的尴尬之境。合作社的领导层在和政府有关部门打交道时几乎都遇到不少难处。

合作社理事会、监事会成员,尤其是一把手的选举问题,大多数合作社都是村党支部书记或村主任兼任,像郝堂村、张远村、杨村等一样。但也有的村庄村民们不信任村支两委,而是另选他们担任理事长监事长。这样上任的合作社领导还要平衡与村支两委尤其是村支部书记的关系,境地很微妙,也给合作社未来发展带来不定因素。

合作社的制度设计上也有尚待磋商之处,还在摸索阶段,比如合作社负责人以及工作人员待遇等激励机制不够完善,很多人凭热情和在村里人中的威望做事,没有制度保障,热情和威信经不住时间的"磨损"。

看来合作社存在的这些问题非常值得乡建院专题研究,尽快找出解决的办法。

《人民日报》2015年12月25日以《"最美"郝堂留住乡愁》为题,整版报道郝堂的美丽乡村建设情况,文中提到,"前三十年看小岗,后三十年看郝堂。虽是一家之语,却也一语破的:'最美'郝堂,美在

'村',美在激活乡村价值、尊严、自信,美在一种'既有疼痛,也有憧憬,蕴含着未来和希望'的感动"。

文中提到的,"后三十年看郝堂",看郝堂什么?三十年前的分,几乎一夜之间分的彻彻底底,解放个体生产力的大局势下,人人自找门路奔小康。奔了几十年,有成功的,但相当数量的农民,却离小康越来越远。有数字统计,"小岗革命"三十年后,中国农民数量从7亿增加到9亿,且不说这9亿农民谁不希望过上好日子,谁不希望"奔跑着"能进入小康。怎么跑,怎么才能过上好日子,去城里打工吗?确实,相当多的农村青壮年进城打工,有的打出来点儿名堂,有的在城里混到四五十岁,没知识本钱,没户口保障,不得不返回家乡。回乡怎么办?靠什么再接着"奔跑"?成了留守村子里"上不去下不来"尴尬处境之人。留在城里的数千万甚至上亿的打工大军,城市做好接纳这些人生存发展的准备了吗?住房、教育、商业等资源能保证他们住得下留得住吗?当城里留不下,回乡没前途之时,这些人的希望在哪里?遍及乡村的党的基层组织管还是不管,靠什么管?

农民们要奔小康过好日子,单打独斗三十年,希望渺茫了。他们盼望有人给指条路,出点主意,帮他们一把,郝堂村的做法,满足了农民的愿望。"分久必合"逻辑下,"合"成了大多数散落在村庄各个角落的留守老人、妇女,甚至青壮年人的愿望。

谁来组织"合",以谁为中心"合",以什么形式"合"呢?

郝堂村的实践告诉大家,他们是在村支两委领导下"合"的,是以农民为中心"合"的,以适应农村现状的新的经济组织即内置金融合作社的形式"合"的。郝堂村以自己的实践解读中国农村千百年来的农民和土地关系的大问题。不改变的是,农民是土地的主人这一社会根基。

郝堂村成立合作社时，信阳市平桥区政府投入10万元作为种子资金，加上乡贤、村民、村集体，还有李昌平的支持，形成合作社的34万元资本金。四年后金池涨到340万元，10个年头后的今天，村集体固定资产近4000万元，还有几百万元的流动资金。

郝堂村内置金融合作社，以及乡建院指导创建的其他各地建的合作社，少则几十万元，多则百万元，成了撬动村集体经济壮大农民共同富裕的"千斤顶"。李昌平用了个非常形象的比喻，内置金融合作社是"四两拨千斤"。

第四节　农村的内生动力

中华人民共和国成立初期毛主席曾说过，中国的秘密在农村。那时，社会各阶层各阶级的矛盾、诉求、愿景，在广大农村体现的最为突出。随后一系列党的农村政策导向，几乎都是围绕着一个"农村共同体"而嬗变，直到四十年前的"小岗革命"。

小岗村众多人手印一按，精神上组织上"破解"了农村社会共同体对农民的"束缚"。那时讲解放生产力，破除"农村共同体"，让农民们重新掌握自己的命运，联产承包，分田单干，进城务工。四十年来，农村共同体的解散，"掌握"个人命运的农民，成了单个的社会分子。

不久前，李昌平在谈到当前中国特色的三农问题时，有这样一段话，"当'三级所有、队为基础'制度下的联产承包责任制，演化为村民自治制度下的'分田单干'之后，农村小农共同体及共同体社会就彻底瓦解了。当一个一个高度原子化的小农为了生计被迫在市场中相互挣扎的时候，传统的家族共同体（中国数千年农村社会存在发展的基础——笔者注）中很多好的文化随之灰飞烟灭了。五千年中华文化中最恶的东西像肿瘤一样恶化生长。共同体没有了，一盘散沙的小农社会怎么可能恢复或传承中华文化呢？……过去的四十年里，消灭了乡村共同体，让乡村社会变成了无主体社会！当今中国乡村，有好文化的，有好乡风的，一定是共同体有力量的！"

"小岗革命"从农村拉开了改革开放的大幕，也又一次印证了毛泽东"中国的秘密在农村"的精辟。故事没有完结，仍然延续着五千年的文明史，仍然在农村社会共同体上打转转。

今年初的一天，我敬重的著名媒体人李北方在个人微信公众号上发表一篇文章，标题非常吸眼球，当今新媒体力倡的那种，光看此标题就可以大量"吸粉"。文章标题为："大赞，小岗重回集体化方向，这个拜年方式很不错！"我抄几段如下：

"新年伊始，多家主流官媒再次走进小岗村，发表了相关报道。今年是改革开放40周年，是要好好庆祝的，开年便提及改革先锋，属于情理之中。

经由相关报道，我们得知，'开创'大包干先河的小岗村重拾集体化方向，开始搞集体经济了。2018年2月9日，小岗村进行了第一次集体经济收益分红，按人头每人分到350元。

分红大会在大包干纪念馆门前举行。在万里题写的'大包干纪念馆'金字下，挂着条幅，上写'小岗村集体资产股份经济合作社2017年度分红大会'。这个对比，意味深长。

新华社发了通稿，《从'户户包田'到'人人分红'——中国农村改革第一村小岗村首次分红记》，通稿说，'如今，新一轮改革再一次发力'。"

当然，小岗村的350元分红，和真正的集体经济发达的村社相比，差距非常大。

李北方的评论是，"小岗走集体化的路子能不能走得通、走得好，倒还是其次。这件事的真正意义在于：率先放弃集体化道路，带头分田单干、搞大包干的改革先锋小岗村，重拾'老路'，又开始探索发展集体经济的方向了。在改革开放40周年之际，这件事的标志性意义是巨大的。

'老路'二字是要带上引号的。

全国有近70万个村，所有发展得好的真正的农村（靠地利的城中村城郊村不算）都是坚持没有分家，走集体化道路的。这是铁打的事实。

实践是检验真理的唯一标准，实践已经给出了正确答案。

实践不是今天才给出答案，而是早就给出了，人们早就认识到小岗道路是死路，要发展小岗，要发展农村，唯有走集体化道路。沈浩生前就一直推动小岗发展集体经济，无奈小岗人坚信'人不为己天诛地灭'的信条，直到沈浩累死，也没能推动"。

李北方给出的论断，"新时代真的到了，在乡村振兴的战略下，小岗的那一页已经翻过了"。

之所以抄录李北方大段大段的剖白心声，不只是我个人认同这位资深媒体人的此番评论，李北方长期关注中国农村状况，他的这些评说论断，和李昌平关于中国三农的核心问题不谋而合。

他们的"交集"，有一次是在郝堂村。

2015年12月25日《人民日报》整版报道郝堂村，文章里曾有"三十年前看小岗，三十年后看郝堂"文字。当小岗成为三十年、四十年的"过去式"时，看郝堂什么呢？

郝堂村最吸引人眼球的不是美丽乡村的房屋街景、山川河流、田园风情，那仅仅是游客看到的"表象"。我请大家看看郝堂人脸上的笑容和挺直的腰板。笑容和腰板后面，有支撑他们的核心动心，叫做"精神"，村民自然流露出来的自尊、自信、自豪，便是村庄自然流露出来的内生动力，村民和村庄结合出来的，便是久违了的乡村灵魂。这种精神灵魂呈现出的，是由村民重新组织起来的新村社共同体，是村庄内生出来的精神灵魂动力。

精神是要转化为物质的。在郝堂村、张远村、小朱湾、宋家沟、中关村、东西水村、杨村等乡建院做的村庄里，他正在形成、转化。看得见。

郝堂村有位年轻的能人叫刘春兴，从城里回来开了家"四成土菜馆"，生意兴隆，往来热闹。他和村里十几位回乡青年组织了"郝堂青年志愿者服务队"。服务队成立一年多了，他们不定期捡拾村里的垃圾，维修村里公共设施，做着很多人看得见很多人看不见的好事。2018年6月8日一大早，刘春兴和服务队的黄启军、陈军、张家旺、唐继成、代久红等人扛着铁锹锄头，到小河岸边修复村里的步行栈道。他们拆下破旧了的木条木板，用自家的砖石、钢钉、新木板，铺好栈道。钉结实，用脚踩踩，一步一步，一段一段。没有人命令他们来修，更不会有人付他们劳务费。他们看到栈道坏了，就要管，就要修，因为，栈道是全村的，是村民和游客的，自然也是他们自己的。自家的东西坏了，他们当然来修。刘春兴说了几句打油诗，"最棒服务队，做事不怕累。为了郝堂村，无怨也无悔"。唐继成说，"小路损坏别担心，众人帮忙来翻新。只要大家齐努力，郝堂才会更美丽"。

两位外来人看到了，说，"热爱村庄的每一个郝堂人，都愿意为这片青山绿水付出。他们对郝堂村有信心，他们对郝堂村的未来有责

任"。"郝堂的精神就是，发挥群众的力量建设村庄。要展现出郝堂年轻人的精神，就是要走出一条郝堂人建设郝堂之路！"

郝堂人建设郝堂村，说来轻松，但在"分散"三四十年的中国很多农村，村里人建设自己村庄，却成了痛苦的奢侈。

十年前2009年夏，李昌平第一次走进郝堂村时，村里死气沉沉，村干部、村民们还没有从前几天一位老人自杀的痛境中醒来。自哀自弃的同时，村里人躲进自家屋里，关上破旧的大门，一心一念只是他们城里打工的儿孙，那是他们全部的希望。

如今，张厚健儿子孙子回来了，更多人家的青壮年回来了，城里打工多年的刘春兴、胡涛他们回来了。他们打开家门，把整个郝堂村揽进心怀，人心齐了，聚在一起，再不是以前的散沙一盘。当郝堂村孩子们"小手拉大手"一起做垃圾分类，当青年们骄傲地在村里竖起"郝堂村青年志愿服务队"的旗帜，当越来越多外出打工的人回村创业发展，郝堂人建设自己家园建设郝堂村的梦想实现了。

在张远村、杨村、宋家沟等乡建院协助成立内置金融合作社的地方，农民重新组织起来，外出打工挣了点儿钱的青壮年成了合作社的乡贤，拿出2万~3万元入社做敬老社员，三年不要利息，利润用来孝敬村里的老人。乡村中沉积数千年的敬老之道传承下来，乡贤们的精神再次回到村庄，他们的命运将和自己所敬的老人、帮扶的贷款发展生产的乡亲，将和自己土生土长的家乡重新联系在一起。家乡也因他们有了生机，有了自我生存发展的动力。

村庄内生动力的出现，因为有了人，因为组织起来而产生自信、自豪、自尊、自强。而这些人的出现，源自一种新组织机制的形成，一种以内置金融为集体经济支持新的组织形式的出现，一种叫做新时代村社共同体的出现。就像李北方所说，所有发展得好的真正的农村，都是坚持走集体化道路的。

乡愁是什么，乡愁是历史，是文化，是村庄中"内生"出来的、有历史承续的、看得见的文化、精神。

第五节　不得不说的淅川

淅川，美丽的淅川。南水北调中线丹江口水库取水口渠首。

淅川，横亘在乡建院发展道路上，无法漠视，更不能回避。淅川，乡建院的痛。

河南南阳市淅川县地处豫鄂陕三生七县交界处，因淅水纵贯境内形成百里平川而得名。淅川是南水北调中线工程丹江口水库核心水源区，中心取水口渠首陶岔村就在淅川九重镇。淅川是全国水库移民大县，新中国成立后四次大规模水库移民高达数十万人，最近的一次移民12万人，淅川是国家级扶贫开发重点县。全县土地面积2820平方公里，南水北调中线核心水源区面积2616平方公里。全县总人口67万人，辖17个乡镇（街道），499个自然村（社区）。

淅川历史悠久，文化灿烂。70万年前就有人类居住。丹江湖畔下王岗遗址是与著名的龙山文化同时代的人类遗址，县制设立距今已2000多年。春秋时为楚国发祥地，楚国800年历史，有400年建都淅川，45位楚王，23位在淅川。淅川文化底蕴深厚，是南北文化的交汇点。荆紫关明清古建筑群是北方13省著名的古建筑群。千年古刹香严寺始建于唐代开元年间，与白马寺、相国寺、少林寺并称"中州四大名寺"。南水北调中线水源地陶岔村的渠首，雄伟壮观，被誉为"天下第一渠首"。

随着南水北调中线工程全面启动，保护水源地、加强库区生态环境建设，调整当地产业结构，进一步提高水库移民及当地村民生活质量，创建新型农村社区建设等，成为淅川当地政府急于解决的重要问题。

进入21世纪以来，农村建设名头繁多，一会儿叫"美丽乡村建设"，一会儿叫"农村可持续发展"，一会儿叫"城镇化建设"，在淅川，则称做"新型农村社区建设"。名称不同，内涵相近，都是要破解中国的三农难题。

为创建新型农村社区建设，淅川县委、县政府请了很多外地专家和著名规划设计团队，其中就有成立不到半年的乡建院。"郝堂夕阳红养老资金互助合作社"成立一年多后的2011年初，李昌平、孙君他们就有创建为中国农村、农民服务专业团队的意愿。2011年4月"郝堂·茶人家"项目论证会上，孙君代表李昌平等人，正式提出组建乡村规划设计院（乡建院的前身）的创意。

2012年初，淅川县委县政府邀请乡建院参与该县九重镇等8个乡镇中陶岔等13个行政村的新型农村社区规划设计及项目落地。

刚创建不久的乡建院是全国第一家专门为农民农村做规划设计的专业团队。无论是李昌平的"逆城市化"还是孙君的"把农村建设的更像农村"，都得到县委书记马良泉、县长赵鹏、县委副书记宋超、副县长全建军等县里领导的认可，取得共识。

乡建院做了一个多月调研后，向县委、县政府报出规划设计方案。以系统规划和田园乡村为目标，提出规划与产业结合、生态与持续发展结合、文化与生活结合、农耕与旅游结合等具体方案。

13个村子的规划设计图册很漂亮大气，有乡建院自己的特点，交到县领导和乡镇干部手里，有一定分量。和一些大城市规划设计院做出的图册不同，乡建院拿出的图册结合当地实际情况，不做整齐划一的简单复制，体现了当地楚文化特色。渠首陶岔村的规划设计尤有特色，融合了楚文化、移民文化等元素，可以建成有当地特色的旅游乡村。这样的图册得到县领导及大多数乡镇干部的首肯。

问题出在落地环节。和许多大城市规划设计院一样，乡建院在淅川做的13个村子规划设计落地环节中出了些问题。我曾经去过其中的几个村子，不写村名了吧，不止我，乡建院很多当事人都不愿再提起这些村名。

我去了一位村支书家，他家的房子、院落已经改造完毕，豫西南文化元素的灰墙青瓦、木栏飞檐，院子里碎石小路，院门口还有一口小小的水塘，绿植红花，作为家庭以及污水处理池还是很有特色。村支书家旁边的村委会小二层楼改建的很漂亮，和书记家一个设计建筑风格，坐落在省道旁，过往行人看的清清楚楚，很是抢眼。

坐在支书家院子里，聊起村里这一轮新型农村社区创建，支书说的有一搭无一搭，似乎根本不愿提起这些事。我有些不解，县里布置的重要工作，选了他们村，县里挂了号的正是他这个村支书露脸的时候，怎么没得聊？他不说，我就问。到最后终于明白，全村仅他一家和村委会改造了，其余所有都没动，一条村里的排污管线也只修了一小半，什么时候能完工，村支书说不知道。我只能离开他家。

还有一个村接受了数百移民，乡建院给设计了有当地特色的移民新村。新村建设开工了，我去看，发现正在建的是"排排坐"的新房子，全村仅两三种户型，而且全村屋顶全部刷成大红色，非常刺眼。再一问，他们根本没按照乡建院设计的图纸施工，而是按照村支书个人意愿建的"排排坐"新移民村。我无语。

淅川新型农村进社区建设县里下了很大决心，县里主要领导非常

认可并支持乡建院的规划设计方案，经过统一整合，县里拿出相当多的资金予以扶持。乡建院当时的理事长孙君老师亲自操刀设计，乡建院技术人员跟在工地现场指导施工。应该说各方面都很努力，为什么会出现我看到的状况？为什么会出现村庄项目大大小小让人头痛的问题？甚至为什么一些乡镇干部积极性越来越低，个别村干部躲在一边，项目迟迟落不了地甚至夭折？

拿淅川县和郝堂村比较。

其一，干部是决定因素。郝堂村所在的信阳市平桥区也是县级单位，平桥区委书记王继军和淅川县马良泉书记等县里主要领导人，都非常认同李昌平、孙君的乡村建设理念，也都给予乡建院全力支持。确定规划设计方案、整合专项资金等方面，都很接近。问题之一出在乡镇村干部。他们对县里的部署决策、乡建院的做法不够理解。淅川县项目之前，马良泉书记曾带县乡一些干部去郝堂村考察，也与李昌平等人交流讨论。但对处于乡建第一线的乡镇村干部，县里以及乡建院对他们所做的培训、宣传甚至解疑答惑做的不深不细，没能让这支一线承担者心知肚明地落实县里决策，未能与乡建院团队就创建新型农村社区建设达成共识共同努力。

郝堂村项目中，平桥区委书记王继军意志坚定源自对李昌平、孙君乡建理念的坚信不疑，已经形成共识。郝堂村所在的五里店办事处领导，最主要的是村主任胡静、村支书老曹等农村基层干部对区里、乡建院的理念决策的理解。农村干部认可的东西才有实施的动力，看到对乡村、对农民确实有利的事才愿意扑下身子去做。平桥区到郝堂村，区干部到村干部，与乡建院团队的反复沟通碰撞，理解共识换来了坚定地实施。这些功夫做了近两年，从2009年夏李昌平第一次走进郝堂村调研，成立合作社，2011年春"郝堂·茶人家"项目启动，近两年的磨合、实操，郝堂农村基层干部们已经把李昌平、孙君老师的新乡建理念，把平桥区王继军书记等的决策信心，融化在自己血液中，才能坚定不移带领全体村民创出一个国家级"美丽乡村示范村"，才有今天上央视的新郝堂，创出村民得到实惠走上共同富裕之路的新村庄。

其二，大跃进式的齐头并进不可取。淅川县项目刚开始调研时，乡建院成立不足半年，人员不过十几位，尤其缺少规划设计专业人才。这种情况下一举"拿下"淅川县8个乡镇13个行政村建设，全县域内相隔数十公里的13个村子齐头并进。很短时间内拿出全部规划设计方案，对当时的乡建院来说都是致命的。县里的信任支持，乡建院初创的热情激情，在年轻的乡建人心中燃烧升腾，他们夜以继日全身心投入，白天奔波在县域内分散的13个村子，晚上回到驻地修改方案图纸，十几个人的团队面对13个村子的全面铺开的战场，有些力不从心了。虽然在规定时间内交出了13本漂亮的规划设计图册，却也免不了大多数城市规划设计院做乡村项目的尴尬：漂亮的图册落地困难。这样的结果，乡镇村干部开始议论，县里主要领导也感尴尬。这样的结果更不是乡建院团队愿意看到的。假如当初摊子不要一下子铺这么大，13个村子分期分批，先选一两个村子做试点，比如孙君老师非常感兴趣的渠首陶岔村，集中乡建院力量在短时间内做出一两个落地项目，以事实说服教育乡镇村干部，让村民们眼见为实，也许以后的项目落地能有效一些。

其三，农民是乡村建设的主体。"严重的问题在于教育农民"，这是领袖九十多年前说的话，现在仍然是普遍真理。有的乡建人士说自己不和农民直接交谈，和村干部少有交流，只要了解县市领导的意图就可以开始制作精美的规划设计图册。这样的理念做法在淅川县项目中碰的头破血流。

淅川县项目中乡建院、县里领导有没有意识到这个问题的严重性，都没有教育说服团结广大村民，和他们绑在一起共同建设他们的家园。面对分散三十多年的个体村民，没有讲透要做的是关系他们个人以及全村人的利益，没有动员组织他们，没有激起他们的热情，他们怎么会和外来人和县里、乡建院一条心？毕竟要建设的是他们的家园，而不是县乡镇干部和乡建院人的村庄。没有村民的理念支持和行为主动，就没有落地漂亮的乡建项目。农民是建设自己家园的主体，任谁都不能绕过他们主宰他们家乡的命运。郝堂村是证明，淅川县是另一种证明。

乡建院组建七年多来，什么时候重视这个问题，把农民摆在乡村建设的主人翁地位，团结教育农村基层干部一起"协助"村民做自己家乡建设，这样的项目就能开花结果，反之则是"一地鸡毛"。当然，淅川县项目做的如此尴尬，还有一些其他原因，包括乡建院内部问题。

淅川县是美好的，淅川县项目留下很多遗憾，留给乡建院团队永远忘不掉的记忆。

第六节　做乡村建设的陪伴者

郝堂村18个村民小组，2000多口人，分散在20平方公里的丘陵山里。2009年李昌平第一次踏进这个小山村时，村里几乎看不到人。很多地撂荒了，种地赔钱的日子，村民不愿再提。2009年秋，村里成立"郝堂夕阳红养老资金互助合作社"，老年社员入社，乡贤敬老，村干部带头做乡贤。慢慢的，留守村里的人们被组织在村支两委周围，组织在合作社里。合作社和村干部成了他们发展生产实现"日益增长"

的对美好生活的需求的主心骨。合作社成立一年多后的"郝堂·茶人家"项目开启了郝堂村民在共同富裕大道上奔跑的帷幕。

这个期间进入村庄的"外来者"李昌平、孙君及他们的团队，是什么样的角色，或者说在郝堂村一轮轰轰烈烈的美丽乡村建设中的社会定位是什么？

孙君带着经验教训进郝堂村，他和身边的同事不会忘记十年前的北京延庆碓臼石村，社会组织大张旗鼓吸人眼球地进入，项目完成团队撤离后，村庄回复以往的沉静，村民们生活又回归老样子，无奈重新占据村民们的精神和日常生活。那时孙君和同事们的身份是村庄村民的"救世主"，是来"教导"村民如何做的。我尊重孙君他们做乡村教育、乡村建设的初衷，一如尊重乡建百年源头的那些先驱。他们看到农村存在的问题，并愿意扑下身子到村民中间去，愿意来一番新时代意义的"上山下乡"，愿意和村民一起去发现农村问题，解决农村和农民问题，这是一种有社会担当的理想主义者，值得敬重。

问题在于他们的定位，在广大农村、农民中间的定位。指手画脚地把自己的理想让农民去贯彻实施，"我比你高明、你们要听我的"。可惜，他们描绘的美好前景没有变成农民们自我追求新生活的动力，没有激发农民真正的积极性。很多地方政府、外来者让农民做什么，农民不一定愿意去做，或打个问号或直接抵触。政府扶贫，发农民一只羊几只兔，扶贫干部刚走，村民就把羊和兔子杀了吃光。反正扶不了贫，着急的是政府，是村第一书记，是上面下来的干部。这样扶贫扶的是懒汉，村民村庄如何脱贫？"躺在"政府、扶贫干部身上的村民，根本谈不上有"内生动力"，没有自我奋进自我拯救的动力，这样的村民村庄毫无发展前途。

再说淅川县。县里和乡建院在县域8个乡镇13个村子做规划设计创

建新型农村社区时，没有做好前期的干部培训、村民说服教育工作，村民没有把创建新型农村社区建设当做自己的事，反正是上头号召，有乡镇村干部想着，自己置身事外，一种"与我无关"的冷漠几乎弥漫全部项目点。一些乡镇干部在观望，一看县里态度，二看县里资金，就是没有看村民的意见和需求。等来的漂亮图册，放大了挂在乡镇村办公室墙上，上面来人讲解一番，说明他们"在"创建新型农村社区，仅此而已。

县里和乡建院都没有好好研究乡镇村干部的心态，没有研究农民需求，想当然地为村民村干部做主，把自己很"得意"的一套强加给村民村干部，有没有落地，是否建的起来，都成了村民、村干部、乡镇干部的事。

当时的乡建院仅有十来个人，各类专业人才奇缺，一下子接了13个村子上千万的大项目，出现各种问题并不奇怪，乡建院领导也在后来的认知和实践上反思，力争在实践中调整改正，这是后话。当时的主管因素之一，我以为是没有及时总结郝堂村经验教训，用郝堂村的成功指导淅川县项目建设。大意吗？恐怕未必。

淅川县项目中，县里和乡建院犯了同样的错误，以"外来者""救世主"身份进入，简单地把"行政命令贯彻执行"一套照搬到复杂的农村农民工作中，得不到乡镇村干部的理解，得不到乡村建设主力军农民的拥护。

郝堂村的成功，淅川县的教训，扎在每位乡建院人的心里，他们都在思考。

新起点在武汉江夏区童周岭村小朱湾项目及贵州桐梓中关村项目上。

李昌平、王磊、洪金聪、祝采朋等走进小朱湾调研时，走的细，谈的透，发现村民对未来发展有不同需求不同想法。王万里是第一个做旧房改造的村民，他的想法很简单。湾子里全部700亩地已经流转给当代集团建了薰衣草园。游客们在薰衣草园走累了渴了，拐进旁边的小朱湾歇个脚，王万里家是村口大路边第一家。过去游客来了一看满地积水，院子里泥泞，土砖红砖"窝棚"，抹着水泥的立墙面，"视觉"不舒服，影响了胃口和心情，扭头离开。王万里和爱人伤心了，多想留住游客，挣点旅游钱啊。

王万里的需求讲透了，王磊他们便知道该怎么做了。全院子功能环境整体提升改造，按照农家乐和小商摊点的功能需求，帮他家设计了房屋、院落、大棚。"万里香农家乐"建好了，王万里家能接待团队游客了。我们去的时候，王万里爱人忙得边杀鸡边接受我们采访，说了十来分钟话，不好意思下了"逐客令"，说一会儿有团队来吃饭。我们知趣地离开，不能挡着村民做生意，也为他们高兴，毕竟他们过上了好日子。

小朱湾第一家农户旧房改造，和郝堂村第一户旧房改造张厚健家有极相似之处，都是以他们的生活生产需求，按照他们的心愿去建他们需要的房子和院落景观。这时候，王万里和张厚健都上升到乡村建设"主人翁"的位置，按李昌平院长的话说，房子是他们住的，要听他们的意见。小朱湾王万里、曾方荣，所有村民，和郝堂村民一样，在乡村建设中都上升到他们应有的"主人翁""主力军"的地位。所以，小朱湾和郝堂村一样，都成功了。

薛振冰、洪金聪带队走进贵州桐梓中关村时，遇到和小朱湾、郝堂村刚开始乡建时同样的问题。

徐儒国、徐儒建兄弟俩很有意思，普通农村兄弟分家或成家后宅子都会分开来建，他俩的房子却连在一起，左右两侧完全对称，俩人

各占一半，交通也是各走各的门。这样避免了分配不均带来的家庭矛盾。房屋底层的中间，兄弟俩匀出一点面积做了"天地君亲师"牌位，自然崇拜之意。旧房子三层小楼，格局完全一样，一层主要是厨房、会客厅，二层是主人主卧室，三层为子女的独立空间。可是他们的孩子都在镇里工作生活，平时不回家，三层可临时作为民宿出租。

兄弟俩所在的中关村大湾组整体改造时，他们决定暂时不动老房子，两家三层6个房间，每人收租金30元，在当地也是笔不小的收入。兄弟俩决定在院子前面空地上新建一个二层小楼，做经营性的茶楼和餐厅，给来这里避暑的游客提供餐饮住宿服务。

按照兄弟俩的意愿做设计时，徐儒国提出新房也要建三层，可以多些收入。洪金聪他们仔细测量后，劝说他们改建二层，如果建三层楼会遮住旧房视野，让住在旧房三层的游客少了许多面对群山溪水的情趣，反而会影响房子的出租。最后徐儒国还是听取了乡建院团队的意见建了二层小楼。

辉哥大名徐儒辉，乡建院团队拿出设计方案时，满心期待的辉哥却摇头了，脸色也不大好。虽说他对设计图纸很满意，但一听价钱，却没有兴趣了。设计回到原点，重新再来。团队拿着新方案去辉哥家讨论时，一家大小"用一种期盼的眼神看着我们打开电脑"。这种眼神让团队小伙伴心头一震，"这跟城市里你只需要把做好的图纸或者模型以电子文件的形式传给甲方这种冰冷的沟通方式真是太不一样了"。"这让我们如此深刻地体会到乡村建设是多么不易，不是简简单单房子的事。而是整个一家人的未来，我们需要考虑的东西太多，需要协商的地方也很多，需要设身处地考虑的地方更多"。几次沟通商讨后，辉哥一家人满意的方案终于确定下来，辉哥一家如愿了。

小朱湾和中关村的实践，渐渐让乡建院团队明白一个道理，做乡村建设，即是为农民改动旧房建设新房，他们是主人，他们对未来生活生产经营的考虑，才是规划设计必须尊重的。相比很多农村"排排坐"一样的户型、一样的模式建起来的"新农村"，小朱湾、中关村这般以农民意愿需求为主体建设的新村庄，才是村民们享受生活发展生产经营的新农村，才是游客心目中有特色、看不够、住得下、记得乡愁的新农村。

乡建院团队小伙伴在其中扮演的角色，只能是一个"陪伴者"。

"陪伴者"不是高高在上指手画脚的"救世主"，不是只交出一纸图册一封电子邮件冷漠的"外来者"。它是和农民一起商量、一起争吵、一起努力奋斗的为了村民的明天生活更美好，为了村庄明天更有发展前途而肩并肩手挽手的伙伴、陪伴者。

为了做这样的陪伴者，取得农民的信任，必须让他们理解乡建院团队是来和他们一起建设家园息息相关的伙伴。

为了这样的陪伴，乡建人可以捡起掉在地上的鸡蛋抹抹土吃掉，可以把碗里的苍蝇捡出来不动声色地吃完米饭，可以在村里的"白喜事"时跪下为去世的老人磕个头。他们骨子里发出的这份情感、情愫，正是乡建院不同于其他在乡村做事团队的根本区别之一。他们成了农民的朋友，替农民所想，急农民所急的朋友。这样的陪伴者，在国内做乡村建设者中并不多见。

河北易县有个狼牙山，狼牙山脚下有个东西水村，凡是要上狼牙山，必经东西水村。这几年红色旅游发展势头不错，东西水村火起来了。

2016年乡建院孙久强的"适用工作室"团队刚刚进驻东西水村时，村内建筑非常凌乱，红砖、石头、黄泥、青瓦，加上各种颜色的塑钢彩棚，堵在游客心头，也堵在村民心里。他们也想改变村庄面貌，也想让更多游客来狼牙山时，能进自家小院吃饭住宿喝口茶，再买点儿

自家的土特产，柴鸡蛋、野山菌能卖个好价。

　　一年多后我们走进东西水村，直通狼牙山脚下的村主街两旁，后面的山坡上，大大小小房子有了协调统一的风格，青砖、黄泥墙和村周围的群山十分和谐，五颜六色的塑钢彩棚大多换成青灰色的钢架结构木顶的棚子，和主街、房屋、群山搭配的不扎眼却又显得格外用心讲究。我们走在大街上，一位姓王的年轻人追过来，"孙（久强）工，孙工，来看看我新做的装饰好不好看"。随他手望去，浅色黄泥山墙上挂着一串串风干了的老玉米，金灿灿、明亮亮。一些未剥皮的老玉米挂在另一边，却也显出别样味道。

　　孙工一个劲儿地夸，做的好，很漂亮！孙工都认可了，小王更开心，"中午一定要来我家吃饭，小米粥，烙饼炒柴鸡蛋"。孙工笑了。

　　东西水村是孙久强"适用工作室"团队组成后不久接的项目，这个项目除了按照乡建院成熟的工作机制运作外，孙久强还有自己独特的考虑。规划设计时，除了考虑当地环境、村民需求、乡村文化、产业发展等实际情况外，他有意加进些个人思考。

　　前不久孙久强和乡建院小伙伴一起去台湾乡村游学，一路上看到台湾社工在乡村做的"社区营造"，社工们扎在村子里，不论是建筑景观等硬性环境优化，还是合作社或社区活动等软性环境构建，都需要与当地人建立相互信任的关系，寻求彼此价值观的最大认同。乡建工作者成了协作者，切实放下固有思想，融入当地生活，在协作过程中发现并培养当地工作者。

　　2016年底之前，乡建院并未意识到乡村中"社区营造"建设的重要性，还未以此组建专攻组织、文化、创新等挖掘村庄内在发展元素的"社区营造"团队。孙久强在游学中有了对乡村"软性环境"建设的新理解，亲眼看到社工在培养当地人自主当家过程中"有意识""有办法"

的工作机制，让他对陪伴式乡建有了新理解，一个新词新方法浮出脑海，"按需陪伴"。

顾名思义，"按需陪伴"就是不一定全程全部工作的"全陪伴"，在有意识培养项目当地人的自主意识的同时，最大限度挖掘他们的主观能动性，不大包大揽，有意识有选择地按照村民、村庄所需去陪伴式工作。在东西水村，孙久强和他的团队便试探着尽量采用"按需陪伴"的方式，以整村规划设计中的各种文化元素、环境因素等当地人能理解能接受的方式，"点拨挖掘"他们的美学意识，让他们"自主"意识到乡村中的美和丑，自觉维护和谐、美好的东西，摒弃丑陋不堪的旧风俗旧意识。村民小王的"玉米装饰"创举，便是在乡建过程中渐渐接受了传递给他的"美"的意识，自主创造出适合当地人文环境的独显的乡村之美。

现在的东西水村，村民和村干部都知道不顾房屋周围环境私自乱建五颜六色彩钢大棚之"丑"，自觉维护和群山、村庄融为一体的街道、房屋、山墙、场院的朴素之美，周围村庄的村民自觉不自觉地按照东西水村的建筑风格及村庄改造原则去建设自己的家园、村庄。他们从东西水村感受到了自己喜欢、需要的"乡村之美"。东西水村项目虽然结束了，乡建院团队也已撤离，却把乡建过程中一些最珍贵的东西留了下来，并为当地村民、村干部牢牢记住，现在他们自觉行动，毕竟东西水村是他们自己的家园。

又一次回东西水村之后，孙久强在朋友圈发了一条微信，"犹记2016年初刚进村时，全村沿街百余户农家乐遍布蓝色、红色彩钢简易棚，年近百万的游客量让村庄生机勃勃但确实杂乱无章。……一年过去，开枝散叶，村民也意识到了形式的意义，新建空间开始有意识地按照整村风貌的主要材料和色调进行营造。离村回京路上，我想起了

日本学者西村幸夫的再造魅力故乡，每个故乡的'再造'都需要一个动人的起点。期待这次虽有遗憾但颇见成效的风貌改造工程，成为东西水村更具魅力的新起点"。

东西水村党支部书记李满春则给孙久强发了微信，"比较出效果，与过去相比，村民和游客现在的评价是'高大上'，东西水村不会忘记你们，并尽最大努力按照您们的设计风格延续进行!"

第七节　乡建路上

进入21世纪后中国乡村建设之路开始越来越热闹，"三农问题"逐渐提上日程，李昌平2000年春给时任总理朱镕基那封著名的信中提到的"农民真苦、农村真穷、农业真危险"，成了人们热议的话题。改革开放之初"小岗经验"全面开花，分田单干普遍实施十几年后，农村建设以"战略性"政策方针调整，摆到各级政府尤其是县市级官员面前。专家学者对之热情高涨，流派纷立，落地实操的却鲜见耀眼成果。后来的农村可持续发展建设、美丽乡村建设、特色小镇、精准扶贫等，一直到十九大提出乡村振兴战略。乡建路上，一路走来，风光无限。确有几位站在潮头，带领各自团队，探索着前进。

一、再说李昌平

2000年9月16日晚上九点，给朱镕基总理写信几个月后，时任湖北监利县棋盘乡党委书记的李昌平，将一份连抬头、落款、标点符号、时间等仅59个字的辞职报告，交到负责干部工作的监利县委副书记洪六的手上。两天后的9月18日，在一种"突然"又夹带着"必然"的气氛中，李昌平告别棋盘乡四大班子领导、同事、朋友、乡亲，送别的车子一声长鸣，再见了，棋盘！再见了，家乡监利！

汽车一声长鸣，一个念头涌上李昌平心间："20年前我从这里跳农门，由农民变成了非农民。20年后的今天，我从这里出发，将由干部变成农民。我发誓，我要让更多的农民不再做农民！"

离开老家监利县的李昌平，来到深圳成了一名"南漂"，给一位湖北老乡的企业打工。三个月后的2000年12月底，李昌平突然火了。在《南方周末》2000年度人物评选中，人们把李昌平和当年"红火"的铿锵玫瑰中国女足队长孙雯并列，票数领先。那一年度的10名候选人中，还有刚以《花样年华》获奖的香港著名导演王家卫，四川新希望集团董事长刘永好，国家对外经贸委合作部首席谈判代表龙永图，"跳水界神话"伏明霞，联想集团董事长柳传志，香港盈科拓展集团主席李泽楷等人。李昌平和孙雯选票名列前茅。

网友们的评论：

"我虽位卑，不忘忧国，何以为官？如若昌平，民之不安，国之不强？李昌平为民请命，不为一己之利，不虑一人之危，其情其勇，几个能及？"

"为什么李昌平能得到大多数人的支持，是因为他敢于面对现实，勇于揭示真相，而一个敢于面对真相的民族，才是一个自强的民族！"

"王家卫、张平是文学艺术的代表；龙永图是外交的代表；刘永好、柳传志、李泽楷是经济的代表；孙雯、伏明霞是体育的代表；杨明焕是科技的代表；而李昌平代表的是良心和正义。"

李昌平的"良心"和"正义"得到几乎众口一致的肯定和赞扬时，他的内心很煎熬：

"回想2000年的春节，当我含泪给总理写信的时候，我就预料我会

失去很多，会有危险，会下海。

当时我把信写好后，拿在手上很长时间不敢发出去，我怕风险太大，害怕所承担的风险会超过我的承受能力。离开监利县是必然的，我必须有把握保证自己平安离开，或者即使我本人不能平安离开，但妻儿父母的安全要有保障才行。直到现在，我还在为当初的冒险选择愧对父母妻儿而寝食不安。

在发信之前，我全面盘点自己在四个地方担任党委书记的果实，检讨自己有无罪该入狱的错误。我确信自己有承受说实话的风险和资本，才敢把这封给总理的信发出去。

一个人讲真话真的不容易，是一个非常非常痛苦的过程。

如果有一天，我要是见到了总理，我会对总理说：人人都想跟您说真话，但说句真话太心酸！"

2000年春李昌平以《一个乡党委书记的心里话》为题，向朱镕基总理如实反映"农民真苦、农村真穷、农业真危险"的大实话，是"怀着对中国农民的深切同情、对中国经济的深切忧虑和对中国共产党的忠诚"。

随后引发湖北"声势浩大"的农村改革，引发了全国上下对中国农村现状的再思考、再认识，影响了中央一系列关于三农问题的方针政策的调整。

《我向总理说实话》注定要载入中国乡村建设历史，注定成为中国乡建道路上一朵绚丽的奇葩。

而那朵绚丽奇葩，便是一个放大的人，在乡建路上不断迅跑并引领乡建方向的大写的人。

离开监利县，离开体制，仅仅是李昌平奔走在乡建路上的开始。

南下深圳、珠海，成了一名普通"南漂"，李昌平内心的艰辛酸痛一直煎熬着，他没有来得及停留抚平"伤口"，他还要为妻子女儿为自己的生存奋斗，更主要的，他还在牵挂家乡那片土地，那里的父老乡亲，牵挂他提出的中国三农问题。

之后，在温铁军老师及其他朋友的帮助下，李昌平做了《中国改革》《改革内参》的记者、编辑，河北大学中国乡村建设研究中心研究员、香港乐施会中国部顾问，曾参与香港乐施会在云南等地的扶贫工作，他一直在中国乡村研究和实操的第一线。

他的恩师之一、中国社科院荣誉学部委员、学术委员会委员、著名经济学家陆学艺曾评价，"李昌平常说，中国表述'三农'问题有四套话语体系：农民话语体系、官员话语体系、学者话语体系、NGO话语体系。这四套话语体系相互交流很困难，需要翻译。确实如此。可以自由在四套话语体系中交流和分享的人极少，李昌平就是一个。所以，李昌平对'三农'问题的认识和对农民出路的探索也与众不同"。

出身农民，来自农村基层，做过体制内官员而且还是"一把手"乡党委书记，接触了大量"三农"问题专家学者，有一些NGO朋友，认真思考，努力实践，他能在"四套话语体系"中吸收众家所长，了解农民、官员、社会力量、专家学者各自在"三农"问题上的立场、方法，乃至根本利益所在，却不是简单一句"游刃有余"能诠释的。

其一，"李昌平难题"。

曾引起相当多专家学者及政府官员极大兴趣关注。所谓"李昌平难题"即是：基于中国改革开放30多年后，农民数量没有像一些人预言的因城镇化进展而减少，反而增加的事实。李昌平提出：假如中国不减少农民，农民问题会越来越严重，中国不可能现代化；假如中国减少农民，将农民转变为"农民工"越多，中国"农民工"——工人问题就更加严重，中国也不可能实现现代化。

这一命题的提出，基于改革开放30多年后，中国农村人口从7亿增加到9亿。众多中国人口，增加的中国农民，成为摆在中国经济发展中的一个难题，也是城镇化发展不当而产生的诸多问题之一。这里面的核心问题还是工农业结构、城乡发展结构以及体制改革等问题。这些问题不是本文所能解析的。只一点，"李昌平难题"提出了中国农村改革中农民的地位、利益等现实问题。

现代化也好、城镇化也罢，发展道路上不可避免的农民（尤其是青壮年农民）进城打工，身份从农民"转变"为农民工，真的能如城里人一样享受城市现代化生活资源、教育资源等本应为所有公民一样的公平待遇吗？经济地位决定政治地位，"农民工"的经济地位，能让他们成为城市的主人吗？"城市那么挤，人心那么窄"成了多少农民工的感叹。城里人对农民工，农民工对城市，又爱又痛。两难之处，矛盾深重。李昌平把注意力放在"农民工"身上，才有"李昌平难题"。

有专家学者对此乐观，随着经济体制、政治体制改革深入，随着城镇化不断发展，"李昌平难题"必解。我们拭目以待。

其二，农村金融体制。

农民缺钱，村集体缺钱，基层政府缺钱，是中国农村普遍现象。发展生产缺钱可以向银行贷款，很多贷款需要抵押物，农民手里的宅基地、房屋、田地山林，在银行那里不能做抵押物。于是产生怪圈：农民发展生产需要贷款，无抵押不能贷，农民贷不到款就无法发展生产。

四十年前全面彻底的分散之后，村集体大多失去日常稳定的经济保障，靠着县里乡镇拨的一点点可怜经费，村干部劳务费都紧张，办公电话手机费还得自己掏，村集体成了无源之水成了"空壳"。失去经济保障的村集体，仅有空架子，没有实际意义，村民不买账，村干部没信心没干劲，村子里散沙一片，要发展，不容易。

农民、村庄缺钱成了乡村发展、农民致富的瓶颈。

银行也有苦衷，面对分散的小额贷款需求的农民，管控风险的成本太高。一个信贷员可面对一两个企业贷款数千万元。数千万放贷给仅需10万、5万的农民，需要多少信贷员监管？如果农民手里的山林土地房屋成为抵押物，一旦收不回贷款，银行如何处理这些分散在偏僻农村的资产，拍卖吗？有市场吗？

李昌平观察到这些问题，提出创新的解决办法：建立农村内置金融。把农民组织起来，把他们手里的闲散资金运作起来，成立专为本村本地农民服务的合作社，以农民的土地山林房屋为抵押物，解决农民发展生产贷款难的问题，同时增加集体收入，谓之"资金互助促发展，利益收益敬老人"。

理论要以实践检验，2005年开始，李昌平及其团队在家乡湖北监利县王垸村、河南信阳平桥区郝堂村、湖北鄂州张远村、广东珠海斗门镇、山东微山县杨村、山西岢岚县宋家沟等数十个村庄，帮助当地农民建立自己的银行"内置金融合作社"。

内置金融合作社在解决农民贷款难问题的同时，探索乡村敬老爱老的孝道文化等乡村传统，探索村社集体掌控乡村土地确权后的流转、闲置房屋收储再利用，探索乡村金融体系监管调控等问题。最关键的一条：以内置金融合作社的方式，把分散三十多年的农民重新组织在村支两委周围，巩固农村基层党组织、政权建设的同时，让无数"分散"的农民找到组织找到"家"，以激活村庄资金资源资产方式，整体提升乡村价值，改变农民生存生产环境，走上共同富裕之路。

李昌平给出公式：创建内置金融村社体系="组织有效+金融有效"一举两得="四两拨千斤"！

其三，村社共同体。

村社共同体不是新概念，乡村社会是一个自治社会，没有乡村共同体就没有乡村自治。李昌平提出的村社共同体建设，严格意义上来说应该是重建。

传统中国乡村社会是家族共同体自治为主、士绅治理为辅的社会。家族共同体在金融体系、教育文化、农业技术推广、治安协调、扶贫济困甚至水利水务等乡村治理方面，都曾发挥主导作用。家族共同体是传统乡村社会发展治理的最重要主体。

中华人民共和国成立后，对传统乡村社会进行了根本性改造，把家族共同体自治为主的社会改造成村社共同体自治为主的社会，即以自然区域为边界，建立起以地缘、水缘、业缘为主纽带，亲缘、血缘、熟人关系为辅纽带的村社共同体社会。此时的村社共同体主要特征为"四权统一"和"三位一体"，即以土地集体所有制为基础的"产权、财权、事权、治权"的统一，以及集"经济发展、社区建设和社区治理"的三种职能于一体，此时的家族共同体由于产权财权被剥夺逐步衰落。

改革开放后随着"家庭联产承包制"、分田单干，原村集体所有制下的"大稳定、小调整"的土地"均匀"制度转向"增人不增地、减人不减地"的土地"差别占用"制度。维持村社共同体存在的土地集体所有制和集体经济的产权财权被剥夺，村社共同体的"事权治权"随之名存实亡。党执政数十年创建的村社共同体及其治理的乡村社会逐步瓦解，农村基层党组织形同虚设，村民高度分散，但同时家族共同体并未因村社共同体的瓦解而发展壮大，乡村社会千百年来首次陷入"无主体"社会。广大个体状态的农民"三民化（政治贫民、市场贱民、社会流民）"趋势日益突显，农业和农村经济非农民化趋势加重，大量企业资本进入农村剥夺农民土地、资源，乡村社会从有序到无序的趋势日渐明显。农村劳动力的无序流动，青壮年农民在城市中的尴尬境地，留守乡村的老人、妇女、儿童成了社会底层的极弱势群体，甚至一些地方的黑社会势力把控乡村基层政权，党在农村基层的领导权被架空。许多社会问题的突出，无不与无序主体的农村社会息息相关。

无序、无主体农村涉黑问题的突出，直接关系到9亿农民的切身利益，直接关系到党在农村基层组织建设的安危，直接关系到包括城乡在内的整个社会环境的稳定，甚至可以说成为直接关系到执政党地位安危的重大问题。

李昌平以离开体制前后对"分田单干"带来的无序无主体农村社会的切身感受，"南漂"以来近20年在乡间的调研思考实践，看到并分析了这些问题，李昌平给出解题方式：

"市场经济环境下，小农迫切需要合作合力才能避免'政治贫民、市场贱民、社会流民'化趋势和命运。

今天的中国，不能再用革命的手段重建村社共同体，……村社内置金融（村社内部互助合作金融）是重建村社共同体最有效的切入点，内置金融村社是最佳的村民共同体模式。

为何内置金融有如此妙用？因为农民、农村、农业最缺钱，钱是一般性等价物，钱是连接各种关系和要素的纽带中的纽带。内置金融支持的资金互助合作社是一切合作的基础。此外，在宪法规定的农村产权制度、经营制度约束下，只有村社合作金融是村社集体土地产权、农民承包权、集体成员权充分实现的基础，是各种要素优化配置的基础。"

结论："在当下中国，村社内置金融是组织农民（共同体）的有效方式，内置金融村社是农民组织（共同体）的最佳形式。"

无论理论还是实践，李昌平继《我向总理说实话》之后，对解决中国三农问题的最大贡献之一是内置金融体系的提出及落地践行，破解农村无序无主体现状。而内置金融体系的建立，是为重建党领导下的村社共同体奠定经济基础。两者结合，把村社共同体建设成集"经济发展、社区建设和社区治理"三种职能为一体的综合性农民组织。

其四，乡村建设中的主体。

有了内置金融，有了村社共同体，都只是在体制机制上给予解决三农问题的良方。但如何落实到乡村，组建合作社，在重建村社共同体过程中，谁是主力军、主体？

很多针对三农问题政策制定时，都会对如何解决农民贷款难、贷款贵及增加农民财产性收入等问题讲的很多。如支持政策性银行、商业银行、小额贷款公司、担保中心、合作银行，甚至外资银行、互联网金融等，给这些金融机构一大堆优惠政策，期待他们帮助农民。总之，把希望寄托在农民之外的力量上。且不说这些金融机构是否"有热情、有办法、有制度"为9亿农民放贷几万十几万元的小额贷款，这种低成本从农民手里吸收存款，由政府主导和政策补贴后，再以高于存款的利息放贷给农民，真的是城乡平等？农民市民公平待遇？

农村不缺钱，有统计，60%农民手里有存款，在外打工的青壮年过年回家给老人点养老红包，几百元千把块，被农村老人揣在怀里"捂着"，有的甚至藏在炕洞里一不小心烧成灰烬。如果把这点儿钱存进银行信用社，绝大部分不再使

图3-6　郝堂村党支部

用于农民、农村身上，而成了城里人、大中小企业贷款的本金。钱存进了银行，农民发展生产想贷点儿钱，却因为房屋土地山林不能做抵押物而贷不上款，银行用来放到本金中的难道没有农民的血汗钱吗？农民存款却贷不到钱，难道不是怪事？农民还是自己资金的主人吗？

农民是资金的主人，农民拿出几千元、几万元，在村社内置金融合作社组织起来，可以解决本村农民贷款难的实际问题。此时的农民，才是自己手中资金的真正主人，才是互相帮助共同致富建设家乡的真正主人。有的时候，"外来施舍"未必是农民最需要的。如果把他们组织起来，互相帮助，政府再加上点儿"种子资金"扶持，让农民自己做主解决自己的事，在内置金融村社共同体中成为掌握自己命运的主人。政府省钱、扶贫官员省事、农民开心，何乐不为？

李昌平的理论，带领乡建院团队在全国近百个村子的实践，就是让农民重新掌握自己的命运，让农民真正成为村庄的主人，再不是无奈地流动于城乡之间的弱势群体。郝堂村是这样，张远村是这样，宋家沟、小朱湾、中关村、杨村等，都是这样。

其五，为农村改革说实话。

从王垸村、郝堂村建立内置金融合作社、"郝堂·茶人家"项目，到近200个村庄项目乡建，李昌平带领乡建院团队做系统性乡村建设的同时，一直在研究中国农村中的根本性问题，以及关系到乡村改革的方方面面政策方针等引领方向性的战略性问题。十八年体制外的探索与实践，十七年乡镇工作经验及思考，三十多年来，李昌平始终站在中国三农战场的第一线。继十九年前向朱镕基总理说实话后，最近，再次发出"为农村改革说实话"的呐喊。

李昌平说，我曾作为乡党委书记，向朱镕基总理写信说出了"农民真苦、农村真穷、农业真危险"的实话。斗转星移，在新一轮改革

的今天，农村改革应怎么推进？……作为一份责任，更是一份情结，我仍然站在农民的立场，为农村改革说实话。

我要问：农村的问题是什么？农业的问题是什么？农民的问题是什么？农民要求什么？改什么？革什么？怎么改？怎么革？

最近这些年，最热门的农村改革似乎是农地改革，农民真的强烈要求农地改革了吗？粮食自给率越来越低真的要靠资本下乡集约经营农地才能解决吗？农业龙头企业圈小农的土地后从事农业真的就高效益了吗？

现在的农村改革，不是完善小农村社共同体制度，而是在进一步瓦解小农村社共同体存在所必须的土地制度基础和金融制度基础。

李昌平谈到，习近平总书记最近几年都在强调巩固小农村社共同体所有制和发展集体经济。可这几年具体政策似乎都还在对土地集体所有制和集体经济实施和平过渡的轨道上。

邓小平同志曾说，中国社会主义农业的改革和发展第一次飞跃是把小农从公社里解放出来，解决温饱问题，这只是过渡阶段；第二步还得把小农组织起来，搞集体经济，实现共同富裕，这叫"二次飞跃"。

李昌平给出的回答：如果我们能确定小农村社共同体是农村的基本组织制度、村社共同体内以党支部为核心、以村民代表为骨干的民主自治制度为基本治理制度、共同体内以土地集体所有制为基础的统分结合双层经营体制为基本经营制度，那么，农村改革怎么做其实是非常清楚的事了。那就是依靠小农村社共同体这个农村基本组织主体，完善和发展小农村社共同体的经济发展能力、社区建设和治理能力。这就是村社共同体来实现农村改革的"二次飞跃"。

李昌平带领乡建院着力解决的正是中国农村目前最困惑的根本性问题：分散的农民与分散的土地，在现代化市场大潮中的极端无奈和困境。用内置金融组织村社共同体，以发展新型集体经济，达到让分散的农民和土地走向"集体"，走向共同富裕之路。

二、乡村振兴有个乡建院

党的十九大报告指出，实施乡村振兴战略，要坚持农业农村优先发展，按照产业兴旺、生态宜居、乡风文明、治理有效、生活富裕的总要求，建立健全城乡融合发展体制机制和政策体系，加快推进农业农村现代化。实施乡村振兴战略是全面建成小康社会、全面建设社会主义现代化强国的必然要求。

2018年1月2日公布的年度中央1号文件《中共中央国务院关于实施乡村振兴战略的意见》中指出，"农业农村农民问题是关系国计民生的根本性问题。没有农业农村的现代化，就没有国家的现代化。……实施乡村振兴战略，是解决人民日益增长的美好生活需要和不平衡不充分发展之间矛盾的必然要求，是实现'两个一百年'奋斗目标的必然要求，是实现全体人民共同富裕的必然要求"。

2018年5月31日中共中央政治局召开会议，审议《乡村振兴战略规划（2018—2022年）》，国家乡村振兴战略规划已然形成。

从十几年前的社会主义新农村建设、几年前的美丽乡村、特色小镇建设、精准扶贫，到如今乡村振兴战略规划的提出实施，乡村建设步伐一刻也没有停止，而且目标、方法、步骤越来越清晰。

乡村建设道路上，有个乡建院，李昌平和他的团队，践行着当中央乡村建设、乡村振兴的战略部署，将李昌平等解决三农问题的理念思想、理论落地践行。

乡村振兴有个乡建院。

早在七年前做郝堂村项目调研论证时，李昌平、孙君等人便开始

图3-7　乡建院郝堂办公室

设想组建一个专为农村服务、专为乡村建设、专为农民做规划设计的专业团队。2011年10月乡建院（当时称"中国乡村规划设计院"）在香港注册，国内落地为"信阳华夏乡村建设规划设计咨询服务有限公司"，很长的名字，很长的期望。社会组织，带点企业性质。

　　从郝堂村、淅川县、小朱湾、中关村、达拉特旗、东西水村、骆驼湾村、土峪村、宋家沟、杨村等村庄一路走来，八年间乡建院足迹遍及北京、河北、内蒙、河南、湖北、山东、山西、贵州、广西等18个省市自治区200多个村子。

　　八年时间里，乡建院的发展轨迹可以看到三个关键时间节点：

　　第一，2013年乡建院成立近两年，正是淅川县项目做的不顺利之时，虽然初步完成全部13个村子的规划设计，拿出漂亮的设计图册，但在落地环节因为各种原因不够理想，县乡镇村的各级领导中有微词，村民也没有发动组织起来，类似郝堂村的内置金融合作社更是没有列入日程。乡建院内部管理也出现重大漏洞，成立不久的乡建院面临管理体制上的第一次危机。淅川县的失利，内部管理出现问题，引

246

起乡建院团队领导层的变化，孙君不再担任理事长，只保留孙君工作室牌子，李昌平出任理事长兼院长。

这次领导层人员的调整，对乡建院的健康发展，尤其是为第二年启动以小朱湾为代表的新一轮乡建项目的实施，提供了组织保障。

严格说，孙君是社会责任感很强的人，早在2000年前后跟着廖晓义团队做北京延庆碓臼石村时，他便把个人命运与农村农民拴在一起。十几年来，从堰河村到问安到郝堂村，他一直扎在广阔农村大地，用画笔描绘新农村未来发展的蓝图。他曾画了晏阳初的素描像，并将晏阳初著名的乡村建设"晏九条"抄录下恭恭敬敬挂在办公室墙上，还比划着弄了个"孙（君）九条"。也曾有"画家笔下的新农村"等字样的报道。然而，孙君的强项不是管理，尤其是有着企业性质的社会组织管理。离开乡建院"一把手"位置，也是一种必然吧。

第二个关键节点在2016年4月底，乡建院团队领导层及部分中层干部，开了次"郝堂会议"。和五年之前的"郝堂·茶人家"项目论证会仅差一天。

这次"郝堂会议"最大亮点是将乡建院定位为"社会组织企业化管理"，成立"北京金地融通农业投资有限公司"，把乡建院大本营从郝堂村，移到北京。企业重新调整股份，2011年底成立的"信阳华夏乡村建设规划设计咨询服务有限公司"逐渐退出乡建舞台。

乡建院开始一次新的转型，下一步，将实行新的股权改造，为新骨干加入高层管理团队，准备好股份份额。

会上，时任乡建院总经理的李宏这样解释"金地融通"四个字，很有意思：

"金地融通"拆开便是：金融内置、地惠农家、融合城乡、融洽三农。

金融内置：以此建立的村社共同体是现代商业服务体系（银行、电商、保险等）能与千家万户小农链接的必要平台。解决分散小农面临的金融供给不足和组织供给不足的困难。

地惠农家：使农民的土地成为在信用合作、专业合作中逐步成为财产性收入来源和资产资本增值的依托，分享后工业时代发展进程中物质和精神成果（绝不以流转的方式剥夺农民土地）。

融合城乡：融合城乡发展进步的万能插座及链器。

通洽三农：这个平台会通达、贯通几千年来中国的农业、农村、农民问题，为三农问题的改善、进步和全社会现代化进程发展发挥其应有功效。

这次"郝堂会议"上，有的骨干离开，新的乡建人才加入团队。这两年的"离开""加入"，成了团队的一种常态。

第三个关键节点是2018年1月乡建院年会，正式提出股权改造并开始实施。这次大动作关系到团队每个人尤其是骨干们的切身利益及未来发展（图3-8）。

年会上李昌平宣布：我们要在院的层面上实行股份制改造，给那些贡献突出的同事让渡股份。对于乡建院即将成立的下属公司，待时机成熟，也要逐年逐步地进行股份制改造，可以对所有员工开放。

对内启动的股份制改造，李昌平称其为"为建设一个伟大的乡建院改革开放"。

这次股改的前提是"信阳华夏乡村建设规划设计咨询服务有限公司"彻底退出舞台，仍然是一些人离去，一些人加入。其中，孙君工作室离开乡建院，对乡建院而言，孙君成为过去。

孙君离开乡建院与李昌平的"分手"，外人看来有些"可惜"，也不能简单用"一山不容二虎""志不同道不合"解释，更不能轻易加上

图3-8 乡村振兴有个乡建院

"必然""偶然"等纯粹"外人视角"去肯定或否定。我更愿意将其视为乡建理念与运作方式上的"异议"。认识孙君十个年头，这两年接触少了，但在微信朋友圈、北京绿十字等他为领导的组织公众号上，不时能看到他和他的同事们做乡建的消息。祝福所有乡建人！

  笔者酝酿这篇文章时，赶上乡建院开2018年中会议。会上，李昌平院长讲了乡建院未来五年发展规划，乡建院的自身建设开始有了些"战略发展"的味道。同时体制上也作了调整，根据项目发展需要，由成立之初的做单一村庄单一业务状况，调整为做县域、区域内的成片综合式系统乡建。组建服务于县域、区域的综合性工作团队，以内置金融为切入点，以合作社的方式把农民组织在村支两委周围，做全域规划设计，提升村庄村民整体生活生产生态环境，然后以社区营造

团队进入，致力于培养在地乡建人才，挖掘当地文化等各种资源，整体营造适合当地的乡村社区生活，最大程度让农民们在系统乡建中获益，让家乡变成"看得见山，望的见水，记得住乡愁"的美丽乡村。

年中会上，郝堂村经验中最主要的"系统乡建"理念及落地实操方法，再一次提到它应有的高度，乡建院找回自己的法宝，在乡村振兴大旗下在系统乡建原则的指导下，努力在乡建道路上迈出新步伐。

年中会召开不过五天，山西隰县传来消息，2018年7月16日正式启动的隰县内置金融合作社体系建设项目，21天后的8月17日，山西临汾市隰县第一家内资金融合作社"隰县冯家村内置金融合作社"正式开业，揭牌仪式在下李乡冯家村村民服务中心广场举行。副县长王东林等县乡干部及下李乡全体乡干部，各村支书主任、冯家村村民等100多人参加。不到20天时间里，合作社首批入社社员62名，初始股金规模达219.5万元。其中乡贤社员6名，长者社员26名，投资入股社员30名。合作社承诺：为全体村民提供更好的服务，实现共同富裕。

乡建院副院长彭涛代表乡建院祝贺隰县第一家乡村内置金融合作社成立，他说，合作社成立的目的是为了解决村庄组织低效、金融无效的问题，解决村"两委"更好地为村民服务的问题。通过把农民组织起来，把村庄经营起来，搭建农民综合服务平台，激发村庄发展的内生动力，壮大集体经济，实现村社一体化发展和村民的共同富裕。

接下来通过在全县搭建内置金融村社联合体系，支撑隰县"五位一体"（"玉露香梨"产业升级、村社共同体、农村集体产权制度改革、壮大集体经济、贫困村提升工程）的农村综合改革。乡建院规划设计、社区营造等专业人员将陆续进入全县域。隰县农村综合乡建将迈入新征程。

　　而这里，也是乡建院重组各专业团队力量，打造践行综合系统服务乡村建设团队的出发地之一。

尾声

　　2018年1月，广东外语外贸大学土地法治研究院院长陈小君教授受邀参加乡建院年会后，给乡建院发来寄语长信。信中对乡建院团队坚守乡建的情怀和秉承的信念给予高度评价，对乡建院未来发展提出殷切期望。把这封充满乡建情愫的信摘抄如下：

　　乡建院自始就有它自己独特的功能或使命，才会聚集一批有理想、有激情、有智慧、有能力、有准备的中青年才俊于此，年年打硬仗、打胜仗、打漂亮仗。启项目的所作所为，既有极高的可推广、可复制性，又对各级政策的制定具有决策意义和应用价值。这何止是乡村之福，简直就是政府治理之幸！于此，乡建院与其他单纯以盈利为目的的民间机构不可同日而语！他们的经验分享，包括风云的大午（此次年会在河北大午集团所在地召开——笔者注），也不过是帮助我们用另一只眼观察乡建，纳其制度与理念所长，为乡建院2018新征程增装添翼提供若干借鉴。乡建院就是乡建院，有可续与可序的理念坚守，有不同模块团队的勇敢实践，乡建院就永远不可能被简单复制、被无由取代、被时代淘汰！

　　乡建人当下的智慧不仅在于对这个新时代乡村发展战略走向的研判，对既定事业发展路径的再规划和新拓展。这些似乎意味着2018年新年再出发之时应有更多的理性：规划更系统，方案更严谨，执行力更高，激励机制更有效。

　　立院之基、强院之本、兴院之举皆在于人才、制度与行动。如同任何一个实体组织一样，广揽"奇手奇才奇缺"的人才至关重要；"志向志同制度"的文化氛围构筑缺一不可；而坐言起行，攻坚克难则为创业者之常态，奋发必有为！

中国古贤曰："天行健，君子以自强不息！"西方名圣说："每一个不曾起舞的日子都是对生命的辜负！"愿乡建人个个都成为这样的榜样！

党中央提出乡村振兴战略之际，笔者有感于自己和无数乡建人、乡建团队万难不惧，万劫不危，忠于自己认定的思想理念，忠诚坚守中国三农第一线的壮举，发出衷心感叹：《感谢百年有你坚守——致乡建人》：

近代以来，中国现代化进程，几乎等于城市化的进程，同时也是乡村被现代化的过程。

在中国现代化进程中，有一群特殊的人，叫乡建人。他们以协作农民及村社"为中华文明根基培土、为走在城市化路上的游子们的老家固基、为华夏子子孙孙安身立命本钱护守"为使命。一百多年来，乡建人为此一代一代接力。但是，乡建人百年乡建，似乎更多的是为乡村之青年搭上现代化列车离乡远行提供了帮助。

回首百年乡建，乡建人是一群可爱可敬的为信仰乡村价值而顽固不化的"蠢人"，为坚守乡村本位而不合时宜的"傻人"。一百多年来，一代一代乡建人付出了青春，收获的或许仅仅只有"乡愁"。能够让乡建人坚持百年初心不变的，正是我们每个人心中那份不灭的"乡愁"！

2018年，乡建人终于等来了"乡村振兴战略"。

乡建人，感谢有你百年坚守！

或许2018年之后，对乡建人而言，"信仰乡村价值、坚守乡村本位"，任更重道更远！

乡建人，加油！

李昌平

2018年2月17日

后记 ——
走近乡建院

2011年4月下旬，受北京绿十字主任孙君老师之邀，我来到河南信阳平桥区，参加平桥区委、区政府与北京绿十字共同组织的"郝堂茶人家"项目论证会。那时，与会人员恐怕没想到，一个凋敝破旧的郝堂村从此一跃而起，站到了新农村建设的第一线，出现在全国人民面前，从而改变了当地村民的命运。

到会议所在的平桥区委党校第二天清晨，我在党校餐厅门口，遇到了李昌平老师。

李昌平，湖北监利县人。十一年前以一位乡镇党委书记的身份，给时任国务院总理的朱镕基写了一封信，信中所反映中国农民、农村的一些情况，震惊了朱总理在内的中共高层，更有"农民真苦，农村真穷，农业真危险"惊世之语。

清晨，李昌平老师谈起他当年给朱总理的信，谈起他在家乡新创的农村金融合作社，谈起他二年前来郝堂村做的"夕阳红养老资金互助合作社"。李昌平老师的语调很平稳，语速均匀，浓郁的湖北话有些听不懂。但我听懂了他的意思，从他20世纪80年代任乡镇党委书记起，

二十多年来他一直在为中国农民、农村做事，哪怕因为那封信不得不辞职离开官场，漂流之中仍是不忘家乡不忘全国农村的父老乡亲。他告诉世人不要忘记，"除了在走向繁荣文明的北京、上海、广州、深圳等地方看到的都市中国外，还有另外一个中国，是乡土中国。"

那个清晨，我第一次读李昌平，开始走近"三农"。

我不想做中国农村巨变中的旁观者。

"郝堂茶人家"项目论证会上，李昌平、孙君代表一批志同道合的人们，宣布将创建中国第一家专为农民、农村做规划设计的专业团队——乡村规划设计院。

李昌平、孙君等人发起2011年秋成立的中国乡村规划设计院，是乡建院的前身。中国乡村规划设计院完善到乡建院，经过了数年。说"完善"，不是名称改变那般简单。

李昌平创立的"乡村内置金融合作社"，使乡建院有了自己的内核，自己的魂。从协助村支两委组织农民成立并自我管理的内置金融合作社入手，激发农民、农村的内生动力，使农民再一次重新组织起来，使共产党在乡村的基层组织健康发展起来，使中国县市级党委、政府再一次重新握紧农民、农村、农业这一关系国计民生大计的抓手，在广袤的大地上，再一次绘就崭新的新农村建设宏图。

李昌平在做。乡建院在做。

从2009年秋创建"郝堂村夕阳红养老资金互助合作社"，到湖北小朱湾、张远村、山西岢岚宋家沟、山东微山县杨村，遍及河南、山东、山西、北京、内蒙古、广东、广西、河北、陕西等全国18个省市自治区200多个村庄，李昌平带领乡建院团队，提出理念，创建理论，踏实践行，完善典型，开花结果，以点带面。理论与实践的高度结合，李昌平及其团队，站在中国三农第一线的显要之处。

创建符合中国农村乡情并切实可行的中国三农问题理论，经过了几代人百年探索。以相对完善实用的理论，并将其付诸指导实践，把这些理论"做出来"，中国百年乡建史上有几人？

李昌平，乡建院，站在百年乡建的潮头。

几年前就有写写李昌平老师，写写乡建院的念头。期间两次动笔，一次被自己否定了，以为掌握的信息不够。另一次被李昌平老师"毙掉了"，以为不到总结乡建院的时候。直到去年，中国建筑工业出版社与乡建院合作出版这套丛书，才有了这本《乡建路上》。

终于完成《乡建路上》初稿之时，还是觉得文字未能完全表达我对李昌平老师，对乡建院的全面认识。

还是那句话吧，对李昌平老师，对乡建院，对乡村振兴大业，我仍在走近，走进……

陈金陵

2019年4月